介護福祉学

介護福祉学研究会　監修　————————中央法規

推薦のことば

　介護保険制度の実施や社会福祉法の施行など，社会福祉の改革が急速に進められています。これからの社会福祉は，誰もが住み慣れた地域で，その人らしい生活を安心して送ることができるよう支援する役割が期待されています。

　こうした社会福祉の大きな流れに呼応して，介護福祉士は，介護の専門家として国民の期待に応えるべく資質の一層の向上が求められています。

　これからの介護福祉士は，介護を必要とする利用者の人権を尊重し，利用者の自立を支援する観点から，介護を実践しなければなりません。また，介護保険制度の実施に伴い，これまで以上に他職種との連携が重要になっています。

　このため，厚生労働省においては，介護福祉士が期待される役割を果たすことができるよう，2000（平成12）年度において養成施設の教育課程の見直しを実施しましたが，更に国家試験の内容の充実を図る一方，養成施設における教育向上を図り，質の高い介護福祉士を養成確保する観点から，2001（平成13）年7月13日付けで関係省令の改正等を行い，養成施設の専任の介護教員について，2003（平成15）年度から介護教員講習会の受講を必修化することとしました。

　介護教員講習会は，基礎分野，専門基礎分野及び専門分野からなる総時間数300時間以上の講習会であり，その内容も，これまでの教員研修と比べて大幅に充実したものとなっています。

　この講習会における重点は，介護福祉学の設定です。介護福祉学は，質の高い介護福祉教育を行う基盤を身につけることができるよう，介護及び関連する学問領域から幅広く，介護と多面的な人間の生活について学び，介護福祉士の専門性についての理解を深めることを目標としたもので，現場での実践と学問としての普遍化が密接に絡み合った極めてアクティブな領域となっており，今後の発展が大いに期待されているものです。

　今般，介護福祉に造詣の深い先生方により執筆されました本書が，今後の介護福祉学研究の礎となり，当該講習会等での活用を通じて，質の高い介護教員の養成確保や，介護福祉学の確立に資するものとなることを祈念しております。

2002年2月

厚生労働省社会・援護局福祉基盤課長

白石　順一

はじめに

　介護の社会化を必要とする社会状況のもとで，介護福祉士の組織的養成が1988（昭和63）年に始まり，以後15年を数える。介護福祉士は社会福祉士と並んでわが国における最初の国レベルの資格として位置づけられたが，その養成の歴史はまだ浅く，課題も多い。

　その課題の一つが専門職養成に欠かせない学問的体系と専門性の確立である。介護福祉士に要請される専門性は，養成が始まった当時に比べると，業務内容は質量ともに拡大するにつれて深化した。しかしいまだ流動的な部分も多く，「介護福祉学」の体系的確立にはいましばらくの「時」が必要であると思われているが，その気運と試みはすでに育ちつつあり，この「介護福祉学」もその一つである。

　「全人介護」の視点を不可欠とする「介護福祉」が名実ともに一つの専門分野として確立されるには，看護や福祉など隣接分野との境界や重なり合う部分，独自の部分についての認識，業務内容の明確化，職業倫理の徹底，研修システムの整備・充実，処遇や職階の制度化など共通理解を深めながら検討すべき課題は山積されているが，21世紀の超高齢社会に求められる「介護の社会化」を担う基幹的職種としての専門性を明確にしていくことは急務でもある。

　本書は全体を10に分け，介護福祉学の体系化を試みている。

　第1章から第2章はまず，従来「介護」という言葉で包括していた概念を「介護福祉」という用語を用いる必然性を明らかにし，介護福祉の理念，福祉の考え方，あり方が変化してきた社会的背景と介護福祉の成立と発展を歴史的に振り返り，そのあり方を施設と在宅の分野において把握することを試みている。

　第3章は介護福祉の専門性をまず，法制化以前の土壌として「介護福祉教育」がどのように台頭し，形成されてきたかについて述べ，次に介護福祉業務の専門性として，その業務内容および専門性構築の条件を現在だけでなく，今後獲得すべき要素を含んで述べている。

　第4章は専門職に欠くことのできない倫理を先進の専門分野の状況を解説し，具体的には介護福祉士の職能団体である日本介護福祉士会の倫理綱領を取り上げ，専門職として実践上守り，身につけるべき点について述べている。

　第5章は介護福祉の機能とその役割を介護過程の展開のなかで述べ，介護福祉という働きのなかで社会福祉援助技術がどのように活用され，介護の相乗効果を上げているかについて述べている。

第6章はこれからの全人介護に必要な,同職種間や他の業種とのチームワークのあり方,および介護保険実施以来,一つの職種となったケアマネジャーという仕事の理論と技法を事例をまじえて,意義やプロセスを説明し,ケアマネジメントにおける介護福祉職の役割について述べている。

　第7章は専門性の確立に必要な学際性の研究として,介護福祉の隣接,あるいは関連領域との共通性と固有性について述べ,介護福祉の固有性を明確にする試みをしている。

　第8章は介護福祉にかかわる諸制度を明らかにすることで介護福祉士に求められる役割,介護福祉士が取り組むべき事項を明確にする試みをしている。

　第9章は海外における介護福祉の動向をドイツ,イギリス,スウェーデン,アメリカ,カナダ等,先行している国の状況,課題を探りながら,これからの展望を求めている。

　第10章は終章としてそれまでのことをふまえながら介護福祉の今後の課題,および介護福祉学研究の取り組みの必要や方法について述べている。

　本書の執筆にあたって,まだまだ専門性の内容,専門用語についての共通理解,確立が十分でないことを痛感しながら,「介護福祉学」の研究・教育が一歩一歩前進し,充実する素材として役立つことを願っている。

　2002年2月

執筆者を代表して

岡本　千秋

目 次

●介護福祉学

推薦のことば
はじめに

第1章　介護の概念

第1節　介護とは　………………………………………………………………12
　　1　介護の語義／12
　　2　ケア（care）の語義／13
　　3　人権の構造／14
　　4　生活の質（QOL）と生活構造／16
　　5　生活障害／18
　　6　人間の全体性／20
　　7　個人の主体性の尊重／21

第2節　介護から介護福祉へ　…………………………………………………22
　　1　介護の社会化の背景／22
　　2　社会福祉基礎構造改革／23

第3節　介護福祉の理念　………………………………………………………25

第2章　介護福祉の成立と進展

第1節　人類の歴史のなかの介護　……………………………………………30

第2節　わが国における介護福祉の歴史　……………………………………33
　　1　施設介護／33
　　2　在宅介護／34
　　3　寮母の現任研修／41
　　4　ホームヘルパーの養成／44

第3章　介護福祉の専門性

はじめに …………………………………………………………………………………………46

第1節　介護福祉教育の形成──専門教育台頭から法制化まで── ……………48
  1　介護の専門職養成教育機関の台頭／48
  2　介護福祉専門職（ケアワーカー）養成専門学校開設／51
  3　介護福祉士制度化への動き／54
  4　社会福祉士及び介護福祉士法法制化の実現／58

第2節　介護福祉業務の専門性 ………………………………………………………59
  1　介護福祉士の業務内容／59
  2　介護福祉業務の専門性の条件／61

第4章　介護福祉士の倫理性

第1節　社会規範と倫理 ………………………………………………………………72

第2節　専門職と倫理 …………………………………………………………………74

第3節　社会福祉分野の倫理綱領 ……………………………………………………76

第4節　日本介護福祉士会が定める倫理綱領 ………………………………………78
  1　利用者本位，自立支援／79
  2　専門的サービスの提供／80
  3　プライバシーの保護／82
  4　総合的サービスの提供と積極的な連携，協力／83
  5　利用者ニーズの代弁／84
  6　地域福祉の推進／85
  7　後継者の育成／86

第5章　介護福祉の機能と役割

第1節　介護福祉の機能 ………………………………………………………………90
  1　コミュニケーション／90
  2　観察／94
  3　介護過程の意味するもの／97
  4　介護過程の展開／98

　　　　5　介護過程の管理／100

第2節　介護福祉と社会福祉援助技術 …………………………………………101
　　　　1　社会福祉援助技術の意義／101
　　　　2　直接援助技術と間接援助技術／101
　　　　3　生活支援における社会福祉援助技術／105

第3節　介護福祉の果たす役割 …………………………………………………110
　　　　1　よりよい生き方を求めて／110
　　　　2　「生活の快」を実現する／112
　　　　3　終末への不安に対する配慮／113

第6章　介護福祉におけるチームケアとケアマネジメント

第1節　全人的介護の展開におけるチームケアのあり方 ……………………116
　　　　1　チームケアの必然性／116
　　　　2　チームケアのあり方／117

第2節　他職種や関係者との連携 ………………………………………………118
　　　　1　利用者とかかわる他職種との連携／118
　　　　2　ボランティアとの連携／120

第3節　全人的介護におけるケアマネジメントの必要性 ……………………123
　　　　1　ケアマネジメントの意義／123
　　　　2　ケアマネジメントのプロセス／124
　　　　3　社会資源の開発と活用／127
　　　　4　ケアマネジメントにおける介護福祉士の役割／128
　　　　5　ケアマネジメントの実際／129

第7章　関連領域との共通性と介護福祉の固有性

はじめに──この章の内容── ……………………………………………………138

第1節　介護福祉活動の範囲・視点と関連および隣接諸領域とのかかわり　139
　　　　1　介護福祉活動の範囲と視野／139
　　　　2　関連領域との関係に対する諸見解／140

第2節　関連領域との関係 ………………………………………………………146
　　　　1　看護との関係／146

2　社会福祉との関係／148

第3節　隣接諸学問との関係 …………………………………………………………151
　　　1　介護福祉と隣接諸領域／151
　　　2　家政学との関係／151
　　　3　教育との関係／152
　　　4　保育との関係／153
　　　5　療育との関係／154
　　　6　リハビリテーションとの関係／155
　　　7　宗教・死生学との関係／156

第4節　介護福祉の固有性 …………………………………………………………158
　　　1　日常生活障害の理解／158
　　　2　生活障害の緩和・軽減理論の科学的根拠／160

第8章　介護福祉にかかわる諸制度

第1節　社会福祉改革の動向 ………………………………………………………166
　　　1　社会保障構造改革／167
　　　2　社会福祉基礎構造改革／171
　　　3　社会福祉法の成立／173

第2節　高齢者保健福祉施策と介護保険制度 ……………………………………179
　　　1　高齢者の保健福祉施策／179
　　　2　介護保険制度／186

第3節　障害者福祉関連施策 ………………………………………………………191
　　　1　障害者とは／191
　　　2　現代の障害者福祉観／192
　　　3　障害者福祉施策のこれまでの取り組み／193

第4節　諸制度を推進する介護福祉士の役割 ……………………………………197
　　　長寿・福祉社会を求めて／197

第9章　海外における介護福祉の動向

はじめに ……………………………………………………………………………………206

第1節　ドイツ …………………………………………………………………………207
　　　　　1　ドイツの高齢者福祉／207
　　　　　2　ドイツの介護福祉の動向／207
　　　　　3　介護福祉の専門職／210
　　　　　4　今後の課題／211

第2節　イギリス ………………………………………………………………………212
　　　　　1　イギリスの高齢者福祉／212
　　　　　2　イギリスの介護福祉の動向／212
　　　　　3　介護福祉の専門職／214
　　　　　4　今後の課題／215

第3節　スウェーデン …………………………………………………………………217
　　　　　1　スウェーデンの高齢者福祉／217
　　　　　2　スウェーデンの介護福祉の動向／218
　　　　　3　介護福祉の準専門職／220
　　　　　4　今後の課題／222

第4節　アメリカ ………………………………………………………………………223
　　　　　1　アメリカの高齢者保健福祉／223
　　　　　2　アメリカの介護福祉の動向／224
　　　　　3　介護福祉の準専門職／226
　　　　　4　今後の課題／227

第5節　カナダ …………………………………………………………………………228
　　　　　1　カナダの高齢者福祉／228
　　　　　2　カナダの介護福祉の動向／228
　　　　　3　介護福祉の準専門職／230
　　　　　4　今後の課題／231

第10章　介護福祉の今後の課題

第1節　介護福祉教育の展望 …………………………………………………………234
　　　　　1　主体性を育む介護教育／235
　　　　　2　介護福祉教育課程の改正／240

  3 介護教員の質の向上〜介護教員養成講習〜／245
  4 介護福祉士国家試験の改正／246

第2節 介護福祉の今後の課題 …………………………………………………248
  1 要介護者の人権と尊厳を守るために／248
  2 介護福祉の新しい展開のために／249
  3 介護福祉学を確立するために／252

執筆者一覧

第1章
介護の概念

第1節　介護とは

1　介護の語義

　まず，本書で用いられる種々の用語の意味を明らかにし，無用な混乱を避けたいと思う。福祉や介護の領域では，ややもすると，心情や情緒が先行し，用語の意味や概念を明らかにせず恣意的に用いられる傾向がみられる。

　介護という語は意外にも比較的新しい言葉で，『広辞苑』第2版（1977年）にはまだ介護の言葉が見当たらない。1988年版の『広辞苑』に至ってようやく介護の語が登場する。また，漢和辞典（たとえば貝塚茂樹他編『角川漢和中辞典』）でも介護の語も介助の語も見当たらない。すなわち，介護の語は和製漢語であると考えられる。おそらく「介抱と看護」からなる合成語ではないかという意見もある。わが国で介護の語が法律に現れるのは1923（大正12）年に制定された恩給法別表第1号においてである。具体的には「……常時複雑ナル介護ヲ要スルモノ」という表現となっており，傷病軍人対策として用いられている。戦後では，1956（昭和31）年に制定された長野県家庭養護婦派遣事業補助要綱にはその2の1に派遣対象として「……介護を要する老人，身体障害者，傷病者……」と規定され，このなかで介護の語が用いられているが，これが介護の語が公的に用いられた最初である。そして，1961（昭和36）年の児童扶養手当法施行令に介護の語が法令として初めて登場する。続いて1963（昭和38）年の老人福祉法に介護の語が現れるが，介護という言葉は法律で先行し，辞典が後を追っている。

　さて，介護の概念についてのいくつかの定義を列挙してみよう。

　まず，『社会福祉辞典』（1974年）によると，「ねたきり老人」などひとりで動作できない人に対する食事，排便，寝起きなど，起居動作の手助けを「介助」といい，疾病や障害などで日常生活に支障がある場

長野県家庭養護婦派遣事業補助要綱
☞ 36頁参照。

合，介助や身の回りの世話（炊事，買い物，洗濯，掃除などを含む）をすることを「介護」という。▶1

『現代社会福祉事典』では，「ある人の身体的機能の低下，衰退，喪失の場合に起こる生活上の困難に対して，身体的機能を高め補完する日常生活の世話を中心としたサービス活動を〈介護・介助〉」といい，介護と介助を同じ意味に使っている。▶2

『現代福祉学レキシコン』によると，「介護とは，普通，障害などにより日常生活を営むのに支障のある人に対して身辺の援助，世話を行うことをいう」▶3。

要するに，介護とは何らかの理由に基づく生活障害によって日常生活に支障のある者に対して身辺の援助，世話を行うことであるとする定義が最も一般的である。

また介護はADL（日常生活動作）と表裏一体の関係がある。すなわち個人のADL：IADLのうち欠けている部分を補い，要介護者の日常生活上の支障を取り除くのである。

2　ケア（care）の語義

一方，ケアの概念についても検討の必要がある。careはきわめて広い用法があり，その使用には注意が必要である。たとえば，イギリスでは青少年の非行対策などもcareと表現されることがあり，わが国におけるcareの用法に比べると実に広範な意味に使われている。

また，ケア・プロフェッションという場合には，医師，看護師，助産師，ソーシャルワーカーをも含む場合がある。

> 看護師，助産師
> ☞ 31頁参照。

またイギリスやアメリカでは，乳幼児の養育にケアの語を用いても違和感はないが，わが国では乳幼児の育児にケアの言葉を用いると，どこかしっくりしないところがある。それはわが国の場合，介護には介抱の意味が濃厚なので，介護といえば高齢者や障害者が対象であるとの印象が根強いからであろう。しかし，乳幼児の日常生活は高齢者の日常生活とは多分に趣を異にし，生活のなかに「成長・発達」の要素が大きなウエイトを占めていることを忘れてはならない。したがっ

▶1　仲村優一他編『社会福祉辞典』誠信書房，33頁，1974年。
▶2　仲村優一他編『現代社会福祉事典』全国社会福祉協議会，89頁，1988年。
▶3　京極高宣監『現代福祉学レキシコン』雄山閣，161頁，1993年。

て乳幼児に対する日常生活の支援には「成長・発達」を助ける教育・養護の要素が欠かせないことに気づけば、乳幼児にもケアの言葉が用いられても違和感は軽減されるのではないか。

このように、英語の care は日本語の介護、養護、療育、指導、保育などの意味を含む多極的で、多義的な用語である。care の語源をスキートの語源辞典で調べてみると、あまり定かではないが、ラテン語の cure から出ていて、その意味は「気にかける」「思いやり」とある。[4] 一般の英和辞典によれば、care は名詞では、心配、苦労、関心、配慮、世話、介護、責任などの意味があり、動詞では心配する、気にかける、愛する、世話する、面倒をみる、介護するなどの意味がある。すなわち人の心配事と、心配事を取り除く行為の二つの意味がある。take care of ○○○は、○○○の心配事を取り去る意味である。つまり、care には二つの構成要素があり、一つは care for で、誰かを世話する具体的な行為であり、もう一つは care about で、誰かのことを気遣う、心配するの意味である。

3　人権の構造

私たちは「人権の世紀」に生きている。他者の人権を尊重することによって、みずからの人権も尊重される社会である。特に介護に携わる者は常に人権の意識を研ぎ澄ますことを要請される。なぜなら人が要介護の状態に陥ると、ややもすると人権を侵される場合があるからである。

ところで、人権は次のような構成から成っていると考えられている。

<人権の構造>

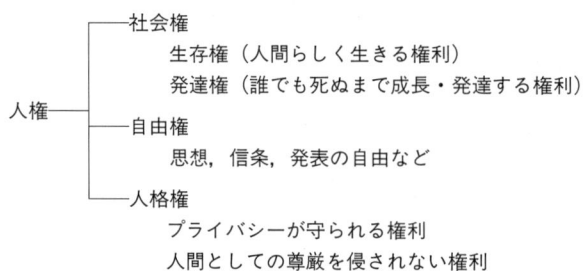

---

[4] Skeat, W. W., *Etymological Dictionary on the English Language*, Oxford, p. 92, 1978.

人が要介護の状態に陥ると，誰かの世話になり，他者に依存しなければ生きていけなくなる。しかし，私たちの社会は独立・自存(independence)に至上の価値を置き，その対極として他者に依存する存在に対してスティグマの感情を付与し，人格を貶める傾向がある。[5]

　人類の歴史を振り返ると，人権のなかでは自由権がまず最初に取り上げられた。13世紀のイギリスでマグナ・カルタが成立したのは，ときのジョン王の専横を制御するための貴族たちの自衛的行為であったが，その内容は主として自由権の擁護であったと言われている。

　20世紀に入って，生存権を中心とする社会権が認められるようになり，日本国憲法第25条に結実している。しかし生存権といえば生き延びるというような消極的な印象を受けるが，そうではなくて今日ではより積極的に人間らしく生きる権利と解されている。さらに，人間には誰しも死ぬまで「成長・発達する権利」があるという認識が芽生えてきたのである。とりわけこの観点は児童にとって重要である。「児童の権利に関する条約」を引き合いに出すまでもなく，児童はもって生まれた可能性を極限まで引き出してもらう権利がある。児童にとって成長・発達を阻害する環境はそれ自体人権の侵害であり，児童虐待であるという認識が広まってきた。もちろん，高齢者，障害者にとっても事情は変わらない。

　現代では人間は誰しも，いつでも，どこでも，いかなる場合でも，誰に対しても対等(parity)な関係を保持し，人間的尊厳を尊重される「人格権」の重要性が認識されるようになった。要介護に陥った人がどのように援助されるかが，その社会の成熟度を表す指標となるであろう。たとえ，要介護の状態になり他者の世話になっても「人間の尊厳を失わない」状態が保てるような環境が保障されなければ真の福祉国家とはいえないだろう。このような意味で介護と人間の尊厳は密接な関係を有している。好適な例としては，特別養護老人ホームや病院などの入所施設におけるケアワーカーと入所高齢者の関係を想起してほしい。ややもすると，管理する者と管理される者との上下関係に陥る危険がある。

　これら三つの人権を考えるとき，社会権は「してもらう」ことを国家権力に要求する権利であり，自由権は個人の行為を国家権力に認めさせる「する」権利であるといえる。これらに対して人格権はどのよ

> **スティグマの感情**
> 恥ずかしい，肩身が狭いという感情のこと。E.ゴッフマンによると「他人とは異なる属性，それも好ましくない属性，欠点，短所，ハンディキャップ」によって，人の信頼を失わせる属性のことである。具体的には身体障害，知的障害，精神障害，人種，宗教，民族，貧困，社会的依存，社会規範にもとる行為。

▶5　Spicker, P., *Stigma and Social class,* Croom Helm, 1984.（西尾祐吾訳『スティグマと社会福祉』誠信書房，113頁以下，1986年。）

うな状態であっても人間の尊厳を尊重することを国家権力のみならず，社会の成員すべてに要求できる権利であるといえる。

ここでT. H. マーシャルが提唱した権利の理論を紹介しよう。マーシャルは人間の権利を市民権，政治権，社会権の三つに分類して説明している。最初の市民権とはおおむね私たちのいう自由権であり，イギリスでは18世紀に成立したとしている。次に政治権であるが，選挙権をはじめとする政治に参加する権利を指し，19世紀に成立したとしている。最後の社会権は，所得保障，文化的生活を政府に要求する権利，および公教育を受ける権利などを意味し，20世紀に至って成立したとしている。それでは人格権はマーシャルの三つの権利のいずれに属するのかが問題となる。▶6 また，マーシャルは権利を異なる側面から分析し，法律的権利，社会的権利，道徳的権利の三つに分類している。法律的権利とは法令に明記された権利で，自明のものである。社会的権利とは法律には記載されないが，社会的に広く容認され，社会に要求できる権利である。最後の道徳的権利とは，特定の人間関係において道徳的観点からある行為を道徳規制として受け入れた場合，その対象者がもつ権利である。それゆえ，人格権とは，マーシャルのいう社会的権利に包含されるのではないかと考えられる。私たちは他者の尊厳を認めることによって初めて，自分の尊厳が守られることに社会的コンセンサスが得られる時代に到達したことを自覚する必要があろう。

4　生活の質（QOL）と生活構造

前述したように，現代では生き延びるという意味での単なる生存権ではなく，自己実現のための努力を可能とする生活環境を保障される権利が認められようとしている。すなわち，生活の質が問われる時代である。

quality of life という言葉には次の三つの意味がある。
① 日々の営みとしての生活の質
② かけがえのないものとしての生命の質
③ 長いスパンとしての人生の質

▶6　Marshall, T. H., *Citizenship and Social Class*, Cambridge Univ., 1950.（岡田藤太郎・森定玲子訳『社会学・社会福祉学論集』相川書房，1998年所収。）

すなわち，日々の日常生活の質を確保することによって，長いスパンとしての人生の質や，かけがえのない生命の質を保障していくことになるのである。また同時に，生命の質や人生の質を見据えることによって，日常生活の質を保障していくことにもなるのである。

　生活の質を論ずるときには私たちの生活構造，すなわち私たちの生活はどのような構成要素からなる営みであるかを明らかにする必要がある。

　渡邊氏の生活構造論によれば，私たちの生活は次のような重層的構造からなっている。▶7

① 　生理的側面（睡眠，休養，食事，排泄，清潔保持その他日常生活）
② 　家事的側面（家事労働，買い物など）
③ 　家政的側面（家政，家族の統合，融和など）
④ 　文化的側面（教養，趣味，情報など）
⑤ 　社会的側面（外出，交際，会合など）
⑥ 　生産的側面（労働，務め，作業など）

　生活の質を決定するには単に生理的側面だけではなく，上記の多様な側面を統合して判定すべきであるが，なかでも生理的側面が基底をなすことはいうまでもない。なぜなら，生物としての人間の生活は生理的側面をその基礎としているからである。私たちの日常は朝目覚め，起床し，洗顔し，衣服を着脱し，朝食を摂る。午前中学習，就労の時間を過ごし，昼食を摂る。午後も学習，就労，休息を経て夕食を摂る。その間，定期的あるいは不定期に排泄を行う。夕食後は入浴し，家族の団欒などを経て就寝する。私たちはこのような日常生活を毎日おおむね規則正しく送っている。このような卑近な日常生活が身体的，または精神的理由から規則正しく送ることができない状態を生活障害としてとらえる。もし①の生理的側面に支障が生ずる生活障害があれば，②から⑥までの生活側面全般に支障をきたし，その結果その人の生活の質が低下する最も大きな要素になる。今日のわが国において介護サービスが対象とする生活部面は上記の①②③の側面である。しかし，一面において文化的，社会的側面の支障があれば生理的側面にも影響は免れない。

　このような生活構造論は，A.マスロー（1908-1970）が提示したヒューマン・ニーズの階層と一部分符合しているのは偶然ではない。

▶7 　渡邊益男『生活の構造的把握の理論――新しい生活構造論の構築をめざして――』川島書店，21頁，1996年。

図1-1 マスローのヒューマン・ニーズの階層

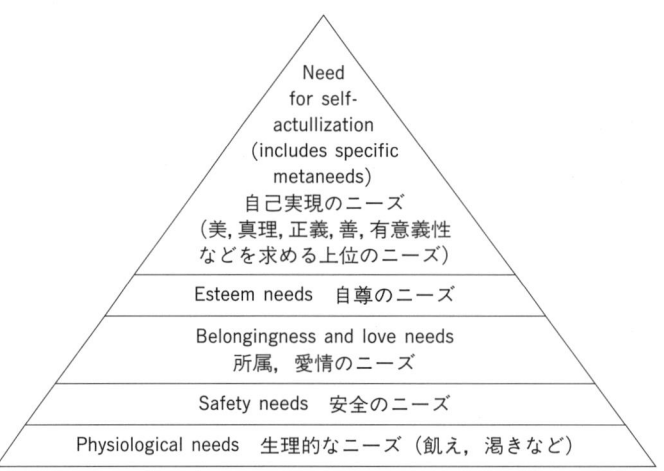

資料：Edwen, R. B., *An introduction to Theories of Personality*, Academic Press.

マスローは人間のニーズを大きく五つに分け，最も根底に飢えや渇きなどの生理的ニーズを置き，人間生存の基礎としている。次の段階としては安全のニーズ，さらに所属，愛情のニーズを置いている。その上に自尊（esteem）のニーズの重要性を強調している。これらのニーズを充足せしめたうえで最高のニーズとして自己実現のニーズを位置せしめている。マスローのいう自己実現は，生活構造論では，④文化的側面，⑤社会的側面，⑥生産的側面などが対応関係にある。

5　生活障害

　生活障害とは，一般に生活構造論における生理的側面から生産的側面にいたる広範な生活部面における不都合をさすが，ここでは最も基礎的な生理的側面における生活障害について論ずる。

　それではどのような原因によって生活障害が生ずるのであろうか。今日では高齢者の介護問題に社会の目が注がれているが，高齢者以外にも生活障害に苦しんでいる人は少なくない。すなわち生活障害をもたらす要因は多数あり，生活障害の様態もさまざまなので，バランスがとれた視点が求められる。生活障害をもたらす要因には次のようなものが考えられる。生活障害をもたらす要因が多様であれば，生活障

▶8　マスローの理論を理解するには，マスロー，A. H. 著，上田吉一訳『完全なる人間——魂のめざすもの——〔第2版〕』誠信書房，1998年が適当と思われる。

害の姿もさまざまとなって現れるので，その対応も多様になるのは当然である。

① 幼少（未発達）

人間は生まれたとき，きわめて無力である。幼少のため知的，身体的，社会的諸能力の未発達から他者の援助を欠いては日常生活が困難になる状態である。つまり，日常生活能力がまだ発達していない状態といえる。幼少に加えて障害があれば，生活障害はさらに深刻なものになる。

② 傷病

傷病のため，一時的に日常生活能力を減退している状態をいう。傷病により入院している患者がその典型である。したがって，そのような入院患者には看護を含めて医学的治療のみならず，日常的な生活障害を軽減・緩和する介護の重要性はいうまでもない。いや医学的治療が効果的であるためには，患者の生活障害の緩和は何より重要であり，介護の質が治療の成否を左右するほどの影響を及ぼすのである。

③ 障害

障害を受ける原因は傷病，事故，先天的理由などさまざまであるが，要するに障害があるゆえに日常生活に支障をきたしている例は無数にある。

障害には身体障害，知的障害，情緒障害，精神障害などがあり，さらにそれらが重複している場合も少なくない。また，それぞれの障害によってこうむる生活障害の質や程度が異なるのはいうまでもない。特に重症心身障害児（者）といわれる人々は重度の身体障害と重度の知的障害を併せもつため深刻な生活障害に遭遇し，きめこまかい援助が必要な人々である。

④ 加齢

人間は誰しも老いる。老いれば，体力，気力，身体的機能，精神的機能が衰え，日常生活に支障をきたすことは生物としての人間の宿命である。

また，加齢にともなって疾病や事故に見舞われる機会も多くなり，その後遺症として各種の障害が生じ，機能の衰えに加えて多重の生活

障害に見舞われる場合も少なくない。

6　人間の全体性

　前述の生活構造論でふれたように，人間の生活は実に多様な側面を有している。私たちが生きていくには，まず生理的側面が保障されていなければならないが，生理的側面だけが保障されてもそれだけでは「真」の意味で生きていることにはならない。極端な例をあげれば，「植物状態」と呼ばれる人の生はいかなるものであろうか。生活構造論やマスローが提示したニーズの階層論が示すように，人間の生活は多面的なもので，さまざまな側面が互いに絡み合っている。たとえば，生理的側面が文化的側面に影響を及ぼしているだけではなく，文化的側面が生理的側面に影響を与えているのである。

　しかし，科学技術が進歩し，社会制度が複雑化するにつれて，それぞれの分野で専門分化が急速に進んでいる。たとえば医療の分野でいえば，患部のみを深く見る結果，人間全体を見る姿勢が希薄になることもある。教育の分野でも教授法が専門分化するにつれて，対象となっている学童・生徒の背景や個性に目が届かない場合があることは指摘されている。しかし，このような傾向は各分野における専門の深化には避けられない現象であって，それ自体は責められない。

　そこで，最近は医療や教育の分野ではホリスティック (holistic) という言葉がもてはやされている。この言葉はもともと哲学の全体論 (holism) から発しており，全体とは単に部分から成り立っているのではなく，むしろ全体が各部分を決定しているという説である。つまり人間を患部や生活障害というような部分として見るのではなく，全体 (as a whole) として見る姿勢が求められているのである。福祉や介護に携わる者にはとりわけこの姿勢が必要である。なぜなら，介護職は常に医療・保健・看護・教育などの多様な職種と協働しなければならないが，それぞれの専門職は多かれ少なかれ専門・分化を拠り所としており，生活の視点が不十分な場合もあるからである。

7　個人の主体性の尊重

　私たちは自律的な生活を送りたいと願っている。ここで特に自律的と表現したのは，自立と自律の相違に着目しているからである。自立に価値をおく私たちの社会では，自立の対極として依存があると考えているが，依存にはスティグマの感情が色濃く随伴している。ひとたび他者に依存すると人格まで否定されてしまう場合もないではない。障害や加齢によって重度の生活障害に陥った者は他者の援助を期待せずには生活が成り立たないが，他者の援助を受けることによって人格を否定されたり，マスローのいう自尊感情を傷つけられることがあってはならない。たとえ，他者に依存する生活であっても人間の尊厳を損なわないよう配慮される必要があろう。いわゆる「尊厳ある依存 (dependency with dignity)」の実現が望まれるのである。

　主体性尊重のもう一つの側面は，残存能力の尊重である。介護の現場では善意の押し売りがまれにみられる。被介護者の残存能力と意欲を尊重することも主体性尊重の一側面であり，被介護者の生きる意欲をそがないことも主体性を尊重する重要な場面である。

第2節 介護から介護福祉へ

1 介護の社会化の背景

　わが国では長い間，介護は保育とともに家庭のなかで行われ，主として女性がシャドーワーク（報酬をともなわない影の労働）として担ってきた。このことが介護の社会的価値に関する認識を低めてきたことは否定できない。しかし，産業の飛躍的発展を助長する要因として家族の小規模化，核家族化が進行するとともに，人口構成における少子高齢化，および女性の労働力化（有業化）が進んだ。その結果，それまで家庭が担ってきた育児や介護能力が低下した。一方，長寿化は介護を要する後期高齢者の著しい増加を招き，「介護地獄」という言葉さえ生まれた。それらの要因が介護問題を社会化させることになった。

　そこで，政府は1989（平成元）年「高齢者保健福祉推進十か年戦略」いわゆるゴールドプランを策定し，事態に対応しようとした。1994（平成6）年には先のゴールドプランを見直し「新ゴールドプラン」を示し，到達目標を大幅に引き上げた。さらに1999（平成11）年には「ゴールドプラン21」を策定し，地方が高齢者の生活基盤を整備することを促した。

　児童に関しては，少子化への対策の方向として1995（平成7）年，文部・厚生・労働・建設4大臣による「今後の子育て支援のための施策の基本的方向について」いわゆるエンゼルプランが策定された。女性の就労，児童保育，まちづくりなど総合的な対策を打ち出した。

　その他，障害者に関しても，1994（平成6）年，厚生省は「障害者や高齢者にやさしいまちづくり推進事業」を創設したのをはじめとし，1995（平成7）年には「障害者プラン～ノーマライゼーション7か年戦略～」を策定し，障害者との地域における共生を推進しようとしている。

ゴールドプラン
☞ 181頁参照。

新ゴールドプラン
☞ 181頁参照。

ゴールドプラン21
☞ 183頁参照。

障害者や高齢者にやさしいまちづくり推進事業
2001（平成13）年4月より，「バリアフリーのまちづくり活動事業」と名称が変更となり，実施されている。

2000 (平成12) 年 4 月から施行された「介護保険」はわが国における社会的介護を強力に進める役割を果たし，高齢者をめぐる生活環境に大きな変化をもたらしている。しかしながら，発足まもないことから幾多の問題が指摘されているが[9]，介護保険によって，わが国の介護事情が大きく改善されたのは事実である。

2 社会福祉基礎構造改革

すでに戦後半世紀以上経過し，わが国の社会福祉の枠組みが時代遅れになり，十分機能しなくなったのが，社会福祉基礎構造改革が行われた理由である。まず，社会的背景をみると，生活水準の著しい向上と，核家族化，人口構成における少子高齢化，女性の労働力化，家庭の育児・介護機能の低下，特に介護問題の深刻化があり，一方に人権意識の高揚，国家財政の窮迫などがある。

改革の主眼点は，わが国の社会福祉における国家によるパターナリズムの克服である[10]。このパターナリズムの克服から発していくつかの原理やスローガンが提示されている。戦後わが国では社会福祉は上から，すなわち国家が主導性を握って構築してきた。その象徴的制度としてあげられるのが「措置制度」である。措置制度とは，福祉のさまざまな給付やサービスが利用者の主体的選択と契約で利用されるのではなく，行政処分として主として地方政府から提供される制度である。措置制度の成り立ちにはその時代の社会的要請に合致していた経過があり，戦後のわが国の社会福祉に果たした役割は決して無視できないのだが，今や時代遅れになってしまったのである。これまでのように，福祉の対象者が限られた低所得階層の特定少数の人々であったときは，パターナリズムも可能であったが，全国民が福祉の対象となる時代を迎えると，国家が負担に耐えられなくなった。国民はあるときは福祉を支え，あるときは福祉の対象になる時代が到来したのである。

[9] 要介護認定，効果測定，地域における社会資源，低所得階層の利用抑制，苦情処理などさまざまな問題が指摘されている。

[10] パターナリズムとは，森岡清美・塩原勉・本間康平編『新社会学辞典』有斐閣，1181～1182頁，1993年によると，「父子関係に擬せられた支配・被支配の社会関係……（中略）……資源や権力の不平等な配分を前提として被支配者の服従・忠誠に対して，パターナリストが恩恵的保護を与えるというかたちで成立する。……（中略）……日本では第二次大戦中に至るまで，政治的支配層によりイデオロギー的に教化された家族国家観……」なのである。

「措置から契約へ」というのが，社会福祉基礎構造改革の主要なスローガンである。19世紀のイギリスの法律家 H. メイン (1822-1888) が，中世から近代への移行を「身分から契約へ」という言葉で表現し説明したが，今日では世界中の人がこの言葉を知っているであろう。契約概念こそが近代を近代ならしめる社会関係における基本的原理であって，従来パターナリズムによって運営されてきたわが国の社会福祉にも契約の概念を導入し，わが国の社会福祉を近代化しようとするものである。しかし，契約が締結されるには，契約の当事者が互いに対等 (parity) であることが絶対的な要件となる。しかし現実の社会では対等関係を保持するのは容易でない。なぜなら社会には強者と弱者があるからである。また，妥当な契約が締結されるためには，情報の共有が欠かせず，情報公開が改革の一つの柱となっている。

　また，対等な関係で契約を結べば，その結果と責任は契約を結んだ当事者にある。すなわち適正な経済的負担も含めて自己責任の原則が強調される。しかし，高齢者のなかには契約の概念に不慣れな人もいるのも事実である。特に知的障害者や痴呆性高齢者のように責任能力に問題のある人もいる。そのため，社会福祉とアドボカシー（代弁・擁護）とは密接な関係があり，地域福祉権利擁護事業も始められ，福祉オンブズマンも活躍するようになった。

　また，人と人との対等性が個人の人間としての尊厳 (dignity) を守る条件となっている。新しい社会福祉法では個人の尊厳が謳われているが，わが国では画期的なことである。特に介護の領域では，他者に依存することによって尊厳を傷つけられることが多いので，格別の配意が必要である。これからは，たとえ他者に依存しても人格権が認められ，プライバシーが守られ，尊厳を保持できなければならない。すなわち，「尊厳を失わない依存 (dependency with dignity)」を実現しなければならない。[11]

　社会福祉基礎構造改革のもう一つの大きな柱は「地域福祉の重視」である。これまでわが国の福祉は施設を中心に整備拡充が図られてきたが，これからは誰もが，できるだけ長く，住み慣れた地域にある自宅で，友人，知人とともに生きていけるように福祉のしくみを変えようとするものである。

> **アドボカシー**
> 自分の権利やニーズを主張できない人に代わって主張し，権利を守る援助をいう。地域福祉権利擁護事業にその具体的展開がみられる。

[11] Wade, B. et al., *Dependency with Dignity*, Bedford Square Press, 1983.

第3節　介護福祉の理念

　これまで述べてきたように介護が単なる介護ではなく，介護福祉として一つの領域を成立させるには，次の諸点に留意する必要があろう。

(1)　人権の尊重

　要介護者の人権，とりわけその人格権についての感覚を保持し，要介護者に対して尊厳を備えた人間として常に尊敬の念を失わないことである。

(2)　ホリスティックな視点

　まず第一に，介護の対象を要介護存在としてのみの視点でみるのではなく，生きた人間としての多様な側面にも注意を払うことである。人間の日常生活は生理的側面を基礎としながらも，生理的生活にとどまらず，より高次な人間的欲求を充足させる営みとして介護を理解しなければならない。

(3)　価値の確認

　介護福祉に携わる者にとって自らの専門性を保持し，向上せしめ，常に介護の対象者の利益を最優先する姿勢が重要である。その意味で専門職としての倫理観念を研ぎ澄ましていなければならない（介護福祉士の倫理については第4章において詳しく論ぜられる）。

(4) 明確な目標の設定

　介護が単なる介護ではなく，介護福祉の名にふさわしい介護であるためには，要介護者の日常的な生活障害を緩和・軽減するにあたって次のような目標をもたなければならない。

① 愛着関係と親密さ

　介護を受ける人が安定した情緒と居場所の感覚を得られるような介護関係における愛着関係と親しさが必要である。気持ちを自由に表現でき，どこに居てもわが家にいるようなくつろぎを感じさせる介護でなければならない。
　このような関係が築けないと，孤独や不安のもとになる。

② 社会への統合

　介護する人と介護される人が共通の目的をもって作業に参加しているという意識が必要である。そのために経験，情報，アイデアを交換しながら協働することによって社会への統合を実感できるのである。共通の目的とは要介護者が「人間らしく生きる」ことであり，介護を受ける人がややもすると社会から疎外される傾向を予防しようとするのである。

③ 愛情こまやかな世話を受けている感情

　介護を受けている人が，愛情こまやかな介護を受けているという実感が抱けるような介護が望まれる。介護にあたる職員が，単なる業務としてではなく，その介護に愛情がこもっていると介護を受けている人が感じるような介護でなければならない。

④ 人間的価値の確認

　介護を受けて人間的価値が低下しないように，介護を受けている人の残存能力を認め，尊重する。社会的役割の喪失によって自己評価（self esteem）が低下するのを防ぐ。このことは前述の「尊厳ある依存」を意味する。

⑤ 有効な援助

　利用できる資源を活性化する。近隣や友人の援助は期間も内容も限

定的である場合が多いが，血族は継続的な援助が期待できる場合がある。インフォーマルな援助資源を評価し活用することを心がける必要がある。

⑥ 精神的支持

要介護者にとって尊敬できる人から，face to face の支持および援助が受けられるよう配慮する[12]。介護を受けている人が望む場合には，信仰上のニードを満たすことが重要である。また，介護を受けている人が信頼し，影響を受けるキーパーソンを確保し，もしキーパーソンが不在の場合にはキーパーソンの創出に努めなければならない。

参考文献

メイヤロフ，M.著，田村眞・向野宣之訳『ケアの本質——生きることの意味——』ゆみる出版，1987年。

一番ヶ瀬康子監，日本介護福祉学会編『新・介護福祉学とは何か』ミネルヴァ書房，2000年。

渡邊益男『生活の構造的把握の理論——新しい生活構造論の構築をめざして——』川島書店，1996年。

村田久行『改訂増補 ケアの思想と対人援助——終末期医療と福祉の現場から——』川島書店，1998年。

西尾祐吾『はじめて出会う社会福祉』相川書房，2001年。

Bulmer, M., *Social Basis of Community Care*, Allen and Unwin, 1987.

---

[12] Bulmer, M., *Social Basis of Community Care*, Allen and Unwin, pp. 142-171, 1987.

第2章

介護福祉の成立と進展

第1節　人類の歴史のなかの介護

　人類の介護の歴史は人類の出現とともに始まる。特に身体的武器を持たない人類は協力して食物を求め，猛獣からの脅威に備える必要があった。そこから人類は社会的動物となったのだが，協力関係を保つためには言語を発達させ，集団を形成・維持しなければならなかった。そこで集団を維持するためには，集団内の生活障害に陥った弱い構成員を護ることが重要であった。

　今，人類の歴史のなかでの介護の姿を簡単に振り返ってみよう。

　太古から，傷病によって生活障害に陥った人に対して介護が行われたであろうが，その介護は看病と日常生活支援からなっていたと思われる。看病は生命を見つめ，対症療法としてあるときは熱を冷まし，あるときは痛いところをさするなどの段階をこえることはできなかった。生活障害への援助は生活障害に陥った構成員をひたすら見守り，生活障害を軽減することが中心であったろう。

　看病から呪術が生まれ，呪術の長い経験から医療・医学が芽生えてきたのであろう。一方，日常生活支援では西洋中世に宗教的背景をもつアサイラム（元来は避難所という意味）が生まれ，傷病者，障害者，高齢者，児童などが混然と保護されていた。わが国でも，奈良時代に悲田院の記録があり，仏教の慈悲思想に基づいてアサイラムの役割を果たしたと言われている。

　近世における医療の始まりは，科学的認識の発達によるところが大きいが，まだ医学は初期的段階で，感染症・急性期疾患がその対象であった。

　1854年に勃発したクリミヤ戦争はナイチンゲールの活躍によって看護を医療から分離させ，一つの専門職として成立させる大きなきっかけとなった。しかし，彼女が献身した看護は今日の規準で測るなら，看護というより戦傷者の療養環境を整える介護に近いサービスであった。

その頃，産業革命の影響でイギリス社会では一方に莫大な富の蓄積が進行すると同時に，もう一方で，大量の深刻な貧困の集積が起こっていた。1849年リヴァプールで発足したユダヤ婦人慈善協会（Liverpool Jewish Ladies Benevolent Institution）が行った貧困女性に対する在宅援助がホームヘルプサービスの嚆矢とされている。[1] サービスの内容としては若い母親の出産や短期罹病への援助が中心であった。

　その後，医学は急速に専門化・分化・高度化を遂げると，検査技師のようなパラメディカルと呼ばれる職種が次々と誕生し，医療のなかでの分業が進行した。わが国における今日の保健師助産師看護師法は1948（昭和23）年に制定公布された法律であるが，同法では第5条で看護師を次のように定義している。「『看護師』とは，……傷病者若しくはじょく婦に対する療養上の世話又は診療の補助を行うことを業とする者をいう」。つまり看護師の職務は療養上の世話，すなわち介護と，診療の補助，すなわち医師の手助けの二つの業務があるとしたのである。しかし，この保健師助産師看護師法が成立した時代的背景を考慮する必要がある。当時は高齢者も少なく，社会的介護の意識もなかったし，医療の水準も今日から考えると決して高いものではなく，医療における分業もほとんど進行していなかった。

　ところが，医療の分化，高度化とともに，社会的介護の制度，すなわち介護福祉士の制度が充実しつつある現在，療養上の世話（介護）と診療の補助の関係について，サービスを受ける側の立場に立って，検討する必要があろう。特に近年，介護を要する人々とその人々をとりまく社会的環境には次のような変化があった。

① 医療の高度化・分化・専門化が著しい
② 目覚ましい寿命の延伸があった（人口の高齢化が進んだ）
③ 慢性病，生活障害を背負う対象者が増加した
④ 社会的介護の国民的コンセンサスがほぼ成立した
⑤ QOL重視の傾向が強まった
⑥ あらゆる人との共生の理念が浸透した
⑦ 施設ケアに代えて在宅ケア重視の傾向が強まった

> 保健師助産師看護師法
> 2001（平成13）年12月に保健婦助産婦看護婦法が改正され，2002（平成14）年3月より「保健師助産師看護師法」に題名が改められるとともに，看護婦（士）が「看護師」に，保健婦（士）が「保健師」に，助産婦が「助産師」に改められた。

▶1　デクスター，M.・ハーバート，W.著，岡田藤太郎監訳『ホームヘルプ・サービス』相川書房，15～16頁，1987年。

図2-1 介護の歴史

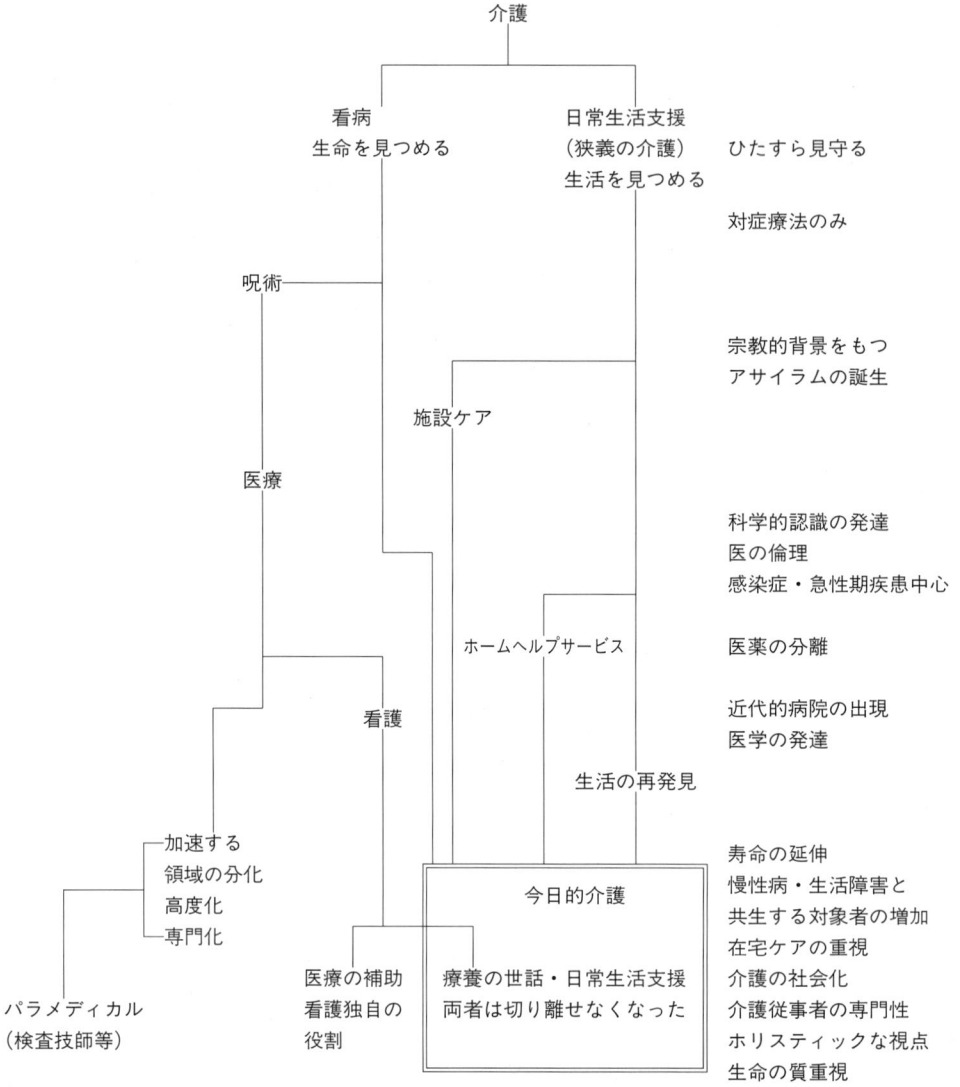

32

第 2 節　わが国における介護福祉の歴史

　社会的介護には入所施設における介護（residential care）と在宅介護（community care）の二つの形態が考えられる。ここではこの両者について概観することにするが，特に後者については，長野県および大阪市の取り組みを中心に述べる。

1　施設介護

　わが国における社会的介護の歴史はまず施設保護（residential care）から始まったとされている。聖徳太子が建立した四天王寺の悲田院では傷病者，障害者，高齢者，児童などを混然と入所させ保護したと伝えられている。いわゆるアサイラムであった。1881（明治 14）年に設立された大阪の小林授産場も同様な古いタイプの混合入所の施設であった。さまざまな属性の入所者を混然と入所させる施設では弊害が目立ち，次第に分類入所へと変化していった。たとえば，疾病の伝播，児童に対する人格的悪影響などが懸念された。法的には1929（昭和 4 ）年に制定され，1932（昭和 7 ）年に施行された救護法には救護施設としての養老院の規定が設けられたが，これが法に基づく高齢者介護の施設の最初である。やがてこの養老院の規定は1946（昭和 21）年旧生活保護法に取り込まれて養老施設となった。

　1950（昭和 25）年には現行の生活保護法が施行されたが，現行法では生活保護施設のなかの「養老施設」と規定された。いずれも低所得階層を対象とする施設であったが，次第に常時介護を必要とする対象者が増加してきた。

　1963（昭和 38）年には老人福祉法が制定され，現在の老人福祉施設の体系が出来上がった。すなわち，旧生活保護法による養老施設は老人福祉法に吸収され，養護老人ホームと特別養護老人ホームとに分化

四天王寺の四箇院
593年（推古天皇元年）聖徳太子が四天王寺を建立したとき，敬田，施薬，悲田，療病の四箇院を設けられた。悲田院はよるべのない貧困な高齢者や児童を入所させ，保護した。

した。その際，新たに軽費老人ホームの規定が設けられ，高齢者の入所施設は3種類になった。

その後，高齢者の特性に応じて施設の専門分化が進み，軽費老人ホームがA型とB型に分かれた。さらに，盲老人ホームが養護老人ホームに付加された。また，制度としてではないが，聴覚・言語障害のある高齢者，知的障害のある高齢者，痴呆性高齢者のための老人ホームが設置されている。1985（昭和60）年には小規模特別養護老人ホームの制度が生まれ，1989（平成元）年には新型の軽費老人ホームとしてケアハウスが創設された。

1983（昭和58）年には老人保健法が施行され，老人保健施設が設置され始めた。なお，2000（平成12）年の介護保険の実施にともない，老人保健施設は介護老人保健施設に，特別養護老人ホームは介護老人福祉施設に，病院・診療所の療養病床は介護療養型医療施設に位置づけられた。

この他，肢体不自由児，知的障害児，重症心身障害児には児童福祉法が入所施設を規定し，サービスを提供している。身体障害者には身体障害者福祉法が，知的障害者には知的障害者福祉法がそれぞれ入所施設を規定し，それぞれ社会的介護の施設として運営されている。

2　在宅介護

わが国における介護福祉の歴史を振り返るとき，公的なホームヘルプサービスの生成過程を無視できない。1963（昭和38）年老人福祉法が制定され，家庭奉仕員が法律に取り込まれて，全国的に展開されることになったが，ここでは，それに至る前段階における長野県や大阪市の取り組みを見ることにする。

介護が社会化される以前には私的（private：営利的）な「家政婦」派遣事業として長い歴史をもっている。家政婦の名称であったが，実際には病院での「付添婦」として病人の介護に携わる人が大半を占めていた。当時は資格に関する認識も全くなく，生活に困窮する女性の職業だったので，介護の内容や従事者の倫理観については問題がなかったわけではない。

1960（昭和35）年から労働省が普及に努めてきた「事業所内ホームヘルプ制度」は当初，主として企業の欠勤対策として案出された制度

で，主婦の病気や不測の事態に陥った従業員家庭に対して家事援助を行い，安定した就業を確保することは労使双方にとって大きなメリットがあった。[2]

　また，ホームヘルパーの名称は1989（平成元）年に策定された「高齢者保健福祉推進十か年戦略（ゴールドプラン）」で使用され，広く受け入れられるようになったが，それまで老人福祉法や身体障害者福祉法では「家庭奉仕員」の名称が用いられていた。当時，厚生省は公的な制度にカタカナを用いることに難色を示したこともあって，家庭に対してサービスを提供するという意味で家庭奉仕員と名付けられたが，サービスという概念も日本語もない当時の日本において苦心の命名であった。しかしホームヘルパーの間でははなはだ不評であった。

（1）　長野県における家庭養護婦派遣事業

①　長野県家庭養護婦派遣事業の開始

　1956（昭和31）年，長野県で「家庭養護婦派遣事業」が発足した。ときの長野県社会部厚生課長であった原崎秀司のアイデアが出発点であったが，彼は先年欧米の福祉先進国を視察し，イギリスにおけるホームヘルプサービスについての実情をつぶさに見てきたのであった。

　長野県でホームヘルプサービスが始まったのは上田市であったが，そこには温かい心情をもつ，熱心な一人の女性の存在があった。彼女は母子家庭の母親であったので，子どもを抱えて働く女性の苦悩をよく理解し，共感できたのである。かねてより子どもを抱えて働く女性のために役立ちたいと考えていたが，自分の子どもが成長して手がかからなくなった機会に，近隣の妊産婦や多子家庭の母親代わりを演じたり，孤独な高齢者の話し相手になったり，身体障害者の世話をしたりなどのボランタリーな活動に従事していた。

②　長野県家庭養護婦派遣事業の内容

　この女性のボランティアとしての活動は3年間続き，地域で注目を集めるようになったので，社会福祉協議会が中心になり，上田市に働きかけ「家庭養護婦派遣事業」の制度化の動きが起こり，1955（昭和30）年に上田市は予算を計上するに至った。ただしヘルパーの人件費

---

[2]　労働省『ホームヘルプ制度の実際』労働法令協会，1964年。

は計上されなかった。そしてこの事業の推進には未亡人会に働きかけがなされ，従事者には母子家庭の母親があてられたが，当時は女性の就労先はきわめて限定されていたので，意義深い発想であったといえる。今となっては確かめようもないが，翌年発足した大阪市の「臨時家政婦派遣事業」に影響を及ぼしたのではないかと思われる。

長野県の家庭養護婦派遣事業補助要綱（1956（昭和31）年度）によれば，事業内容は次のとおりである。

① 家事を処理する者のほか乳幼児，義務教育修了前の児童，介護を要する老人，傷病者だけの家庭で他から援助を受けたりまたは費用を負担できない家庭は無料とし，最も優先して派遣される
② 援助内容としては，乳幼児の世話，医師・看護婦の指図のもとに病人の世話，産褥の世話，炊事，裁縫，洗濯，掃除など通常の家事
③ 派遣期間は1か月を超えない
④ 利用料は援助内容によって異なるが，1時間20～35円
⑤ 原則として利用者負担とし，利用料を徴収する
⑥ 家庭養護婦を無料派遣した費用については，県は1時間当たり17円50銭以内の比率で市町村もしくは社協に補助する

要綱のなかで興味深いのは「（家庭養護婦は）派遣家庭とは使用従属の関係になく，その家庭の職業にまで携わるものではない……」と断っている点である。現在でも，ホームヘルプサービスを利用する側に社会的介護のしくみを理解できず，ホームヘルパーを私的な「使用人」のように思っている人がいることを思い合わせると，興味をそそられる。

③ 家庭養護婦事業の広まり

1956（昭和31）年に上田市で始まったホームヘルプサービスは翌年には塩尻市，諏訪市など13の周辺市町村において実施されるようになった。1958（昭和33）年には大阪市，1959（昭和34）年には布施市（現在の東大阪市），1960（昭和35）年には名古屋市，神戸市，秩父市などが長野県の刺激を受けて事業を開始した。全国的制度としては，老人福祉法制定の前年である1962（昭和37）年，厚生省は「老人家庭奉仕員派遣事業」の補助金を計上し，ここにホームヘルプサービスが国の制度として認められることになった。翌1963（昭和38）年に制定された老人福祉法で法的に保障された全国的制度となった。長野県上田市で芽吹いたホームヘルプサービスは，日本各地に種子を撒き，しっ

かりと根付き，ついには厚生省が手掛けるまでになった。このようなきっかけをつくった長野県の先見性・先駆性は高く評価されてよい。[3]

1967（昭和42）年には身体障害者福祉法が改正され，身体障害者福祉にもホームヘルプサービスが導入され，1987（昭和62）年の福祉関係八法改正によって，ホームヘルプサービスはデイケア，一時保護（respite service）と並んで在宅福祉サービスの重要な三本の柱と位置づけられた。

（2） 大阪における家庭奉仕員制度

1952（昭和27）年，当時大阪市民生局児童課長であった池川清は国連での勤務を終えて帰国し，ホームヘルプサービスについて研究を重ねていた。やがて彼は「アメリカの家政婦サービスの概要」という冊子を刊行し，ホームヘルプサービスの必要性を説いた。

同年，彼は生活保護受給世帯のうち，出産した家庭にホームヘルパーを派遣したいと考えたが，さまざまな理由で実現しなかった。また1959（昭和34）年7月2日の毎日新聞によると，厚生省は児童家庭奉仕員の創設を企画していたことが報ぜられたが，陽の目を見なかった。ここで留意すべきことは，当初わが国でホームヘルプサービスを構想した人物はすべて，ホームヘルプサービスの対象を児童とその家庭と考えていたことである。

① 臨時家政婦派遣事業制度の発足

1958（昭和33）年4月，大阪市では公的なホームヘルプサービス制度が創始された。この年が民生・児童委員制度発足40周年にあたるのを記念して創設し，民生委員協議会がその運営にあたった。当時はまだ戦争の傷痕が完全に癒えておらず，社会福祉の中心課題は公的扶助と児童福祉であったが，池川は早くも高齢者福祉問題の顕在化を予測し，その対応について各種の提言を行っていたが，ホームヘルプサービスはその中心的課題であった。

---

[3] 長野県の家庭養護婦派遣事業については，岡本千秋・小田兼三・大塚保信・西尾祐吾編著『介護福祉学入門』中央法規出版，14～20頁，2000年を参照されたい。

② 臨時家政婦派遣事業制度の内容

　本制度には二つの狙いがあったと言われているが，その一つは生活保護を受給している「独居老人の生活援助」であり，もう一つは母子家庭の自立を助けることであった。昭和30年代初期，戦争で夫を失い，子どもを抱えて生活保護を受給しながら生活している母子家庭に職業と収入を提供しようとするものであった。

　ヘルパーの任用資格としては，①老人福祉に深い理解と熱意を有すること，②骨の折れる訪問と仕事を続けていくことができる程度に身体的・精神的に健全であることが求められたが，今日期待されている専門性は問われなかったのも時代のせいであろう。

　制度発足3年後の1960（昭和35）年度にはヘルパー37名を擁し，延べ3547名の高齢者に対して延べ2万1860回の訪問サービスを提供している。サービスの内容としては洗濯，掃除，縫い物，炊事，買い物など家事援助が中心で，身体的介護はほとんどなかった。1世帯当たりの訪問回数は年間最多で210回，最少13回，平均79回であった。

③ 効果測定の問題

　大阪市で始まったこの制度で特筆すべき事項がある。それは当初よりホームヘルプサービスの効果を測定する評価（evaluation）の手立てが考慮されていたことである。ホームヘルプサービスのような在宅サービスでは，評価（効果測定）の困難性がアキレス腱となっている。なぜなら単独でサービス利用者の自宅に赴き，サービスを提供するホームヘルパーの業務遂行の状態や，その効果を正確にモニタリングし，客観的に評価する有効な手立てがないといっても過言ではなく，現在でもこの問題は未解決の課題として在宅サービスの上に重くのしかかっている。1961（昭和36）年度の効果測定結果をサービス利用者の回答からみると，「非常に助かった」が235人（90.4％），「かなり助かった」が25人（9.6％）で，ほとんどの利用者が助かったと述べている。うれしかったサービスとしては，洗濯や縫い物をしてもらえる，親身になって働いてもらえる，話し相手になってもらえるなどであった。▶4 表2-1は効果測定の様式であるので参考にしていただきたいのだが，当時としてはよく考えられている。

表2-1　臨時家政婦派遣事業効果調査票

```
                    期間　　年　　月　　日から　　月　　日

調査対象　性別　　　　　　　　　　調査日
　　　　　年齢　　　　　　　　　　調査員
　　　　　担当家政婦名　　　　　　派遣開始日

(1)　サービスの内容：家政婦さんにどんなことをしてもらいましたか
　　イ　洗濯　　ロ　縫い物　　ハ　掃除　　ニ　炊事　　ホ　看護（病名　　　　　）
　　ヘ　相談（　　　）　　ト　その他

(2)　家政婦の勤務態度：家政婦は親切にしてくれましたか
　　イ　とても親切で，よく気がつきいろいろ世話をしてくれた
　　ロ　かなり親切にしてくれた
　　ハ　まあ，よく世話をしてくれた方だ
　　ニ　あまり親切でなかった
　　ホ　横柄だった
　　ヘ　いやいやしてくれている風だった

(3)　派遣回数・時間等：派遣回数はどの程度がよいか，また訪問時間および1回のサービス時間
　　は何時間位がよいか
　　イ　毎日　隔日　3日に1回　週1回
　　ロ　午前　午後　午前，午後いずれも可
　　ハ　1時間　2時間　3時間　1日中

(4)　効果：家政婦さんが来てくれたので助かりましたか，それとも役に立ちませんでしたか
　　イ　非常に助かった
　　ロ　かなり助かった
　　ハ　すこしも役に立たなかった
　　ニ　何の役にも立たなかった

(5)　希望：何が一番嬉しかったり，面白くなかったですか，その他お気づきの点を言って下さい



(注)　この調査票は，調査員（ケースワーカー）が対象者と面接質問のうえ，該当事項を○で囲み，または
　　適当な記入をして下さい。
```

資料：大阪市臨時家政婦派遣制度実施要領（昭和33年3月制定）

▶4　池川清『家庭奉仕員制度』大阪市社会福祉協議会，1970年。この資料は制度創設期の事情を記録した貴重な資料である。大阪市臨時家政婦派遣事業制度実施要綱のほか，1961(昭和36)年当時の調査結果も詳しく掲載されている。さらに，長野県家庭養護婦派遣事業補助要綱などの資料も収録され，まことに有益な資料である。なお，大阪市の家庭奉仕員制度については前掲書『介護福祉学入門』を参照されたい。

④　老人家庭奉仕員制度の発足

　1963（昭和38）年老人福祉法が制定され，ホームヘルプサービスが法的認知を得て制度化されると，多くの地方自治体では新たにホームヘルプサービスを立ち上げる必要が生じたが，大阪市では従来の大阪市独自の制度を国の制度に乗せるだけであった。

　対象となる派遣世帯の経済的要件は当初，生活保護の受給世帯であったが，次第に緩和され，1968（昭和43）年には「低所得の家庭」と緩和され，住民税非課税世帯まで拡大された。

⑤　身体障害者家庭奉仕員の発足

　1967（昭和42）年，身体障害者福祉法が大幅に改正され，身体障害者の範囲拡大，身体障害者相談員の設置など身体障害者福祉が前進したが，その一環として身体障害者にもホームヘルプサービスが提供されることになった。大阪市では1968（昭和43）年，身体障害者家庭に派遣されるホームヘルパーの雇用および派遣に関する業務を直接運用せず，大阪市社会福祉協議会に業務委託した。その後全国でホームヘルプサービス業務の社会福祉協議会への業務委託が一般化した。

　なおこの際，民生局内部では，将来のニードを見越して高齢者，障害者だけではなく，母子家庭，父子家庭などの単親家庭や一般家庭を含めた対象にホームヘルパーを派遣し，応益負担を求める構想があった。この構想ではヘルパーは有給職員だけではなく，パート職員も採用し，専門の組織を立ち上げるというものであった。しかし，この構想が実現したのは16年後の大阪ホームヘルプ協会においてであった。

⑥　寝たきり老人家庭奉仕員制度の誕生

　1969（昭和44）年，厚生省は寝たきり老人家庭にもホームヘルパーを派遣することを決め，「寝たきり老人家庭奉仕員運営要綱」を定め，その事業を国庫補助の対象とした。要綱によれば，対象者は「65歳以上で常に臥床している低所得の者で，家族以外の者に介護されているか，または家族が病弱であるため介護が著しく困難な者」で，限定的な制度であった。

⑦　大阪府医療ヘルパー制度の発足

　1975（昭和50）年，大阪府は「医療ヘルパー制度」を発足させた。その前年に「老人医療費無料制度」を始めており，老人の医療ニーズの

顕在化を予測しての措置であった。この制度は保健婦，看護婦，准看護婦などの有資格者を市町村のヘルパーとして採用し，寝たきり老人や虚弱老人がいる家庭を訪問・援助し，大阪府がその経費を補助するというものであった。それまでのホームヘルパーは家事援助中心であったのに対して，医療ヘルパーは身体的介助の要素が濃厚な制度であった。

⑧ 有料ホームヘルプサービス機関の誕生

1984（昭和59）年，大阪市の婦人団体が中心となって「大阪ホームヘルプ協会」を設立し，有料ホームヘルプ事業を始めた。このようにして，大阪市における公的ホームヘルプサービスの運営主体は福祉事務所職員，社会福祉協議会職員，ホームヘルプ協会職員の三本立てとなった。

3 寮母の現任研修

老人福祉法が制定され，特別養護老人ホームが生まれる以前にも養護老人ホームの入所者のADLが次第に低下し，処遇に困難を覚えるようになっていた。1950（昭和25）年当時，養護老人ホームの入所者のうち，2割強は病弱者であったと報告されている。[5]

特別養護老人ホームで直接介護にあたる寮母について，当時格別の資格の規定はなかった。寮母として働くには専門的教育も訓練も必要でなく，家庭の主婦であれば十分勤まる仕事であると思われていた。しかし，やはり寮母にも専門的教育と訓練が必要であることが認識されるようになり，その要望が高まった。1966（昭和41）年，全国老人福祉関係者会議で，寮母の資質向上のために「相当程度の資格基準を定め，資格認定講習や寮母養成機関を設ける」必要があると主張された。当時社会福祉関係の資格としては，保母と社会福祉主事だけであったが，現場では無資格保母も少なくなかったし，社会福祉主事は「任用資格」に過ぎなかった。

1972（昭和47）年には中央社会福祉審議会が「老人ホームの在り方に関する中間報告」を発表し，老人ホームを生活の場と定義し，設備

▶5 全国社会福祉協議会・老人福祉施設協議会『老人福祉施設協議会50年史』全国社会福祉協議会，116頁，1984年。

やサービスを改善する必要を指摘した。入所者の生活の質を高める，新しいケアのあり方を模索し，処遇がよりこまやかに，より高度なものを求められるにつれて，直接介護に携わる職員の資質が厳しく問われるようになったのである。

　もう一つの要因は特別養護老人ホームが急増したことによる。最も多いときは全国では1年に100か所の特別養護老人ホームが建設され，職員は1年に3000人も増員された時期があった。老人ホームに大量の未経験な職員が配置される事態に危惧を抱いた老人福祉施設協議会は，1977（昭和52）年，研修テキストを編纂し，研修制度を体系化し，研修会を開催した。1978（昭和53）年には寮母に対してより専門的な研修を行い，修了者には「福祉寮母」の資格を与えるとする「福祉寮母講習会実施要綱」がまとめられた（表2-2の第1回「福祉寮母」講習会実施要綱を参照されたい）。

　講習会には毎年400人を超える応募があり，そのなかから厳選されて200人が講習を受けた。しかし当時はまだ「老人の世話をするのに何の勉強が必要か」という施設長もいて，受講者のなかには研修費を全額自己負担し，有給休暇をとって参加する寮母もいたと伝えられている。

　1981（昭和56）年からは福祉寮母研修のフォローアップを目的に「福祉寮母セミナー」が隔年に開催された[6]。

　1960年代，大阪に清水英夫が主催する老年生活研究所という老人福祉に関する研究・教育団体が寮母の実務研修を手掛けていた事実がある。

　また，兵庫県では数年にわたって「福祉介護士」の養成について研究が行われたことが記録されている。

　なお，本章で説明したのはすでに高齢者介護に従事している職員に対する現任研修が中心であるが，それとは別に学生に対する養成も早くから行われた。この経過については第3章を参照されたい。

---

[6] 社会福祉士及び介護福祉士法成立以前の福祉寮母養成についても前掲書『介護福祉学入門』を参照されたい。

表2-2　第1回「福祉寮母」講習会実施要綱（抄）

1．目的
　老人ホームの主任寮母に対し「福祉寮母」資格を取得させることを目的とする。

2．実施主体
　全国社会福祉協議会　老人福祉施設協議会

3．企画運営
　全国社会福祉協議会・老人福祉施設協議会　研修委員会

4．期間
　1年間

5．定員
　200名

6．受講資格
　主任寮母又はそれに準ずる者であって，かつ25歳以上の者（また原則として60歳未満）で，下記の要件のうちいずれかの要件を満たし，研修委員会が認めた者とする。
　① 老人ホーム寮母として5年以上従事した者。
　② 社会福祉主事資格取得者，又は短大卒以上で3年以上寮母職に従事した者。
　③ 老人処遇に関する都道府県指定都市単位研修を30時間以上受講した者で3年以上寮母職に従事した者。
　④ 全社協・老人福祉施設協議会主催の「寮母・看護婦研修会」を受講し，修了証を受理した者［1977（昭和52）年度，1978（昭和53）年度に限る］。又は，これと同等以上と認められる者。

7．講習方法
　① 講習は面接授業とレポートによって行う。
　② 1年間を前期と後期にわけ，それぞれ5日間の集中授業とする。
　③ 面接授業は，1単位90分とし，前期18単位，後期17単位とする。
　④ レポートは前期3課目，後期修了論文の提出を義務づける。

8．教課目

前期（基礎講座）	単位	後期（処遇実践論講座）	単位
1．老人福祉論	3	1．老人ホームにおける処遇概論	2
2．老年医学	4	2．老人ホーム処遇とケースワーク	3
3．老年心理学	2	3．老人ホームにおけるリハビリテーション	2
4．看護学	4	4．老人ホームにおけるグループワーク	1
5．栄養学	1	5．レクリエーション概論と実技	1
6．家族社会学	1	6．介護技術の実践理念	3
7．地域福祉論	1	7．職務とチームワークのあり方	1
8．家政学	1	8．演習	4
9．特別講座	1		
計	18	計	17

資料：老施協研修委員会編『福祉寮母基礎講座I』全社協・老人福祉施設協議会，1980年，資料より。

4　ホームヘルパーの養成

　1989(平成元)年に策定された高齢者保健福祉推進十か年戦略(ゴールドプラン)は前述のように高齢者福祉の多様な施策について，それぞれ具体的な数値目標を掲げてその後の高齢者福祉の充実を方向づけた。1989(平成元)年のゴールドプランでは10万人のホームヘルパーを用意する目標を明示したが，当時はその3分の1程度しかいなかった。そこで，1990(平成2)年にはホームヘルパー養成のための研修科目や時間数が定められ，組織的なホームヘルパーの養成が始まった。

　1990(平成2)年に定められた基準によると，研修時間は3級が40時間，2級が90時間，2級資格取得後1年間の実務経験を経て，1級では360時間(3，2級の研修時間を含む)であった。新ゴールドプランが策定された1994(平成6)年には，基準が改正され，3級が50時間，2級が130時間，2級資格取得後1年間の実務経験を経て，1級が230時間と定められている。

参考文献

　岡本千秋他編『ホームヘルプ・サービス研究――台頭する新しい専門職――』財団法人長寿社会開発センター，1990年。

　岡本千秋・小田兼三・大塚保信・西尾祐吾編著『介護福祉学入門』中央法規出版，2000年。

　デクスター，M.・ハーバート，W.著，岡田藤太郎監訳『ホームヘルプ・サービス』相川書房，1987年。

　マーシャル，M.著，西尾祐吾・杉本敏夫訳『老人ソーシャルワーク』相川書房，1988年。

　成清美治『ケアワークを考える』八千代出版，1996年。

第 3 章

介護福祉の専門性

はじめに

　「介護福祉」という言葉が使われ始めたのは，社会福祉士及び介護福祉士法成立以来のたかだか15年程のことである。従来の「介護」は傷病者を介抱し，看護するという内容をあらわしたものであり，主として看護師の業務内容であった。しかし，急速な少子化，高齢化，また科学の進歩のなかで「保健師助産師看護師法」(1948(昭和23)年)に定められた看護業務の医療上の補助と療養上の世話のバランスは大きく変わっていった。少なくとも次の状況がそれらを変えることとなった。

① 急速な高齢化に伴う療養上の期間の長期化，状態の多様化，重度化
② 家族相互援助機能の限界に伴う介護の社会化の必要
③ 医療技術の進歩，医療機器の発達による看護業務の医療上の補助内容の高度化

　以上の点からも医療上の補助と療養上の世話は重複する部分を残しながら療養上の日常生活における要介護者の身体と心の両面を支える全人介護を通して，自立支援をめざす専門職が求められてきた。

　看護と福祉両分野の歩みよりのなかから新しい専門分野として形成されたのが「介護福祉」であり，歴史は浅いが未曾有の高齢社会がもたらす課題に対応できる専門職として期待されるものである。それだけに「介護福祉」は身体的，心理的，社会的な要素を統合した「全人介護」であるところに業務の特性，専門性がある。

　しかしながら，介護福祉の歴史は浅く，介護福祉士が国レベルの資格であっても名実ともに専門職として確立していくにはまだまだ多くのハードルがある。専門は英語でProfessionであり，それが職業をさす場合は知的な職業(神学・法律・医学の3職業)として使われていただけに介護福祉の専門性という場合ももちろん，具体的な介護技術だけでなく，理論・技術・倫理が明確な体系をもつことが大切であるとともに，次の3点は専門職として充実するうえに必要な要素である。

① 適正な報酬を得る
② 社会連帯を育てる
③ 個人の人間的成長を図る

　本章では,(1)介護福祉教育の形成―専門教育台頭から法制化まで―,(2)介護福祉業務の専門性の二つの視点から介護福祉の専門性を把握したい。

第1節　介護福祉教育の形成
──専門教育台頭から法制化まで──

　昭和30年代においてホームヘルパーが初期のボランタリーな活動から次第に専門性の高い働きへと変わっていった経過，および老人福祉施設，身体障害者更生施設など入所者の介護にあたる寮母がやはり知識や技術を学ぶことの必要から，社会福祉士及び介護福祉士法が制定されるまで，9年にわたって「福祉寮母研修」を重ねてきた歴史は「専門職化」への土壌を培ってきた。そして，これらの現任研修と並行して，介護の専門職養成をめざし，明確な目標とカリキュラムをもった教育機関が台頭しはじめていた。年代順に紹介することで，専門教育台頭のプロセスを把握したい。

1　介護の専門職養成教育機関の台頭

（1）キリスト教ミード社会館コミュニティカレッジ：ホームエイド養成─1972（昭和47）年

ホームエイド
イギリスにおける介護を中心とするホームヘルパー。家事援助を行うホームヘルプはホームケア・アシスタントが行う。スウェーデンでホームヘルパーの資格をもっている人が経験をふまえ，さらに6か月程度の研修を受け，ホームエイドとして機能訓練や難病，重複したケースにあたる。

　1970（昭和45）年，日本の高齢化社会が始まり，少子化，高齢化傾向の進展が予測されるなかで，社会的相互援助による地域社会づくりへの関心が高まってきた。

　キリスト教ミード社会館では住民活動として食事サービスや介護サービスが企画されたが，民間団体による在宅福祉サービスはきわめて新しいうえに，日本人の心情として他人に家のなかへ入られることへの抵抗感がかなり強いので，有給無給にかかわらず，対人福祉サービスを行う者には共通の知識，技術，心得が必要であると考えられた。

　プライバシーを守ること，慈善的，恩恵的でない態度，高齢化社会への理解や地域福祉の必要，日常生活支援の家事や介護技術を修得していること，言い換えれば専門性をもった人材を養成することを目的

とし，継続的な研修機関として「コミュニティカレッジ」が開設された。

ホームエイド養成基礎コース
- 期間：1年
- 回数：週1回　10：00～14：00
- 総時間数：168時間および実習　老人病院3日
  見学研修　老人ホーム・身体障害者更生施設・リハビリ病院
- 定員：30名
- 教育の目的と内容：
  　社会的相互援助の必要性理解と専門的な知識や技術をもって，有給あるいは無給で在宅ケアを必要とする人を援助できる人材養成
  1）高齢者，身体障害者，病人の家において家事をする
  2）その人たちの家庭で介護する
  3）家族に対する指導
- カリキュラム：
  ①　ホームエイドの目的と倫理
  ②　老人福祉―身体的，精神的，社会的変化と対応
  ③　高齢化に伴う病気，および予防
  ④　家事の合理化：社会的相互援助の条件整備
  ⑤　栄養と献立および実習
  ⑥　看護法および実習
  ⑦　カウンセリング
  ⑧　リハビリテーション
  ⑨　子どもの理解
  ⑩　見学・施設実習等

　最初の基礎コース修了者にさらに1年の専攻コースとして，コーディネーター養成コースがつくられた。
　30年を経過した現在は，ホームヘルパー1級(50名)，2級(50名)の養成コースとなった。そのなかには3年以上の経験と必要な時間数をクリアして介護福祉士の国家試験合格者，さらに経験5年以上でケアマネジャー（介護支援専門員）資格試験に合格した人もかなり出ている。

（2） 聖隷福祉医療ヘルパー学園開設（聖隷学園浜松衛生短期大学附属）―1978（昭和53）年

　浜松にある聖隷学園は当時，有料老人ホーム，障害者施設などを運営し，入所者に接する寮母，介護者への教育の必要を強く感じ，1978（昭和53）年，福祉医療ヘルパー学園を開校し，福祉医療の現場で働くのに必要な専門性の高い人材養成を始めた。
・期間：6か月
・定員：30名
・教育内容：介護の理論と実際を中心に専門科目354時間・教養科目70時間　合計424時間，実習12週間

　聖隷学園は浜松に施設や衛生短期大学をもつ総合的施設として，講師や実習施設の確保ができ，6か月とはいえカリキュラムは充実している。

　専門科目に加え，教養科目としてキリスト教倫理・音楽・体育・ゼネラルアワー合計70時間，特別養護老人ホーム・療護養護施設・重症心身障害児（者）施設・高齢者世話ホーム・総合病院・保育園での実習12週間。▶1

表3-1　専門科目カリキュラム（354時間）

（時間）

専門科目	解剖生理学	22	介護の原理と実際	100	社会福祉学	10
	病理学	4	トランスファーテクニック	16	カウンセリング	12
	微生物学	8	成人介護	8	交流分析	8
	薬理学	6	老人介護	20	栄養と食事	4
	公衆衛生	8	精神科介護	8	家事行政	10
	介護概論	30	小児介護	4	地域介護	6
	介護セミナー	20	重度心身障害児（者）介護	4	人間の心と体	6
	救急介護法	10	心理学	30		

（3）　宇部短期大学・家政学科家政専攻家庭看護コース（山口県宇部市）

宇部短期大学における初期の介護福祉教育

　宇部短期大学における介護福祉士養成は，1988（昭和63）年に家政

▶1　記念誌編集委員会代表　津久井十『福祉医療ヘルパー学園10周年記念誌』1987年。

専攻家庭看護コースに設立されたが，それに先立って1983（昭和58）年より独自の方法において介護福祉教育を行い，卒業生が老人ホーム，身体障害者療護施設の寮母として就職し，関心を集めていたことが福祉士制度初年度開校に結びついたといえる。

短期大学としては家政学専攻をめざす学生の減少傾向のなかで，高齢化社会に必要な高齢者介護の人材養成を決断し，家庭看護コースのカリキュラム内容を家政，保健・医学系単位を減らし，社会福祉系，老人心理，リハビリテーション，レクリエーション，老人ホーム・身体障害者療護施設および市町村における家庭奉仕員派遣事業等の実習を加えた。

2 介護福祉専門職（ケアワーカー）養成専門学校開設

1980年代に入ると，日本の高齢化社会は他国に類を見ないほどの速さで進行しているだけでなく，核家族化，少子化のなかで家族の相互援助の限界から「社会的入院」という社会現象も見え始め，「介護問題」は社会的相互援助なしに危機緩和の方法がないことの認識が高まるなかで「介護の専門職養成」をめざす専門学校が開校された。

家族の手不足を補うだけでなく，日常生活における自立支援や残存能力を生かせる知識，技術をもつ人材を男女を問わず養成し，またケアワーク（ケアワーカー）を一つの職業として確立しようという動きが出てきた。

社会福祉士及び介護福祉士法成立以前の養成としては，次の学校があげられる。

ケアワーク
介護業務のこと。

ケアワーカー
介護職，介護従事者をいう。

（1） 大阪コミュニティワーカー専門学校（大阪市）：臨床福祉のケアワーカー養成（全日制2年）

1984（昭和59）年に社会福祉法人キリスト教ミード社会舘を母体として高齢者や障害者へのケアに必要な知識，技術，倫理，経験を身につける専門職養成の専修学校が，大阪市淀川区に開校された。2年間のカリキュラムは2400時間で定員50名の「コミュニティケア科」が開設され，ケアワーカーの養成が始まった。

開校の趣旨としては急速な高齢化社会のなかで「介護の社会化」の必要は一般に認識されてきてはいたが，マンパワーの量的，質的不足は具体的な制度やサービス活動を遅らせていたのが実情であった。キリスト教ミード社会舘の地域福祉サービスとしての「毎日型食事サービス」「訪問介護サービス」の活動を支えるマンパワーは，キリスト教ミード社会舘が1972（昭和47）年以来継続しているコミュニティカレッジの「ホームエイドコース」で研修を受けた人たちであったが，介護における社会的ニーズが高まるにつれ，より高い専門性が必要になった。当時，専門職に対する漠然としたニーズはあるものの資格など法的な裏づけはなかった。しかしながら，この時期に「介護の社会化」の必要とともに，本格的な「介護福祉教育」が形成され始めたといえる。

　1986（昭和61）年，母体であるキリスト教ミード社会舘に在宅介護のために「大阪ファミリーケア協会」が発足し，専門学校の卒業生5名を採用，専門的訓練を受けたスタッフにより入浴車を含む訪問介護サービスが始まった。知識と技術の訓練を受けた専門職による在宅介護活動の先鞭といえる。

　卒業時の資格は任用資格の社会福祉主事であったが，老人福祉施設，障害者施設等に大半が就職し，当時は即戦力を高く評価された。

（2）　和泉老人福祉専門学校（神奈川県相模原市）：全日制2年—1985（昭和60）年

　相模原市に和泉短期大学をもつクラーク学園においても急増する老人福祉問題の将来のために専門職の必要を痛感し，養成校の設立をすすめ，1985（昭和60）年に全日制2年，定員80名の老人福祉専門学校を開校した。▶2

　授業内容および時間数については前記大阪コミュニティワーカー専門学校と類似しているので，紙面の都合上割愛するが，1986（昭和61）年に刊行された『学校法人クラーク学園創立30周年誌』に和泉短期大学の歴史とともに詳細が収録されている。

　開校にあたってはマスコミにも取り上げられ，その必要について報道されたが，問題としては「老人介護には保育にたいする『保母』の

保母
1999（平成11）年4月より保育士の名称が使用され，児童の保育および児童の保護者に対する保育に関する指導を行うことを業とする。2001（平成13）年11月30日から2年以内に名称独占となる予定である。

▶2　伊藤忠利『クラーク学園30年誌』学校法人クラーク学園，1986年。

表3-2 大阪コミュニティワーカー専門学校コミュニティケア科初年度カリキュラム（1984年）

一般科目	1年	2年	専門科目	1年	2年
社会福祉概論	40		発達心理学	40	20
社会保障論		40	カウンセリング	20	40
社会福祉行政論		20	病院ホスピス		20
生活保護制度概論		40	在宅ホスピス		40
身体障害者福祉論	40		ボランティア論		20
老人福祉論	40		コーディネーターの理論と実際		40
児童・母子福祉論		40	生理解剖学	40	20
精神薄弱者福祉論		40	介護法	40	80
社会福祉事業方法概論	40		リハビリテーション	40	40
社会学概論	40		栄養学実習	40	
心理学概論	40		家庭管理	40	
生活保護制度演習		40			
福祉事務所運営論		20			
社会福祉施設運営論		20			
社会福祉事業方法論Ⅰ	40				
社会福祉事業方法論Ⅱ		40			
社会福祉事業史	20				
リハビリテーション論	20				
地域福祉論	40				
治療教育論	20				
保育理論	20				
社会調査統計		20			
医学知識入門	40				
看護・介護の基礎知識	40				
精神衛生学	20				
公衆衛生学	20				
生理衛生学	20				
栄養学	20				
保健体育・レクリエーション	40				
哲学		40			
倫理学		40			
教育学	40				
経済学		40			
経済政策		20			
社会政策	20				
協同組合論	20				
法律学		40			
民法		40			
労働法		40			
刑事政策		20			
犯罪学	20				
（時間）	(700)	(600)		(260)	(320)

講義・演習時間数　1880

上記に加え，下記のとおり現場実習が持たれた。

実習時間数　　　　520
　社会福祉実習　　120
　コミュニティケア実習　240
　病院実習　　　　60
　施設実習　　　　40
　見学実習　　　　60

総合計授業時間数　　2400

ような資格は制度化されていない。このため専門学校を卒業したからといって学生に何の資格も与えられないのが学校関係者らの悩みであった。また，2年間の講習を受けたからといって，はたして『即，実戦力』となるかについては疑問の声もあるが年齢に上限がないため，施設職員の再教育の場としても役立つという」などがある。

　また，厚生省によると，当時65歳以上の高齢者が人口に占める比率は，1984年1月現在，全国で9.8％。15年後は15.7％にものぼり，同時に特別養護老人ホームは，年間100ヶ所のペースで増設が進み，入所者は11万人になったと報告された。「自宅にいる寝たきり老人はその3倍以上の数で今後ますます介護者の『需要』もふくらむだろう。」と予測されていた[3]。

　マスコミによる記事は宣伝となり，不安の大きかった学生募集にも効果があり，社会的にも注目されることとなった。

3　介護福祉士制度化への動き

(1)　兵庫県福祉介護士認定制度研究会—1986（昭和61）年[4]

　民間における介護福祉教育の台頭のなかで，自治体においても具体的な動きが始まった。

　1970（昭和45）年に始まった高齢化社会の傾向は加速しながら進み，心身に障害のある高齢者や障害者（児）とその介護を担う家族の生活課題が深刻化していること，その背景として介護内容の重度化，要介護者の増加，女性の就業率の増加，三世代同居率の低下，さらに介護意識の変化などによる家族の介護能力の低下による社会的なサービス活動の必要と，福祉施設従事者の資質向上および県民の福祉介護活動への参加促進等のために，活動に必要な専門的知識・技術の体系的研修の導入と資格付与の制度化が早急に望まれるとして，1986（昭和61）年4月に「兵庫県福祉介護士認定制度研究会」が発足した。4回の研究会と6回の小委員会で検討を重ねた結果については，同年12月に報告書が出された。

　研究会としては県に対し，この報告書を十分に検討し，具体的な施

▶ 3　1985（昭和60）年2月11日付『朝日新聞』
▶ 4　「兵庫県福祉介護士認定制度研究会報告書」1986年。

策の実現に向け，最大限の努力をすることを望むものであると書かれており，「福祉介護士」の養成および資格の制度化に対する積極的な報告がされた。

報告書の概要
(1) 「福祉介護」とは，身体上または精神上の障害などがあって日常生活を営むのに支障がある高齢者・心身障害者（児）等およびその家族に対し，その生活の安定が得られるよう，身体的，精神的および社会的な側面において，これら対象者の生活を援助することをいう。ここで「援助する」とは，その従事者が業務遂行上において，他の専門職との協力や指導，助言を得て援助することを含むとしている。
　＜福祉介護の活動内容＞
　　ア　家事に関すること
　　イ　介護に関すること
　　ウ　相談，助言に関すること
　　エ　余暇活動および社会関係に関すること
(2) 養成研修のありかた
　　養成の目標については，下記の点にまとめられている。
　ア　対象者の人格に対する深い洞察力と理解力を養成すること
　イ　家族，近隣，友人などと対象者の人間関係の調整能力を養成すること
　ウ　医師，保健婦，看護婦，ソーシャルワーカーなど他の専門職との有機的な連携を図る能力を養成すること
　＜研修科目＞
　　①　基礎部門
　　　(ア)社会福祉概論，(イ)社会福祉法制，(ウ)社会保障制度論
　　②　分野部門
　　　(ア)老人福祉論，(イ)身体障害者福祉論，(ウ)精神薄弱者福祉論
　　③　方法・技術部門
　　(ア)介護実技
　　　a　介護・看護技術Ⅰ（基礎），b　介護・看護技術Ⅱ（老人，心身障害者・児）
　　(イ)社会福祉事業方法
　　　a　ケースワーク，b　カウンセリング，c　グループワーク，d　コミュニティワーク

㈦家政
　　　a　家政一般，b　被服(衣服・寝具)，c　食物，d　住居，e　調理
　㈢その他の方法・技術
　　　a　リハビリテーション，b　福祉機器と用具，c　終末期ケア，d　老人精神衛生，e　レクリエーション，f　手話・点字
④　実習
　㈦在宅介護実習
　㈤施設介護実習
　　　a　老人福祉施設，b　心身障害者（児）施設
⑤　関連科目
　㈦基礎医学
　　医学の基礎知識（解剖生理など）
　㈤看護学
　　　a　看護学概論，b　老人看護学，c　精神衛生
　㈧心理
　　　a　臨床心理学，b　社会心理学，c　老年心理学
　㈢人間関係
　　　a　家族関係論，b　人間関係論
　㈥その他の関連科目
　　　a　ボランティア論，b　社会問題，c　養護理論，d　地域福祉論，e　家族福祉論，f　社会福祉施設運営論
以上の養成科目は1150時間にまとめられている。
(3)　養成研修期間
　1年
　6か月：専門家を早期養成のための短期コース
(4)　資格付与制度
　　福祉介護活動にかかわる者に資格を付与する制度を設けることは，福祉介護活動に対する社会一般の認識を高めるとともに，それにかかわる者の福祉介護活動に対する自覚を促し，使命感を抱かしめることになり，有益であると考えられた。
　　資格は知事の認定資格とし，称号を「福祉介護士」とする。
(5)　資格取得基準
　　福祉介護士養成課程を修了した者（1年または6か月）

家庭奉仕員または寮母のうち実務経験が2年以上の者で、資格認定講習の課程を修了した者

　上記の基準を満たした者に知事の福祉介護士資格証明を交付。関連事項として、資格認定委員会の設置、登録制度が必要であるとしている。

　以上の報告書の内容は、実際に実施されたものではなかったが、時宜を得たものであり、法制化促進につながった。

（2）　日本学術会議による提言—1987（昭和62）年

　第13期日本学術会議の社会福祉・社会保障研究連絡委員会が2年にわたって検討をしてきた「社会福祉におけるケアワーカー（介護職員）の専門性と資格制度について」の意見が1987（昭和62）年2月25日、報告書という形で提出された。

　急速に進む高齢化社会のなかで、家事援助や介護の科学化、社会化の必要、異なった生活歴をもつ高齢者の一人ひとりの状況によって、その自立への支援の必要を主張している。高齢者が安心して暮らせるために寮母、ホームヘルパーなどケアワーカーに対し、次の2点について具体的な提言がなされた。

　提言内容は的確で示唆に富んだものであるが、紙数の都合上、要点のみとしたい。

> **日本学術会議**
> 日本の科学者の代表機関。わが国の平和的復興、人類社会の福祉への貢献、世界の科学者と協力して学術の進歩に貢献することを目的に、1947（昭和22）年に設立された。

①　ケアワーカーの専門性について

　ケアワーカーの専門性はまず、社会福祉に働く者としての倫理性や、みずからの役割認識、さらに社会福祉制度への理解を前提として、合理的な家事援助や個々の自立度や病状に応じての介護、医療関係者などとチームワークが組めるだけの教養の必要、そしてそれらが統合的に活用されることにより専門分化した専門性でなく、直接、生命と生活にかかわる専門性として位置づけられるべき性格のもの。

②　資格制度について

　ホームヘルパーと寮母職は高校卒業後、採用前にスーパーバイザーのもとで最低6か月の実習を含んだ2年の研修期間が必要であり、それに対して「介護士」などの資格を認定し、さらに通算5年以上経験

> **スーパーバイザー**
> 管理者または監督者。スーパービジョン（68頁参照）を行う人のこと。

して特別な訓練を受けた者に対しては，たとえば「主任介護士」などの名称，職務にふさわしい待遇を確立することが必要である。

なお，地域における福祉サービスのコーディネーターとしてのソーシャルワーカーの専門性を高め，主任介護士とソーシャルワーカーは一定の条件を付して相互に互換する途を開くことを考慮する必要があるとの見解を示している。[5]

> ソーシャルワーカー
> 社会福祉の専門職のこと。ケースワーカー，グループワーカー，コミュニティワーカーなど福祉従事者の総称。

4 社会福祉士及び介護福祉士法法制化の実現

厚生省は従来からの懸案であった福祉分野における専門職としての人材養成の内容や資格化を，1987（昭和62）年6月，「社会福祉士及び介護福祉士法」として国会に提議し，決議された。

少子高齢社会における「介護の社会化」に欠くことのできないこの制度は，ただちに実施に向けて進められた。1988（昭和63）年には全国で25校が「介護福祉士養成校」として厚生省の指定を受け，養成教育活動を始めた。

1989（平成元）年，最初の国家試験が実施された（筆記試験1月29日，実技試験3月5日）。1万1973人が受験し，2782人が合格。最初の介護福祉士が誕生した。この法律の施行に伴い，社会福祉の分野においては，はじめての国レベルの資格として社会福祉士・介護福祉士という専門職が生まれることになった。

---

[5] 一番ヶ瀬康子監，日本介護福祉学会設立準備委員会編『介護福祉学とは何か』ミネルヴァ書房，1993年，参考資料。

第2節 介護福祉業務の専門性

1 介護福祉士の業務内容

　従来，家族機能であった介護が少子化，高齢化の急速な進展のなかで「家族の相互援助としての介護」は限界をきたし，「介護の社会化」が必要になるに及んで専門職としての介護福祉業務の明確化が必要となり，社会福祉士及び介護福祉士法が1987（昭和62）年に制定され，介護福祉士がなす介護福祉業務内容が明記された。

　介護福祉士は同法に基づく名称独占の資格であり，「介護福祉士の名称を用いて，専門的知識及び技術をもって，身体上又は精神上の障害があることにより日常生活を営むのに支障がある者につき入浴，排せつ，食事その他の介護を行い，並びにその者及びその介護者に対して介護に関する指導を行うことを業とする者をいう。」（社会福祉士及び介護福祉士法第2条第2項）とある。

　介護福祉士は福祉分野における最初の国レベルの専門職として位置づけられたが，医師，看護師のように業務独占でなく，名称独占である。

　最初の介護福祉士資格取得者が出て14年になるが，その間の社会状況の変化，福祉ニーズの多様化は激しく，介護福祉士の役割の拡大，質の向上への期待も増してきた。そのことは介護福祉業務内容の質・量ともに，より高度な専門性を必要としてきている。その大きな節目となったのは次の点であろう。

名称独占
国家資格などで登録した有資格者だけがその名称を独占でき，社会福祉士，介護福祉士は名称独占である。

業務独占
国家資格の有資格者が，その定められた業務を独占すること。医師や薬剤師，看護師，弁護士などのように，その資格をもつものだけがその業務を行うこと。

（1） 福祉ニーズの多様化に伴う介護福祉業務の拡大と質の向上

　1989（平成元）年に通称「ゴールドプラン」と呼ばれる「高齢者保健福祉推進十か年戦略」が打ち出され，翌年，福祉関係八法が一部改

ゴールドプラン
☞ 181頁参照。

第3章　介護福祉の専門性　　59

正になり，従来家族の責任とされ，福祉としての位置づけが不明確であった在宅福祉が社会福祉事業法に「福祉」であると明記されるに及んで従来の「施設中心」から在宅福祉重点施策がとられ，居宅介護のノウハウ，家族とのかかわり，相談・助言の必要も大きくなり，いっそう専門性を必要としてきたのである。

介護福祉業務の拡大と質の高度化への必要は介護福祉士だけでなく，ホームヘルパーにも必要となってきた。ホームヘルパーの研修もシステム化され，3級（40時間），2級（90時間），1級（360時間）となり，さらに1994（平成6）年にゴールドプランの柱であるホームヘルパー，デイサービス，ショートステイ等の数値目標の見直しとなった「新ゴールドプラン」が打ち出されるにともなって，研修も3級（50時間），2級（130時間），1級（230時間）と増え，1級を受講するには2級を修了し，原則的に1年の現場経験をもつことが条件で，1級取得者は合計360時間の研修をすることになり，かなりの知識と技術をもち，主任ヘルパーの資格ともなった。ホームヘルパーは3年以上の現場経験をふまえ，国家試験を受け，介護福祉士となることも可能なだけにより高度な介護福祉業務の専門性を身につける内容となってきた。

さらに2000（平成12）年6月に「社会福祉事業法」は「社会福祉法」となり，改正の重要な柱として「地域福祉」が加えられ，市町村は2003（平成15）年までにそれぞれ「地域福祉計画」を策定することとなった。介護福祉士の働きも地域福祉の視点をふまえることが必要となり，社会福祉援助技術においてもコミュニティワークが重要な援助技術となってくる。

（2） 介護保険と社会福祉基礎構造改革

2000（平成12）年4月より実施された「介護保険」および50年ぶりの「社会福祉基礎構造改革」はいずれも利用者本位の自立支援をめざすもので，福祉は保護対策，劣等処遇から大きく脱皮し，抜本的に変わろうとしている。スティグマをともないがちな「措置」という扱いはなくなり，サービス利用者もサービス提供者も対等な立場をもつ「契約」となり，利用者はサービス内容について「選択」と「決定」に優先権をもつこととなった。

福祉人材の養成においても従来の量的から質的向上に重点を移した

ホームヘルパーの研修
1982（昭和57）年家庭奉仕員の採用時研修として始められた（70時間）。本格的な研修は，1987（昭和62）年に家庭奉仕員講習会として始まり（360時間），1991（平成3）年に，現在も行われているホームヘルパー養成研修事業として，1級課程360時間，2級課程90時間，3級課程40時間の研修体制が整えられた。1995（平成7）年にさらに改正が行われ，1級230時間，2級130時間，3級50時間となった。

社会福祉法
☞ 173頁参照。

コミュニティワーク
（community work）
在宅福祉を中心とする地域福祉の展開のために，①地域における福祉ニーズの調査・把握，②サービス供給システムの確保・整備，③各種社会資源の開発，④個別的ニーズに対応したサービス供給のコーディネイトなどを内容とする地域援助技術。

介護保険
☞ 186頁参照。

政策転換が行われた。

利用者の主体性は保障されたが、この新しい制度や施策がその目的に沿って充実するためには、業務に必要な知識、技術、倫理をもった専門性の高いマンパワーが必要であり、介護福祉士養成においてもカリキュラムは従来の1500時間に150時間増となり、次のカリキュラムに追加された。

- 介護保険制度およびケアマネジメントに関するカリキュラムの追加
- 保健医療分野の専門職との連携に必要な医学知識の強化
- 人権尊重、自立支援等の社会福祉の理念
- コミュニケーションに関する内容の強化
- 介護過程の展開方法を追加

従来は任意であった居宅介護実習は必修となった。

また、2002（平成14）年の国家試験においてもカリキュラムの変化にともない出題問題にもそのことを反映させている。

2 介護福祉業務の専門性の条件

介護福祉の目標は利用者への「全人介護」によって、自律心と自立した生活への支援が目標であるが、それを実現するのは容易ではない。まず利用者が自立した生活への強い希望と意欲をもつことが必要である。

要介護者のためにという姿勢でなく要介護者とともに、そしてその家族とともに介護にあたる取り組みのなかで、まず信頼関係を育てることが大切であることの自覚と実践が必要であり、そのことが専門職としての介護業務の第一歩である。

介護福祉の専門職として期待される介護福祉士像の努力目標として次のようにまとめられている（厚生労働省資料　福祉専門職の教育課程等に関する検討会報告）。

- 感性豊かな人間性と幅広い教養を身につけ、意志疎通をうまく行って介護を必要とする人との信頼関係を築くことができること。
- 要介護者等の状況を判断し、それに応じた介護を計画的に実施しその結果を自ら評価できること。
- 介護を必要とする人の生命や人権を尊重し、自立支援の観点から介護できること。

措置
広義では、何かを取り計らうことをさすが、福祉サービスの利用に関する使い方では、行政がその権限としてサービスの利用決定を行う「職権措置」をさす。

選択
介護保険制度開始にともない、利用者は行政の措置によるのではなく、自分のニーズに合ったサービス提供主体を自己選択し、契約を結んで利用を開始する。

カリキュラムの改正（教育課程）
☞ 241頁参照。

- 他の保健医療福祉従事者等と連携し協働して介護できること。
- 資質の向上を図るために自己研鑽とともに後進の育成に努めること。

　それらに熟達し介護福祉業務の専門性を確立するには日常業務のなかで次のような視点が必要である。

（1）　人間と生活の理解

　「全人介護」のためには人間を理解し，要介護者の生活様式や価値観を大切にしながらのかかわりが必要である。"絶望は死に至る病"（キルケゴール）と言われるように人は希望を失うとき，死に至るほど弱るものである。ことに高齢者は無用感や喪失感に陥りやすいだけに，かかわる人次第で意欲をもったり，失ったりするものであり，介護効果にも影響する。カントが次のように言っている。"すべての事物には価値があるがひとり人間のみは尊厳を有する"。介護者にとって人間の尊厳に対する明確な信念がなければならない。

　その上に立ってよい援助関係を形成していくにはバイステックの7原則に代表される具体的な要介護者へのかかわり方における留意点を身につけることが必要である。

　＜バイステックの7原則＞

① 　受容

② 　非審判的態度

③ 　個別化

④ 　意図的な感情表出

⑤ 　自己決定

⑥ 　統制された情緒的関与

⑦ 　秘密保持

　この原則の詳細は第5章第2節の3の（1）利用者と介護福祉士とのかかわりにおける援助技術参照。

　さらに強弱の差はあれ，人間には生理的欲求（食欲・睡眠・性欲・安全等）と社会的欲求（承認・成就・愛情・所属等）があることを十分理解してかかわることが大切である。

キルケゴール
Soren Aabye Kierkegaard（1813～1855）デンマークの宗教思想家。《ひとはいかにしてキリスト者になるか》ということを生涯の課題とした。

カント
Immanuel Kant（1724～1804）ドイツの哲学者。主著は『純粋理性批判』『実践理性批判』など。カント哲学は近代哲学史上の貯水池であると言われ，カント以前の哲学はすべてカント哲学に流れ込み，以後はその源をカントに発するとされる。

バイステックの7原則
ロヨラ大学教授。同大学出版部，1957年の著『THE CASEWORK RELATIONSHIP』に「ケースワーク臨床のもっとも重要な基礎が援助関係を形成することであり，ケースワークの技術とはまず援助者がクライエントとの間に援助関係を形成する技法と主張しつづけた」と述べられている。尾崎新訳『ケースワークの原則』誠信書房，2000年（新約版の訳著代表あとがきより抜粋）。

（2） 介護理論と技術の継続的熟達

　介護福祉士の専門性の中核は介護技術である。家族機能であった介護が専門職によってなされるということは，介護技術の一つひとつが実践と検討のなかで明確な根拠をもった理論と技術として洗練されてきたものを現場で生かすことである。介護技術の詳細は出版されている複数の「介護技術」のテキストに基づいて理論と技術を習得されることになるがここでは基本的な点だけを述べたい（コミュニケーションや観察については本書の第5章参照）。

① コミュニケーションの技法

　利用者と介護者のコミュニケーションの善し悪しは信頼関係や介護目標到達への意欲を左右し，介護効果にも影響する基本的に大切なことである。

　コミュニケーションは言語だけでなく，目や表情をはじめ意志の疎通のためさまざまな方法があることを理解し，利用者の状態によっては新たな工夫も必要である。

② 観察力

　「全人介護」としての介護は要介護者の身体的状況だけでなく，心の状況についても問題をみてとる観察力がなければならない。顔色，表情，声の力，全体の雰囲気等，いわゆる五感（視覚・聴覚・触覚・嗅覚・味覚）からその日の状態を把握し，どのようなニーズをもっているか，ちょっとした言葉のやりとりからも推察できる観察力を強めていくことが大切である。養成カリキュラムが増えたなかで医学一般が60時間から90時間となったのは，解剖・生理・疾患の知識を深めるためである。そのことにより医師・看護師をはじめチームケアのメンバーとの情報交流や記録の意味を理解すると同時に観察力を高めることにもつながる。

③ 生活環境の整備

　バリアフリーを配慮した安全で快適な生活環境を整える。プライバシーの確保，寝具・衣類などの衛生管理も大切であるとともに快い衣服は気持ちを明るくし普通に生活することへの意欲をもたせる。

④ 福祉用具の知識と活用

　自立支援の方法として福祉用具の活用は利用者が普通の日常生活をするうえで助けになるだけに開発も進んでいる。種類，用途，使い方，などをよく理解し，適切に活用して介護効果を上げ，自立の喜びと意欲を高める。

⑤ 移動・運動の技法

　誰もが避けたいと願っている「寝たきり」の状態は「寝かせっきり」からの場合が多く，スウェーデンなどのように「寝たきりゼロ」といいきる国もあるだけに機能維持と訓練の運動は介護の一環として重要である。移動はベッドから車いすへ，車いすからベッドへ，また，ポータブルトイレ，シャワーチェア，浴槽への移動など重要な技法である。さらに車いすでの外出介助の技法も大切でこれによって気分の転換，意欲を増すことで日常生活の活性化が期待できる。

⑥ 日常生活における基本介護の技法

　介護者にとって最も基本的な技法は食事の介護・排泄の介護・着脱の介護・入浴の介護であるが，食事も介助だけでなく，食物に対する知識や食事中に起こりやすい，たとえば嚥下困難等の問題に気をつけ，万一そのようなことが起こった場合の応急処置など食事介護の知識や技法をひろげることが必要である。

　排泄の介護にあたるとき，排泄は自然な生理的現象だからといってしまわないで同室に人がいる場合，カーテンを閉めるとか，要介護者の"恥ずかしい"という気持ちを配慮する感性が介護者には必要である。

　着脱の介護は痛みや麻痺のある場合，無理のない着脱の仕方は研究も進んでおり，状態に応じた着脱ができるようにすることで要介護者の安全，快適さを図るべきである。

　入浴は要介護者にとって楽しみの一つであり，その効果も大きいだけに慎重に安全の確保に留意し，体温や脈拍等の状態を把握し，部屋やお湯の温度，所要時間や水分の補給など基本的な点について初心を忘れないことが大切である。

　日常生活における介護内容については褥瘡の予防や口腔ケア，薬剤使用の介助，感染予防の知識，緊急事態への応急処置等の問題もあり，奥の深い専門分野として知識と技法を経験と事例研究などを通じて継

続的に熟達していくことが必要である。

（3） 介護過程の展開と評価力

　介護の効果を上げるためには要介護者に対する身体的生活援助：食事，排泄，清拭・入浴等の清潔，移動，睡眠，身だしなみ・衣服の着脱および環境の整備等直接的な介護技術に熟達することの必要は言うまでもないが，それらを最善に，かつ効果的にするには介護過程展開の基本理解および社会福祉援助技術の活用が相乗効果を上げることの認識が必要である。

① 介護過程展開の基本
1）ニーズの発見
2）インテークとアセスメント
3）介護計画と実施
4）モニタリングと記録
5）再アセスメントと再プラン

　個々の内容については第5章にゆずることとして，この繰り返しを通じて介護目標の適正化，介護内容の充実を図る能力が専門職として必要である。

　なお，介護過程の展開については第5章第1節の4「介護過程の展開」を参照されたい。

② 社会福祉援助技術

　介護福祉が「全人介護」である特色は環境整備を含む身体的生活援助がすべてであった介護から要介護者との人間関係，家族関係の理解と調整，社会的要因，文化的要因が要介護者の自立への意欲と微妙にかかわり，介護効果にも大きく影響することが明らかになるとともにケースワーク，グループワーク，コミュニティワーク等の社会福祉援助技術といわれるものがきわめて密接にかかわり，重要な要素であることが理解されてきた。ことにコミュニティワークは2000（平成12）年に「社会福祉事業法」が「社会福祉法」と改称されるとともに「地域福祉の推進」が追加され，2003（平成15）年までに各市町村において「地域福祉計画」を立案することになったが，それを実現する技法としてのコミュニティワークが重要となってきた。これは福祉実現の

ケースワーク
何らかの生活課題に直面している個人，家族に対し，社会適応を図ったり，問題解決を援助する技術。ケースワークの母と呼ばれる，M.リッチモンド（1861～1928）により，個別援助技術として体系化された。

グループワーク
グループのもつ特性を生かし，メンバーが互いを尊重し，相互から生まれる自発性，協調性を通してグループのあるいは個人の成長，発達を意図する集団援助技術をいう。19世紀後半からの社会改良運動に端を発している。

ためには個人とのかかわり方の技法であるケースワーク，集団のダイナミクスを活用して効果を上げるグループワーク，コミュニティのもつ相互援助機能や人間発達機能を活用するコミュニティワークはその場の状態や問題の性格により柔軟にかつ効果的に用いることが，単なる介助や介護でなく，介護福祉として新たな実践科学を止揚させる。

　要介護者は受け身の存在でなく，人格を尊重された存在として受け入れられ，安心と信頼をもって，自由な意思表示ができ，自己決定ができるようにかかわることが利用者本位の自律を含む自立支援につながるからであり，経過を見守り評価できる能力が必要である。

（4）　相談・助言の能力

　高齢者の生活形態も多様化してきた。50年前は高齢者は三世代同居という生活形態が50％を超えていたが，現在は12％強である。当然，高齢者夫婦の世帯，独居高齢者の世帯が急増しており，要援助者の生活の場は広がっている。障害者にとっても家族の小規模化もあり援助の社会化が必要である。

　それだけに法律，制度，施設の種類，機能，規模，手続き等，社会資源の知識と活用が必要である。ことに自立支援に大きな役割を果たす福祉機器については種類，機能などに精通し，利用者の状態に応じた適切な福祉機器の紹介をしなければならない。

（5）　緊急および終末期ケア

①　緊急の場合の応急処置

　高齢者の96％は在宅であり，施設を増設しても十分需要をみたすことは経済的，物理的，また心情的にも無理があり，1990年代は在宅福祉重点施策化のなかで「居宅介護」が推進された。しかし，在宅介護においては，たとえば，要介護者が食事介助の途中で誤嚥を起こし呼吸困難になるなど緊急の場合も想定される。

　現在，医師法第17条において医師以外の医業は禁止されている。医業とは医行為を業として行うことである。医行為とは，医師の医学的判断および技術がなければ人体に危害を及ぼし，または及ぼすおそれのある行為のことであり，診断，投薬(注射)，吸引，インシュリン投与等である。業とは，不特定多数の者を対象として継続的に行われる

ことをさし，緊急避難的行為や自己に対する行為等は業から除外されて扱われることがある。

　介護福祉士は社会福祉士及び介護福祉士法第47条でも「医師その他の医療関係者との連携を保たなければならない」と規定されている。医療処置は利用者の生命にかかわることであり，医療的ケアが必要な利用者に関しては「家族がやっていることだから」と安易な行動は避け，日頃より利用者の状況を医療関係者に報告し情報を交換するなどして，在宅の利用者や家族が安心して生活できるための支援が大切である。

　居宅介護の必要の増加にともなって2000（平成12）年4月より発足した介護保険制度による在宅福祉への需要は介護福祉士養成にとっても訪問介護に同行する居宅介護実習が必須となり，当然，職域もさらに在宅にのびることになるだけに医師や看護師と日常的に連絡をとるために，日頃より利用者や家族の状況を十分に把握しておく必要がある。

　現時点では応急処置について理論と技術を習得して，緊急のときには生命の安全を優先することが必要であろう。

② 終末期ケアの問題

　近年，人々は死を病院で迎えることが普通であったが在宅福祉重点施策のなかで居宅介護の可能性が進んだだけでなく，心情的にも住み慣れた自宅で死にたいという希望が多くなってきた。ことに末期がん患者にとって自宅での終末期ケアを望む場合が増えてきた。もちろん，一つには末期がん患者のためのホスピス病棟が十分でないこともあるが，在宅での終末期ケアが増えることは明らかであるだけに病院との緊密な連携のなかで身体と心の苦痛の緩和に努めることが大切であり，終末期ケアはこれからの大きな課題の一つである。

（6） 関連職種とのチームケア能力

　医療の進歩や高齢化の加速のなかで，医療より療養を必要とする期間が長くなり，その状態も多様化し，自立支援のかかわり方も多岐にわたるようになり，直接の介護者に加えサービスに適正と快適性をはかり介護効果を上げるには関連職種の協力が欠かせない。一つは同業種のチームワークであり，もう一つは関連異業種とのチームワークで

応急処置
急病人やけが人を救急車や医者に引き渡すまでに症状をそれ以上悪化させず，生命を維持させるように心臓マッサージや人工呼吸などの救急蘇生法を行うなどして最善を尽くすこと。

終末期ケア
ターミナルケアともいう。医学的に治療不可能な状態で余命約6か月以内の包括的ケアをさす。人間らしく，威厳と平和のうちに死を看取ることを目的とする。

ホスピス病棟
治療的効果がこれ以上期待できず苦痛の強い患者に対して，安らかに死を迎えられるように援助するための入院施設である。がん末期患者が対象となることが多い。

ある。医師，看護師，理学療法士，作業療法士，ソーシャルワーカー，歯科医，薬剤師，栄養士等である。医療，看護，介護，リハビリテーション等，病状悪化の予防，社会生活の継続と適応，介護予防も含めて幅広い関連職種と必要に応じて適切なチームが組めることは大切なことである（これについては第6章において詳述される）。

(7) スーパービジョンとアドミニストレーション（指導能力と管理能力）

　介護福祉は実践科学であるだけに現場で直面する問題について上司は部下に的確な指導・助言ができなければならない。それによって経験の浅い者も業務において次第に熟練していく。言い換えれば，先輩はスーパーバイザーとして後輩を育てることは重要な業務の一つであり，スーパービジョンを学び習得することが必要である。

　同様に介護福祉が専門分野として確立するためには運営管理能力をもたなければならない。企業経営，学校経営，病院経営などの分野ではきわめて重視されるアドミニストレーションも福祉分野ではまだまだ経験に頼り科学性に欠けることも多いが，専門分野として確立するにはアドミニストレーション能力は欠かせない。

　個別施設の経営管理ももちろんであるが最近はコミュニティケアが重要視され，市民運動やボランティア団体などの地域福祉活動が活発になり，NPOなどが増えるにつれ，その活動の組織化や健全な発展をはかるためにアドミニストレーションは必要である。社会化を必要としてきた介護問題にしても，介護保険制度の実施により，チームケアはいっそう必要となったが，望ましいチームワークのためには適切なアドミニストレーションが必要である。

　H.B.トレッカーが社会福祉—コミュニティサービスのために書いた『新しいアドミニストレーション（*New Understandings of Administration*）』に次のように述べている。

　「コミュニティサービスの運営は次のような問題について解決を求めている。

　我々はどうしたら相互の意志が明瞭に，迅速にそして効果的に伝わるようなより能率的組織をつくりあげることが出来るであろうか。我々はどうしたら意思決定の過程を民主的でありながら，もっとスピードアップできるだろうか。どうしたら専門職員と運営にあたるボ

介護予防
一人暮らし高齢者や要支援高齢者が心身両面の状態の悪化や要介護状態に陥ったりしないように予防すること。生活支援・生きがい活動・健康づくり等々，市町村・事業所などがメニューを考えて促進しつつある。

スーパービジョン
熟練していないワーカーに対する指導・助言のこと。教育的，管理的，指示的なものがあり，上司や同僚によって，1対1，またはグループで行う。

アドミニストレーション
ソーシャルアドミニストレーションは社会福祉援助技術の一つとして位置づけられており，社会福祉に関与する団体や機関などの実践的な活動において，社会福祉の政策形成とその運営管理また組織の機構，運営過程の調整を行う技術をいう。

NPO
Non-Profit Organization（非営利組織）。株式会社など営利を目的とする団体に対する語。1998（平成10）年，社会福祉など12の分野に該当し，不特定多数の利益増進に寄与する非営利団体が簡易な手続きで法人格を取得できるように，特定非営利活動促進法（いわゆるNPO法）が成立した。

H.B.トレッカー
コネチカット大学社会事業学部教授。コミュニティサービス分野のアドミニストレーション関係の著書多数。

ランティアの役割分担と責任の取り方を明確にすることができるであろうか。どうしたら各部局の責任分担を適切にすることができるだろうか。

　各担当者にその仕事の責任を任せ，責任を任された者が果たしてその責任を完全に果たし，我々の信頼にこたえると保障できるだろうか」。[▶6]

　今後，介護福祉が専門領域を確立するためには適切なアドミニストレーションを必要としている。

　わが国において，介護福祉の専門性は「少子高齢社会」がこの30年の間に急速に，かつ加速して進み，フランス，ベルギー，スウェーデン，デンマーク，イギリス，ドイツ，アメリカ等の先発国に比べ，はるかに後発の少子化，高齢化にもかかわらず，1994（平成6）年以来，世界一の長寿国として未知の問題に取り組まざるを得ない状況に至ったことにより，医学，看護学，社会福祉学と緊密にかかわりながら介護の問題に取り組む実践科学としてその専門性が確立されつつあるといえる。

参考文献

　一番ヶ瀬康子監，日本介護福祉学会設立準備委員会編『介護福祉学とは何か』ミネルヴァ書房，1993年。

　奥田いさよ『社会福祉専門職性の研究』川島書店，1992年。

　岡本千秋・小田兼三・大塚保信・西尾祐吾編著『介護福祉学入門』中央法規出版，2000年。

▶6　トレッカー, H.B. 著，今岡健一郎監訳『新しいアドミニストレーション』日本YMCA同盟出版，序文ix，1977年。

第 **4** 章
介護福祉士の倫理性

第1節 社会規範と倫理

　人間は社会的な動物と言われている。多くの人々とさまざまなかかわりをもって共同生活を営みながら社会のなかで暮らしており，自分一人で他の人間と無関係に生きることはできない。ところが人間には，食欲，性欲，物欲，名誉欲，出世欲というように，生きていくうえでの，あるいはさらによりよい生き方を求めてさまざまな欲望をもっている。しかし，それぞれが欲望をむきだしにし勝手気ままな行動を起こしたのでは社会生活は成り立たず，お互いに生きていくこともできない。そこで社会生活を営むうえで人々の行動を規律するきまりというかルールが必要であり，これを社会規範という。社会規範には，習俗，礼儀，道徳，宗教，法律というように，人々が社会生活を営んでいるうちに自然にできたものもあれば意識的につくりだしたものもある。倫理もまた社会規範の一つに数えられる。

　倫理を表す ethics の語源は，ギリシア語の ethos で「しきたり」とか「習慣」という意味をもっている。社会集団あるいは世のなかで生きていくためにつくりだした習慣やしきたりが ethos であり倫理である。

　「倫理」は倫と理という言葉からなっている。「倫」は「なかま」という意味を表す言葉である。人間は家族の一員であり，友人や隣人との関係を保ちながら社会や国家のなかで暮らしているが，社会共同生活にかかわりのあるそれらすべての仲間がすなわち倫である。そして「理」とは「ことわり」，「筋道」，「秩序」を意味している。すなわち「倫理」とは人々が社会生活を営むうえで，その共同生活を支えていくための筋道であり，その筋道が乱されると社会共同生活が成立しなくなるような根本のあり方を示すものである。人々が社会集団のなかで家族，職場，地域社会の関係等を，人間の住みやすい社会にふさわしく形成していくためには各々がどのような態度をとらねばならないかが問われる。すなわち個人個人の心のもち方，価値観，行為のしか

た，生活態度等が問題になる。このように社会集団のなかでのあり方が問われる一方で，人間には今よりもっとよく生きていたい，人間らしく生きていきたいといった願望や理想があるが，倫理を表す ethos にはそのような意味も含まれている。したがって倫理を考究する場合には，社会生活のなかでの望ましい生活のあり方を考えるとともに，自主的な個人の望ましい生活のあり方も考えなければならない。すなわち倫理のもつ社会性と個人の自主性の両面が考慮されねばならない。より人間らしい生き方を求める倫理は，同じ社会規範でも法律のように国家権力といった外からの強制力を期待するものではなく人間の心からの願望を基盤にしているものである。法律は人間の外面的な行為に関係する規範であり他律的であるのに対して，倫理は人間の内面的な意思を規律する自律的な規範であるともいえる。法に違反すればそれ相応の罰則が科せられるが，刑に服した後は赦免される。合法的であれば，約束を破棄したり信頼関係を損ねることで，たとえ倫理に背いたからといっても刑罰を受けることはない。しかし目に見える罰はなくとも倫理を無視した自己の良心の痛みは一生背負わねばならないかもしれない。ここに倫理の社会規範としての重みがある。

　しかし一方で倫理には，社会と個人の関係をどう考えるのが正しいのか，両者の利益が競合する場合どちらを優先すべきかという大きな課題があり，その歴史的，時代的な変化をどのように判断するかいわば倫理の普遍性，倫理の変化といった問題も生じてくる。

第 2 節　専門職と倫理

　　近隣関係や商取り引きのトラブルあるいは非行や罪を犯し社会生活を営むうえで問題を抱えていたり，身体に病をもって苦しんでいる人々とかかわりをもち，それらの人々の援助にあたる専門職，たとえば弁護士や家庭裁判所調査官といった法曹関係者，医師や看護師といった医療職は自らの職業に誇りをもつと同時に援助を展開する際の実践行動上の基準と戒めを保持している。そしてそれぞれの専門分野に所属する集団の決めた倫理にかかわる約束事すなわち倫理綱領（code of ethics）を遵守し，それを専門家としての拠りどころとしている。日本弁護士会は「弁護士は基本的人権の擁護と社会正義の実現を使命とし……その使命にふさわしい倫理を自覚し，自らの行動を規律する社会責任を負う」と謳い，天秤をあしらった弁護士バッジに象徴されるように公平，公正と社会正義の実現に重きを置いた倫理綱領を定めている。また福祉・介護と密接な関係にある医療職の場合，医師は，患者の利益第一，秘密厳守，人格尊重など医師が心得ておかねばならない倫理を「ヒポクラテスの誓い」として，また看護師は有名な「ナイチンゲール誓詞」をもとに「人間の生命を尊重し，人間としての尊厳および権利を尊重する」という日本看護協会の倫理規定を制定（1988（昭和63）年）している。ことに医療職の分野にあっては医学，医療技術の進歩に加え，脳死・臓器移植・人工授精等の問題を含め，「生命はどこからか」「死とは何か」といった「命の問題」を学問として問う「生命倫理（bioethics）」の問題に真剣に取り組んでいる。このように，それぞれの分野において専門職である立場を戒めるとともに高い誇りをもって職務の向上に努めている。ましてや身体障害や知的障害のある人々や寝たきりあるいは痴呆の状態にある高齢者を援助し，それらの人々の身体，生命，人権を支える立場にある福祉職には，自ずから厳しい倫理が求められる。

　　ところがアメリカでは福祉職は，代表的な専門職とされる医師や弁

日本看護協会
保健師，助産師，看護師，准看護師の資格を有する者が，自主的に運営する看護の職能団体である。1946（昭和21）年に設立され47都道府県看護協会と連携して活動している全国組織である。国内および国際的な看護実践の情報を伝え，医療制度，看護制度のあり方や課題についての看護政策の研究・提言にも取り組んでいる。

生命倫理
ギリシャ語の語源バイオ（bio＝生命）とエシックス（ethics＝倫理）の複合語で，脳死，臓器移植，植物状態，体外受精，遺伝子治療などの先端医療，あるいは病状や病名の患者への説明，検査や治療の前の説明，同意を得るときの説明，告知の問題など健康や生死にかかわりのある問題について，生命科学の研究者や医療関係者の態度や行為，価値観に求められる原理。

護士と比べ専門教育期間が短く,生命・人権へのかかわりが浅く,倫理綱領が明白でないなどの理由で専門職として疑わしいとの議論があった。わが国では福祉専門職資格制度についての議論が1960年代に高まり,さまざまな経緯の後,1983(昭和58)年日本ソーシャルワーカー協会が再建され,同協会の倫理綱領の宣言(1986(昭和61)年)などを経て,1987(昭和62)年「社会福祉士及び介護福祉士法」が制定された。この倫理綱領は,今でも多くの社会福祉専門職が所属する集団の価値あるいは倫理観の基準になっている。

> **日本ソーシャルワーカー協会**
> 自立して日常生活を行うのが困難な児童,障害者,高齢者等の相談に応じ,専門的立場から生活支援を行う福祉専門職であるソーシャルワーカーの団体で,1960(昭和35)年に結成されたが数年後に活動を停止し,1983(昭和58)年活動を再開した。各都道府県に支部があり2001(平成13)年現在1298名の会員が所属している。わが国のソーシャルワーカーを代表して国際ソーシャルワーカー連盟(IFSW)に加盟している。ソーシャルワーカーの職能団体としては他に,日本社会福祉士会,日本医療社会事業協会,日本精神医学ソーシャルワーカー協会がある。

表4-1 ナイチンゲール誓詞

```
         われは ここにつどいたる人々の前に おごそかに神に誓わん

                    わが生涯を清くすごし
                 わが任務(つとめ)を忠実に尽くさんことを。

                    われは すべて毒あるもの
                       害あるものを絶ち
                    悪しき薬を用いることなく
                   また知りつつこれをすすめざるべし。

                    われは わが力のかぎり
              わが任務の標準(しるし)を高くせんことをつとむべし。

                       わが任務にありて
                   取り扱える人々の私事のすべて
                   わが知りえたる一家の内示のすべて
                     われは人にもらさざるべし。

                    われは心より医師をたすけ
               わが手に託されたる人々の幸のために 身をささげん
```

第3節 社会福祉分野の倫理綱領

　社会福祉の分野で国際的に倫理綱領をはじめて制定したのは，1960年代の全米ソーシャルワーカー協会（NASW）である。英国ソーシャルワーカー協会（BASW）は1975年の総会で採択し，国際ソーシャルワーカー連盟（IFSW）は1976年にプエルトリコで開催された総会で「専門職としてのソーシャルワーカーの国際的倫理綱領」を採択した。わが国では，前述したように1983（昭和58）年に再建された日本ソーシャルワーカー協会が，1986（昭和61）年の年次総会で日本ソーシャルワーカー協会倫理綱領を宣言した。今日では社会福祉士，介護福祉士，精神保健福祉士，医療ソーシャルワーカー等の職能団体ができあがりそれぞれに独自の倫理綱領を宣言しているが，その間，あるいは今日においても日本ソーシャルワーカー協会倫理綱領は福祉専門職の日常行動における倫理的規範の指針となっている。その基準は，平和擁護，個人の尊厳，民主主義にあり，ソーシャルワーカーの行動が基準から逸脱しないよう，倫理上の諸問題に対し，専門職団体の決めた判断の基礎を明示している。そして次の三つの原則をあげている。

(1) 「人間としての平等と尊厳」すなわち，どのような人であろうと生をうけている以上，すべてかけがえのない存在として尊重されなくてはならない。

(2) 「自己実現の権利と社会の責務」すなわち，人は人としてそれぞれの権利を有しており，社会は，できる限りの幸せとそのための施策を提供していかなくてはならない。

(3) 「ワーカーの職務」すなわち，日本国憲法の精神にのっとり，ソーシャルワーカーは個人，家族，集団，地域社会の発展をめざす。そして社会福祉の進展が阻害されないようにその知識や技術を用いなくてはならない。

　そして具体的な内容としては，①クライエントとの関係，②機関との関係，③行政・社会との関係，④専門職としての責務をあげている。

ところが残念なことに，社会福祉の専門職が従事する各種の福祉施設でも利用者への人権侵害や施設内虐待が各地で起こり，いくつかの児童福祉施設では監督庁から改善命令を受ける事態が生じている。介護支援専門員による犯罪行為が取りざたされたのは記憶に新しい。そのようなときだからこそ，介護福祉に寄せられる期待に応え信頼を得るためにも，介護福祉士に求められる倫理の重みをいっそう真剣に受けとめねばならない。

　福祉専門職には，しばしば指摘されるように知識，技術，価値が要求される。知識，技術は経験年数を重ねるにつれ自ずから高まっていくものであるが，長年勤め，ただ漫然と業務を繰り返していると，知識や技術が向上するのと反比例して人権意識や倫理に関する価値がなおざりになりがちである。知識，技術，価値それぞれが経験年数に比例して同じように高まることを専門家としての誇りとしなければならない。

第4節 日本介護福祉士会が定める倫理綱領

専門職として長い歴史を有する医師や看護師も専門職である自分を戒め，誇りをもって職業倫理の向上に努めてきたし，日本ホームヘルパー協会も「ヘルパー憲章」（1982（昭和57）年）を宣言している。福祉・医療・保健の専門職に求められる倫理には，要援護者（クライエント，患者）の利益優先，個人の尊厳，秘密厳守等共通した内容も多い。しかし，たとえば「自己決定の尊重」といった場合，医療現場ではインフォームド・コンセント（説明と同意）が重視されるように，介護福祉の専門職に求められる戒めと誇り，すなわち倫理綱領には自ずから独自のものがある。

日本介護福祉士会は，1995（平成7）年に介護福祉士の倫理綱領を制定した。その前文には，介護福祉ニーズを有する「すべての人々」が，「住み慣れた地域」において「安心して」老いることができ，そして「暮らし続けていく」ことのできる社会の実現を願うとある。まさに，福祉の原理であるノーマライゼーションの実現をめざしたものである。そして一人ひとりの心豊かな暮らしを支える介護福祉の専門職として，自らの専門的知識，技術および倫理的自覚をもって最善の介護福祉サービスの提供に努めることを宣言している。

具体的内容としては，①利用者本位，自立支援，②専門的サービスの提供，③プライバシーの保護，④総合的サービスの提供と積極的な連携，協力，⑤利用者ニーズの代弁，⑥地域福祉の推進，⑦後継者の育成について述べている。

そこで日本介護福祉士会の倫理綱領が定める七つの具体的内容から，介護福祉の専門職として身に付けるべき実践行動上の基準と戒めとは何か，専門職としての誇りとは何かを学んでみたい。

インフォームド・コンセント
患者の自己決定権を重視する立場から，医師が医療行為を行う際に，診療内容を十分説明し，患者の納得を得ること，すなわち「説明と同意」を行うことで，1964（昭和39）年のヘルシンキでの第18回世界医師会総会で採択された。医療技術，治療方法が高度化・複雑化し，また権利意識や自己決定権の高まり，さらに治療の効果を上げるうえから，「説明と同意」は欠かせない。

日本介護福祉士会
介護福祉士の資格取得者で構成されている介護福祉職の職能団体である。1994（平成6）年に創設され倫理綱領の策定，自立支援アセスメントの開発など，実践と理論の体系化に取り組んでいる。全国一斉介護相談事業や介護福祉に関する講師の派遣，また全国の介護福祉士のネットワークを通じて，最新の情報を提供するとともに，各方面で介護の専門家として活動できるよう各種の研修事業等で支援している。

1　利用者本位，自立支援

> （利用者本位，自立支援）
> 1　介護福祉士は，すべての人々の基本的人権を擁護し，一人ひとりの住民が心豊かな暮らしと老後が送れるよう，利用者本位の立場から自己決定を最大限尊重し，自立に向けた介護福祉サービスを提供していきます。

　人はみな，生まれながらにして人間として尊く侵しがたい存在であることを主張できる権利を有している。これを基本的人権という。日本国憲法第13条は前段で「すべて国民は，個人として尊重される」と明記し，さらに第25条では「すべて国民は，健康で文化的な最低限度の生活を営む権利を有する」と謳い，人間たるに値する生存を権利(生存権)として保障している。「介護というのは人権保障の総仕上げの援助」[1]と指摘されるように，介護福祉は人権尊重と密接なかかわりをもつというか人権そのものといってもよい。介護福祉士はまず，介護を必要としている人の性別・年齢・信条・社会的身分・経済状態等にかかわりなく，一人ひとりが人間としてかけがえのない存在であること，すなわち人間の尊厳(human dignity)と人間たるに値する生存の意義を理解し，人生の最期までその人が望む日常生活を支えなくてはならない。

　介護を受けるものにとって，受けたいサービスと受けたくないサービスを自分の意思で決定する自由があり，これを「自己決定」という。ときには専門職としての立場から介護者が最善と判断するサービスを選択しないかもしれない。その場合でも介護に従事する者は，常に要介護者の意思や利益を優先してサービスを提供することを心がけ，必要にして有効かつ可能なサービスを選択できるよう適切な情報を提供し，自己決定を支えねばならない。ところが多くの介護福祉士は特別養護老人ホームや介護老人保健施設といった社会福祉施設や機関に所属し組織人として介護サービスに従事しており，組織としての処遇方針や利益に縛られることもあり，要介護者の意思や利益と相反する事

▶1　一番ヶ瀬康子『介護福祉学とは何か』ミネルヴァ書房，5頁，1993年。

態が生じることもある。このような場合でも要介護者の立場や利益が守れるか，ときには信念と勇気をもって所属する機関や施設の処遇内容や方針の変革を行えるかを倫理綱領は問うている。

一方，社会福祉にかかわる人々は，一様に心やさしき人が多く，心身に障害を抱えた人や，高齢の人に対し心を尽くして援助の手を差しだす。しかしそれがときに過剰なサービスになり，自身でできることでも他人任せにし，最後にはしてもらって当たり前といった依存心ばかりを与える結果を招くこともある。利用者本位とは，それぞれがもつ残存能力の活用・開発に努めながら利用者の自己実現，自己決定に最大限の配慮をし，身体的・精神的な自立ができるように利用者の立場に立って介護福祉サービスを提供することである。

2　専門的サービスの提供

> （専門的サービスの提供）
> 2　介護福祉士は，常に専門的知識・技術の研鑽に励むとともに，豊かな感性と的確な判断力を培い，深い洞察力をもって専門的サービスの提供に努めます。
> 　また，介護福祉士は，介護福祉サービスの質の向上に努め，自己の実施した介護福祉サービスについては，常に専門職としての責任を負います。

社会福祉士および介護福祉士が登場するまで，「保母」（現・保育士）以外に社会福祉の分野で一定の専門の資格を要求されるものはなかった。老人ホームの介護職員やホームヘルパーは何の資格もなく，特別な研修も受けずにいきなり現場で働くといったことも過去にはあった。しかし資格はなくとも，介護職員やホームヘルパーのなかには排泄や食事の介助等において見事な技術をもち，名人芸かと思わせる人もいる。しかしその知識や技術というのは長年の経験と勘で得たものが多く，独り善がりな考えや特異な手法で介護していることもある。社会福祉の専門家には常に知識・技術・価値が要求されるが，それらは科学的で客観的かつ普遍性，一貫性のある論拠に基づいていなければならない。社会福祉基礎構造改革，介護保険の実施等にみられるよ

うに社会福祉および介護福祉の分野においては今，大きな転換期にあることは誰もが承知している。新しい提案や施策が矢継ぎ早に提示され，またそれにつれ，町の書店には社会福祉の専門書とりわけ介護関係の書物が所狭しと積まれている。読むべき書物も多く，職場内での研修，あるいは自治体や社会福祉協議会主催の各種の研修，また常日頃，同僚同士の建設的な批判によって新たな気づきをする等，研鑽を積む機会と場はいくらでもある。

　しかし，介護を必要とする人に専門的サービスを提供するには知識・技術に精通しているだけでは十分ではない。要介護者の自己決定，自己実現，自立を支援するうえで，どの制度・施策や技術の活用が必要であるかを利用者の側に立って専門家として判断せねばならない。そのために洞察力が求められる。洞察とは，現実を正しく知り，見つめ，さらに見通すことである。可能なサービス，有効なサービスの提供に努めねばならず，現実を無視し，できもしないことを判断の要素に入れるようなことがあってはならない。それと同時に介護福祉士には豊かな感性が求められる。感性とは相手が何を考え何を望んでいるかを受け止める能力をいう。予断や偏見あるいは色眼鏡を通して判断したりこだわりをもって見ることなく，要介護者の気持ちをあるがままに感じ取り，心を分かち合う共感的理解のできる感性が求められる。

　介護福祉士が自分一人の責任で介護サービスを行うことも少なくないが，同僚や他職種とのチームワークのなかで展開されることも多い。それゆえ提供されるどのサービスにも責任回避は許されず，いつ，どのような立場にあっても専門家としての責任が問われることを承知していなければならない。

3　プライバシーの保護

> （プライバシーの保護）
> 3　介護福祉士は，プライバシーを保護するため，職務上知り得た個人の情報を守ります。

　医師にしろ弁護士にしろおよそ人とかかわる専門職にとって，職業上知り得た秘密や情報を他に漏らしてならないことは職業倫理の大原則である。介護関係は信頼関係から成立する。プライバシーを侵したり，秘密や情報を漏洩することは利用者との信頼関係を根底から損ねてしまう。ことに在宅サービスは利用者の生活の場で展開される。介護を必要とする人の居宅でサービスが提供されるのであるから，援助者はその家庭の日常生活のすべてを知る立場に居合わせることになる。たとえば微妙な家族の関係やその家庭で使用されている調味料やお米の品種から什器の善し悪しに至るまで知ることができる。しかも援助や介護の場が密室になりがちなので，介護関係における信頼を得るうえからも，秘密保持について援助者は細心の注意を払わねばならない。しかし，プライバシーや秘密はかなりの注意を払っていても漏れることがある。またなぜか人は他人のプライバシーや秘密を知りたがるものである。人の噂話の輪に加わって，ついポロっと個人の情報を漏らすことが日常にある。しかし専門家は世俗にまみれてはいけない。悩みをもった人が教会で神父の前で懺悔し心の平安を得るのも，決して神父から秘密が漏れないという信頼感があればこそであろう。
　本来倫理規定は，援助者の良心に問いかける自律的側面をもっているが，秘密保持義務は法律（社会福祉士及び介護福祉士法第46条）でも定められており，他律的な国家権力により，違反者は1年以下の懲役または30万円以下の罰金に処せられる。しかも知り得た秘密は家族にも漏らしてはならず，この義務は介護福祉士を引退した後でも科せられているほど重いものである。

4　総合的サービスの提供と積極的な連携，協力

（総合的サービスの提供と積極的な連携，協力）
4　介護福祉士は，利用者に最適なサービスを総合的に提供していくため，福祉，医療，保健その他関連する業務に従事する者と積極的な連携を図り，協力して行動します。

　新しい介護システムである介護保険の主眼の一つは福祉・医療・保健のそれぞれが別々に担っている介護サービスを一元化することにあった。寝たきり高齢者の問題を考えたとき，寝たきりにならないように「予防 (prevention)」に努めるのは保健の分野の仕事であり，病状が進み「治療 (cure)」が必要な場合においては医療が，さらに老人ホームや居宅で「世話 (care)」を要する場面では福祉が受け持つことになる。介護に関するニーズはますます複雑多岐にわたり専門性が求められている。利用者に最適なサービスを提供するには関連する他職種の従事者との横断的な協力・連携は欠かせない。これまでは，縦割り行政といわれるように，福祉，医療，保健が互いに連絡や情報交換もせず，それぞれがばらばらにサービスを提供していた。そのため多くの援助者が必要となり無駄なお金も使ってきた。これからは利用者にとって一番よいサービスを，無駄なく有効に提供せねばならない。社会福祉の分野でもソーシャルワーカーとケアワーカーというように専門化が進み分化されようとしており，まず福祉分野からの連携・協力からはじめる必要があるかもしれない。

　医療，保健といった他職種の専門家と目的を共有し協力し合って一定の目的を遂行していくことを「協働」という。福祉，医療，保健のサービスを総合的に提供するために，それぞれの実務担当者で構成されている市町村の「高齢者サービス調整チーム」や，高齢者や障害者の自立支援を支えるための連携の手法としてのケアマネジメントの必要性・有効性を高めるためにも多職種間の協働・連携を欠くことはできない。介護福祉士が誕生した頃は一部の間では看護助手的な存在としての認識しかもたれていなかった。介護福祉士は独立した介護の専門職として他職種と協働・連携してサービスを提供するのであるから，

高齢者サービス調整チーム
介護等を必要とする高齢者にかかわりをもつ各市町村の担当者，具体的には福祉事務所の老人福祉指導主事，保健師，医師等医療関係者，在宅介護支援センター職員，社会福祉協議会職員，老人ホーム職員，ホームヘルパー，民生委員等で構成され，連絡体制をつくって定期的に会合を開き，高齢者のニーズや各種サービスの問題点を把握し，横断的協力のもとに困難なケースなどについて具体的な処遇方策を検討し実施する。

ケアマネジメント
☞ 123頁参照。

誇りをもち，研鑽を積み専門性を高め，医師や看護師，保健師と対等な関係で良質なサービスの提供にあたらねばならない。

5　利用者ニーズの代弁

> （利用者ニーズの代弁）
> 5　介護福祉士は，暮らしを支える視点から利用者の真のニーズを受けとめ，それを代弁していくことも重要な役割であると確認したうえで，考え，行動します。

　介護福祉士は，利用者がどのような状況下にあり，人間らしい日常生活を営むうえでどのような介護サービスを望んでいるかを的確に把握しなければならない。日本国憲法はすべての人々に「生命，自由及び幸福追求に対する権利」（第13条）を，また「健康で文化的な最低限度の生活を営む権利」（第25条）を保障している。すなわち，自らの生き方を自分の意思で決定し自立した人間らしい人生を送る権利を有している。そのためには必然的に各種の社会福祉サービスを利用する必要が生じてくる。社会福祉にかかわる諸権利を総称して「福祉権（welfare rights）」という。社会福祉基礎構造改革や介護保険の実施にともない，契約による福祉が本格化すると，各種の福祉サービスを自分の意思で選択・利用せねばならなくなる。権利としての福祉，あるいは契約に基づく福祉は，サービス利用者と提供者の対等な関係を前提としている。しかしながら現実には，専門家集団で構成される行政や事業者のほうが情報も豊富で，介護サービスの事情に明るく利用者側は受け身の立場におかれがちである。自己の意思でサービスを選択して利用するといっても，福祉サービスの整備，拡充につれ制度や施策が複雑になり利用者の理解を妨げていることもある。痴呆性高齢者や知的障害者にあってはなおのことである。利用者のニーズに対応するサービスがあるのにそれを知らなかったり，提供されたサービス内容や方法が不十分な場合にも，利用者から苦情や要望の声はなかなかあがってこない。介護福祉士は，利用者のためのアンテナ，レーダーとしての役割を担いそれらの声をよく聴き，福祉に関する権利を代弁

し回復することに努め，必要な行動をとらねばならない。権利の代弁，回復あるいは弁護機能をアドボカシー（advocacy）という。契約をもととする介護保険と権利擁護とは車の両輪の関係にあり，意思表示が十分にできず，契約に馴染めない痴呆性高齢者や知的障害者には「成年後見制度」や「地域福祉権利擁護事業」で対応することになっている。介護福祉士もまた，この制度や事業に対する理解を深め，有効に活用されるよう支援する必要がある。

成年後見制度
☞ 174頁参照。

地域福祉権利擁護事業
☞ 174頁参照。

6　地域福祉の推進

（地域福祉の推進）
6　介護福祉士は，地域において生じる介護問題を解決していくために，専門職として常に積極的な態度で住民と接し，介護問題に対する深い理解が得られるよう努めるとともに，その介護力の強化に協力していきます。

社会福祉基礎構造改革に基づき2000（平成12）年6月から施行された社会福祉法は，第1条で「地域における社会福祉の推進を図る」ことを社会福祉共通の基本的姿勢とし，さらに第4条（地域福祉の推進）で「福祉サービスを必要とする地域住民が地域社会を構成する一員として日常生活を営む」こと，「社会，経済，文化その他あらゆる分野の活動に参加する機会が与えられるように」と明記し社会参加とノーマライゼーションに基づく社会福祉をめざすことを謳っている。地域福祉を推進し支えるのは行政機関や各種の福祉施設，さらには介護保険実施にともない活発に福祉サービスを展開している事業者等があり，それらすべての協力・参加が必要であるが，なんといっても地域住民の参加・協力を欠くことはできない。高齢者や障害者が抱える介護問題を地域に住むみんなの問題として受け止め，相互に連携し支え合う「共生の社会」の実現が21世紀に求められている。地域の特性，実情，風土に合った福祉を築き地方分権が進展する時代にあって，地域住民の意識や行動がその地域の福祉を変えるといっても過言ではない。介護を必要とする人が，地域で自立して生活を営むことができるよう必要な援助を行うにはホームヘルプサービス，ショートステイ，デイサー

社会福祉法
☞ 173頁参照。

ビス等の在宅福祉サービスの拡充が要求される。その際にも介護福祉士には，地域福祉，在宅福祉の中核的な推進力として，地域住民に介護問題に関する現状や課題についての啓蒙に努め，ともに手を携えて課題解決に取り組むための協力と理解を深める務めがある。社会福祉はそもそも2人の人間が助け合うことから始まり，それが社会的な広がりをもち，人々がともに生きようとする社会的営みのなかで展開されるものである。相互に依存し支え合わなければ社会生活を営むことはできないし，共生の社会も実現できない。

7　後継者の育成

（後継者の育成）
7　介護福祉士は，すべての人々が将来にわたり安心して質の高い介護を受ける権利を享受できるよう，介護福祉士に関する教育水準の向上と後継者の育成に力を注ぎます。

　介護を必要とする人は，いつでも，どこでも安心して，しかも質の高い介護を受けられることを願っている。これまでの措置制度に基づく介護サービスは，行政から受動的に与えられるという感覚から抜けきれず，ややもすれば恥辱感を与えがちであった。それが契約をもとに各種の福祉サービスを選択して利用するしくみになり，ようやく介護を受けることが権利であるとの認識が深まってきた。介護を受ける権利の意識が浸透するにつれ当然のことながら介護を支える専門家たる介護福祉士にも期待と要求が高まってくる。周知のように高等学校卒業以上の者で，厚生労働大臣の指定する養成施設を卒業した者および3年以上介護等の業務に従事し，介護福祉士試験に合格した者が，登録を受けて介護福祉士となることができる。2000（平成12）年現在で介護福祉士資格取得者数は，21万732人（養成施設9万417人，国家試験12万315人）であるが，養成施設も大学，短期大学，専門学校さらには保育士養成施設の専攻課程等数種ありその教育年限，教育内容についてもさまざまである。マンパワーがある程度確保でき，質の高い介護サービスの提供を望む声が高まるにつれ介護福祉士養成の教

育水準のさらなる向上をはかる必要に迫られている。国家試験の合格率は2000（平成12）年で48.3％であり，社会福祉士の29.0％と比較するまでもなく比較的これまでは人材確保の目的から高い合格率であったが，これからは質の高い人材を輩出できる内容の試験内容が検討されるであろう。

　一度取得した国家資格としての介護福祉士の資格は，自ら登録を取り消すか，関係する法令に違反しないかぎり生涯にわたり取り上げられることはない。それゆえ資格にあぐらをかくことなく，介護福祉士に求められる「知識・技術・価値」を高めるよう日々の研鑽を積み上げねばならない。社会福祉基礎構造改革が進展し新しい視点や制度を理解せねば専門家としての役割は果たせないであろうし，市場原理が導入された契約による福祉のもとでは介護サービスを必要とする人々のニーズを満たせないような介護福祉士は取り残されやがて淘汰されていくであろう。

参考文献

レヴィ，C. S. 著，ヴェクハウス，B. 訳『社会福祉の倫理』勁草書房，1983年。
西尾祐吾編『社会福祉の基礎（改訂版）』八千代出版，1998年。
全米ソーシャルワーカー協会編『ソーシャルワーク実務基準および業務指針』日本ソーシャルワーカー協会（相川書房），1997年。
仲村優一監，日本ソーシャルワーカー協会倫理問題委員会編『ソーシャルワーク倫理ハンドブック』中央法規出版，1999年。
岡本千秋・小田兼三・大塚保信・西尾祐吾編著『介護福祉学入門』中央法規出版，2000年。
川村隆彦『価値と倫理を根底に置いたソーシャルワーク演習』中央法規出版，2002年。
星野一正『医療の倫理』岩波書店，1991年。
髙野範城『社会福祉と人権』創風社，2001年。

第 5 章

介護福祉の機能と役割

第1節　介護福祉の機能

1　コミュニケーション

（1）　コミュニケーションとは

　人はそれぞれ皆独自の存在である。それぞれの親によりその生を受け，異なった経験を経て育ち，その結果として価値観，信条，関心，欲求などは，他者と異なる独自のものとなる。望んでいること一つをとってみても，他者とは異なった独自の要求をもっている。そのような私たちが社会で生きていくためには，経験を共有することが必要となり，これを可能にするのがコミュニケーションである。

　また，コミュニケーションとは，単なる「おしゃべり」ではない。「コミュニケーションの時間」という表現がなされることがある。デイサービスセンターや特別養護老人ホームなどの実習で，「コミュニケーションをとってきてください」と，実習生が実習担当者に言われる。いわゆる介護業務などの合間に，ちょっと時間が空いたようなときに，このような指示が出ることが多い。そこで，実習生は以前から気になっている，あるいは話しかけて相手になってくれそうな人のところへおもむいて，コミュニケーションをとろうと試みる。近づいて，話し始める。挨拶をして，いざ話題というと困ってしまう。何をどう話せばよいのか見当がつかない。なかには入居者のほうから気を遣っていろいろと話してもらうという実習生すら出てくる。ところが，入居者の話している内容が，実習生にはとても理解できない。それでも相づちを打っていると，入居者にとっては，聴いてもらっていると感じたのか，同じことを長々と繰り返す。やがて時間が来て，挨拶をしてその場を立ち去る。話が通じたと感じて意気揚々と引き揚げてくる実習生もいれば，疲れ果てて戻ってくる実習生もいる。このような「コ

ミュニケーションの時間」が多いようである。それはそれで，入居者とのかかわりをもつ機会としてはよいのではあるが，その「おしゃべりの時間」だけで，「有意義なコミュニケーションの時間であった」とか，「うまくコミュニケーションがとれなかった」などという理解は果たして正しいことであろうか。

　コミュニケーションとは，かかわりを可能にする方法である。介護福祉士と利用者とのかかわりは，介護という具体的な業務を通じて成立させなければならない。すなわち，日常の介護業務のプロセスにおいてこそコミュニケーションが必要となるのである。介護の場面において，介護福祉士が利用者に言葉をかけ，利用者の真に求めるもの，真に必要なものを提供していくためには，コミュニケーションは不可欠のものである。ただし，そういったコミュニケーションを成立させる機会の一つとして，特に利用者とのかかわりがまだ不十分な実習生に対して，「コミュニケーションの時間」を設定することは必要であろう。そのことを実習生に説明したうえでの，コミュニケーションの時間でなければならないことはもちろんである。

（2） コミュニケーションの方法

　コミュニケーションには，二つの方法がある。一つは，言語的なコミュニケーションであり，もう一つは非言語的なコミュニケーションである。言語的コミュニケーションとは，話し言葉・書き言葉によるものである。自分の伝えたい内容を，言語という共通の記号に変え，音声・文字などにより相手に伝える方法である。これは，抽象的な事柄をも相手に伝えることができる便利な方法である。しかし，私たちは「言葉を選びながら」話していたり，都合が悪いと判断したときには「言葉を濁してしまう」のが常である。すなわち，言語的コミュニケーションは，常に意識され，どちらかといえば「タテマエ」となってしまうことが多い。

　それに対して，非言語的コミュニケーションとは，身振り・手振り・口調・表情などにより，相手に伝える方法である。「つい，手が出てしまった」「思わず言葉を荒げてしまった」「顔がこわばった」などということがあるように，無意識的な伝達手段であることが多い。非言語的コミュニケーションは，その人の感情など「ホンネ」を表現する。たとえば，利用者が，おずおずと目を伏せて，遠慮がちに，「私はあな

たに介護してもらって満足しています」と言ったとするとき、「この利用者は果たして満足していないのではないか」と思ってしまうだろう。利用者は、意識のうえでは『そう言わなければ、次から面倒をみてもらえない』と思っているから、言葉ではそのような表現をするが、本心では『このようにしてくれたらもっとよいのに』と感じており、それが表情や声の調子に現れてきたと判断するのが妥当であろう。

　利用者に対して意図的にかかわらなければならない介護福祉士は、このような非言語的コミュニケーションについての深い理解が必要である。なぜならば、高齢者のなかには、自分の思いを言葉で表現できない人が少なからずいる。それも耳が聞こえない、言葉が発せられないなどの理由により表現できない人や言葉の意味が理解できない人も多い。そのような人々にとって、非言語的コミュニケーションは非常に重要な意味をもつものである。寝たきりで、ほとんど意識がないとみられている高齢者の手を握って話しかければ握り返してくるといったことはよく知られていることである。そのような利用者に対して、介護福祉士は、たとえ聞こえなくても声かけを行うとともに、微笑みかけ、手を握るなどの働きかけが大切である。また、実際の介護の場面においても、介護福祉士の手の添え方一つが、利用者の心に大きく影響することもある。

　また、これらの障害がなくても、介護を受けているということそれ自体に対して、「恥ずかしい」とか「申し訳ない」とかの意識をもっている人も多く、自分の要求を述べることに抵抗を示す人もいる。このような場合にも、言語的コミュニケーションでは、表現しにくいことが、非言語的コミュニケーションとして現れてくることが多い。介護福祉士は、コミュニケーション障害がないといって、その人の言葉を言葉どおりに受け取ることだけでは不十分であることを忘れてはならない。

(3) 「きく」ということ

　介護過程については、後ほど詳しく述べるが、ひとまず利用者と介護福祉士とのかかわりのプロセスとしておこう。そのプロセスは、コミュニケーションによって展開されていく。かかわりを意図的に展開し、援助する役割と責任を担う介護福祉士にとって大切なことは、利用者に話しかけることよりも、むしろ利用者の声を「きく」というこ

コミュニケーション障害
コミュニケーションができない状態を意味するが、要因にはいろいろなものがある。聴力障害や言語障害、言語の違いなどによる場合は、比較的その原因が明確にとらえられるが、理解力、価値観、社会的背景の違いから引き起こされる場合には、「通じていない」ことが理解されず、後になって問題を引き起こすことがある。

とである。すなわち，さまざまな理由により，自己を表現できない，あるいはうまく表現できない利用者が，何を訴えようとしているのかを「きく」ことである。

一般に「きき方」には三つの形態があると言われる。すなわち「訊く」「聞く」「聴く」の三つである。

まず「訊く」という字に表されるきき方である。これには，相手に質問するという意味あいがある。訊くことによって，利用者について詳しく知ることができるが，訊問という言葉があるように，どちらかというと相手を厳しく問いつめるということになる。利用者からみれば，言いたいことも言えないといった緊張感を押しつけられることとなる。

次に「聞く」というきき方がある。普通「きく」という字はこれである。一般的な意味であるが，正しくは「言語・声・音などに対し，聴覚器官が反応を示し活動する」の意味であり，どちらかというと「何となく聞こえてくる」のであり，「聞き流す」「聞き間違える」ということにも通じる。利用者からすれば，一生懸命訴えていても，果たして通じているかどうかについての不安感を与えることとなる。

最後に「聴く」というきき方について検討しよう。「注意して耳にとめる」「傾聴する」という意味であり，聞くに比べて積極的なきき方である。カウンセリングの場面でも，このきき方が基本となっている。利用者がどのようなことを言ってこようとも，まずは耳を傾けて利用者の言葉を聴きとるのである。介護福祉士として，最も大切な態度であるといえよう。

たとえ具体的な介護業務の最中であっても，利用者に対してはこのような聴き方でなければならない。その内容が込み入った事柄であったり，利用者の内部にある重要なことである場合には，そのときは「そのお話は後ほど聴かせていただけますか？」と返し，後でじっくりとその訴えに耳を傾けることが必要である。そのことによって，利用者は「この人は，私のことを本当に気にかけていてくれる」という安心感をもつようになるだろう。

耳を傾けて聴くということは，介護福祉士自身の人生観・価値観などにとらわれることなく，介護福祉士自身の先入観や評価基準で利用者を審判することでもなく，まずは心を真っ白にして聴くことである。この聴き方を習得するには，相当の時間と努力を必要とするが，援助専門職として，どうしても身につけておかねばならないことである。

傾聴
耳を傾けて聞くという意味であり，介護福祉士として利用者にかかわる際の基本的な態度の一つである。ただし，聴きっぱなしではなく，利用者の気持ちを整理し，利用者に返すなどの技法も必要となってくる。

カウンセリング
心理学の専門的訓練を受けたカウンセラーによって行われる，適応など心理学的な問題を抱えているクライエント（援助を求めている人）に対する個別的・直接的な援助過程をいう。カウンセリング場面における傾聴は，まずクライエントを受容するという必要から基本的な態度とされる。

2 観察

(1) 観察の意義

　介護過程が，利用者と介護福祉士との人間的なかかわりのプロセスであるとしても，それを展開していく責任は介護福祉士の方にあることは当然のことである。介護福祉士は，利用者の訴えに耳を傾け，利用者が真に必要とすることへの支援をしていかなければならない。しかし，利用者の訴えは時として，利用者自身の自立を損ねることであったり，不必要なことであったり，反対に必要なことが訴えられていないこともある。介護福祉士は，そのことを十分理解したうえで，介護を実践していかなければならない。そのためには，事実を正しく把握することである。ここに観察の意義がある。

　観察とは，事実を理解するために注意してよく見ることである。介護過程における事実とは，支援を必要としている利用者の生活全体の実態であり，事実を観察することによって介護過程のすべてが決まるといっても過言ではない。この意味では，利用者の訴えに耳を傾けて聴くことも観察に含まれる。

(2) 観察のポイント

　事実を観察するということは，傾聴と同様に，介護福祉士自身の人生観・価値観・先入観や評価基準にとらわれることなく，あることそのままを観ることである。それでは，利用者の何をどのように観察すればよいであろうか。ここでは，身体面，生活面，心理面の三つに分けて具体的に考えていこう。

① 身体面の観察

　利用者の身体的な側面について正しく把握することは，介護福祉における生活支援の基本であるといえる。介護を必要とするようになった理由の根源を把握するためには，利用者の身体のどこに異常もしくは障害があるのか，それはどのような状態なのかなどについて，常に観察していなければならない。ときとして，利用者自身が気づいていないこともあるが，それを利用者に知らせるかどうかということの前

に，事実をとらえることが大切である。さらに，介護を必要とする利用者の場合，常に生命の危機に直面しているということもあるので，一日の生活の流れという時間的変化についても正しく把握することが必要である。

　直接利用者にかかわる時間の長い介護福祉士は，常に身体面での観察も怠ってはならない。利用者と出会ったとき，まず，声をかけながら，「顔色はどうか？」「どこか前と変わっているところはないか？」「排泄は？」「苦しそうな，つらそうな表情をしていないか？」などについて，さりげなく，しかも入念に観察し，もし，異常が見つかれば，直ちに医療関係者への連絡が必要となる。そのためにも記録・報告は欠かすことができない。また，医療関係者からその利用者に関する情報を収集し，正しく把握しておかねばならない。

② 生活面の観察

　身体的な側面における異常や障害は，利用者の行動に重大な影響を及ぼす。たとえば，転倒して足を骨折すると，たちまち日常生活に困難をきたす。外出することはもちろん，トイレに行くことも，入浴することも，家のなかでのちょっとした移動すら一人ではできなくなり，生活上のさまざまな制限が起こってくる。この状態が続くと，食欲にも影響を及ぼし，ひいては他の病気を発症したり，ついには寝たきり状態になる状況さえ引き起こしかねない。そうなると，その人の生きがいそのものにも支障をきたし，さらには痴呆症などによる思考や感情の混乱が出てくるとなると，日常生活そのものに支障をきたし常に危険にさらされるようになる。

　介護福祉は，生活障害の状況に関して，利用者を支援することである。したがって介護福祉士は，特にこの生活面における観察が最も重要なこととなる。すなわち，日常生活動作のどの部分は自立しているのか，自立していないとしても少し手を貸すだけでできることなのか，全面的な介助が必要なことなのか，今は自立できていても将来介助が必要となるだろうことへの予見等，介護福祉士は利用者の日常生活のあらゆる面における観察を欠かすことができないのである。

　介護福祉士は，利用者の日常生活全般について，絶えず観察を続けていなければならない。しかもその観察は，利用者とのかかわりのなかで行われなければならない。自然界での野鳥観察などのように，観察するという意味は，ともすれば隠れてそっと見ることと受け取られ

ることもある。しかし，介護福祉における観察とは，第三者として，利用者から離れたところで，利用者をじっと観察しているということではなく，介護業務という具体的な日常の生活支援のなかでこそ観察されなければならないのである。

③ 心理面の観察

　人の心は，一人ひとり独自のものである。すなわち，心理面においては，人それぞれに異なっており，たとえ身体面，生活面において同じような様相が観察されていたとしても，それが人に及ぼす心理的影響はその人によってすべて異なる。まさに，十人十色である。少々発熱していても，それほど苦痛を感じることなく，平気で起き上がり，日常生活に支障のない人もいれば，大きな苦痛を訴え，一日中寝床に伏せっていなければならない人もいる。

　また，デイサービスセンターなどでグループにおけるレクリエーション活動が行われているのを，仲間に加わらず少し離れたところから見ている人がいるとする。その人は，なかばイライラしながら見ており，口のなかで何事かつぶやいていたり，グループのなかに笑い声がわき上がると，腹立たしそうな表情を見せたりする。その人から少し離れたところにもう一人グループを見ている人がいる。その人は，ニコニコと微笑みながら見ており，グループの笑い声に合わせて自分も声を出して笑ったり，グループの歌声に合わせて口ずさんでいたりもする。前者はグループに入りたくても入れない人で，グループに入れるよう何らかの援助が必要であるかもしれない。それに対して，後者はグループに入らなくても見ていることだけで満足できる人であるかもしれない。このような判断は，グループに入っていない人を，単にグループから孤立していると見るのではなく，その人の表情・しぐさなどを細かく観察することによって可能となる。

　これらの例は，利用者一人ひとりが独自の生活歴を経てきた結果として，現在の態度や行動があるということのあらわれなのであり，その人の食べ物の好みから，趣味や関心事，対人関係のあり方，人生観・価値観にいたるまで，その人独自のものとしてとらえていく必要があるが，そのためにも観察は重要なことである。

3　介護過程の意味するもの

　介護過程とは，何度も述べてきたように，利用者と介護福祉士との人と人としての対等なかかわりのプロセスである。しかし，一般的に介護過程という場合，ともすれば利用者は特に，ときには介護福祉士ですら，利用者の残存機能の維持と向上をめざした，身体的な面での介護という意味に理解し，さらには，介護福祉士だけが展開していくプロセスのように受け取っていることが多いのではないだろうか。その結果，利用者は介護福祉士の指示に従うことを余儀なくされるように感じてしまっている。言い換えれば，介護福祉士主体の介護過程のようになってしまっているのではなかろうか。

　しかし，介護福祉の本来の意味は，人間の尊重を基本とし，利用者の日常生活そのものに視点をおいた全人的介護である。すなわち，人間的なかかわりという場合，介護福祉士と利用者とが対等の立場で，利用者の生活を支援することであり，この意味では介護福祉士と利用者との「介護関係の展開」ということもできる。すなわち，介護福祉士と利用者との，介護という行為を通じた一連のかかわりである。

　ここで，かかわりということについて考えてみよう。私たちは，誕生の瞬間からその一生を終えるその瞬間まで，絶えず他者と何らかのかかわりを保って生きている。ここでいうかかわりとは，単に関係があるということだけでなく，人と人との全人格的なぶつかり合いを意味している。このかかわりには，無意図的なかかわりと意図的なかかわりがある。前者は，家族や友人とのかかわりに代表されるように，お互いにかかわっていることを意識せず，自然のうちに行われているものである。それに対して後者は，援助専門職とその対象者とのかかわりである。

　かかわりは，援助者の側からは意図されたものであるが，利用者の側にはそのような意図はない。利用者にとって介護福祉士は，サービスを提供してくれる人であり，生活を支援してくれる存在であるが，利用者からのかかわり方は無意図的である。利用者には，介護福祉士に対して「お世話してもらっている」という気兼ねや遠慮があり，ときには，介護福祉士は生活全般を支配する存在なのである。

　一方，介護福祉士はサービス提供の専門職として，意図的にかかわらなければならない。このかかわりには，利用者の人権擁護も含まれ

ることを忘れてはならない。介護福祉士としてのかかわりとは，介護という具体的な業務を通して利用者とかかわるということである。しかし，日常生活動作にかかる主として身体的な支援ももちろんであるが，社会的側面への支援，心理的側面への支援も忘れてはならない。むしろ，これらの側面への支援のほうが重要であるともいえる。すなわち，利用者の現在の生活状況，経済状況，家族の状況，地域との交流状況等は，利用者の生活について非常に重要な意味をもち，それらへの支援を含んだ介護過程を展開しなければならない。

4 介護過程の展開

　介護過程について，これまで展開過程の基礎となるコミュニケーションと観察，その意義についてみてきたが，具体的にはどのように展開されていくのであろうか。ここでは，(1)開始，(2)実践，(3)評価の3段階に分けて考えていくこととしよう。

(1) 開　始

　利用者が，介護サービスを受けることになり，介護計画が作成され，介護担当者が決定される。介護福祉士は，介護計画にそって，直接利用者とかかわり，介護サービスを提供していくことになる。

　介護過程は，利用者と介護福祉士との出会いから始まる。介護福祉士は，介護過程の開始に際して，利用者との人間関係をつくり上げることが必要である。利用者には，介護サービスを受けるにあたっていろいろな思いがあるだろう。生活を支援されることにより，苦痛が軽減されるという期待と，果たしてどのような人が来てくれるのか，信頼できる人だろうか，うまくかかわっていけるだろうか等の不安とが入り交じり，アンビバレントな状態にある。まずは，そのような状況から利用者を解放することを行わなければならない。

　介護福祉士は介護業務を通じて利用者とかかわるのであるから，介護計画に基づくといっても，実際の介護について独自の計画を立てることが必要である。そのためにはまず，利用者の状況について介護福祉の視点から観察し，情報を収集する。また，介護を必要とするにいたった問題がどこにあるのか，いわゆるアセスメントを行い問題点を

介護計画
介護を始めるとき，まず行われなければならないことは介護計画を立てることである。すなわち，利用者の心身の状態を検討・評価し，利用者にとって必要かつ望ましい介護が行われるために欠かせない作業である。従来，特別養護老人ホームなどでは処遇計画と称されてきた。今日では介護保険制度の発足によりケアプランという語が用いられている。

アンビバレント
相反する二つの感情が同時に心に宿っている状況を意味する。たとえば，新しい経験が始まるとき，それに対する期待の気持ちもあるが同時に，それに対する不安も抱えている。バランスが保たれている場合は問題がないが，あまりにも期待が大きすぎると，何かの拍子に不安のほうが強くなってしまい，利用者を混乱させる結果となる。

抽出し，それによって，介護福祉士としての具体的な介護計画を立案し，それについて利用者と話し合い，了解を得なければならない。

（2） 実　　践

　実践の段階では，介護福祉士は具体的な介護業務を通して利用者とかかわっていく。この段階が時間的にも，内容的にも最も大きな部分であり，一般的に介護という場合この段階を意味している。ここで，介護福祉士はどのようなことに留意して利用者とかかわらなければならないだろうか。

　決して忘れてはならないことは，何にでも手をさしのべることが望ましいサービスとは限らないということである。利用者は，介護福祉士が信頼できる人であると感じるとき，自分でできることであっても，必要以上に苦痛を訴え，何もかも介護福祉士にゆだねようとすることがある。甘えの表現ということもできる。介護福祉士にとっては，信頼されている何よりの証拠として受け取られ，つい手を差し出してしまう。また，利用者が，介護福祉士を試すために無理難題をもちかけることもある。その場合に，介護福祉士は防衛的になり，過度なサービスを提供してしまいがちである。しかし，そのことは果たして利用者に対する真の援助であろうか。利用者の状態がどのような状態であろうとも，生活の困難を解決するのは，利用者自身であり，介護福祉士がむやみに代行することでは解決できない。

　この意味で「見守る」こともまた介護福祉士にとって大切である。利用者が何とか自分でやってみようと思い，おぼつかない動作で動いていて，時間がかかるということが予測されても，手を出さずハラハラしながらもそっと見守ること，この姿勢が大切なのである。介護福祉士が手をさしのべるタイミングは，第一に危険回避である。また，利用者がどうしてもできないこと，それを利用者自身が成し遂げることで，疲労につながることが予測できる場合などである。利用者が成し遂げようと努力している側で，言葉と態度による励ましも必要なサービスなのである。

(3) 評　　価

　評価は，介護段階の終わりにのみ行われるものではない。利用者の状況，生活障害の状況は，時間的に長い短いの違いはあっても絶えず変化している。変化のあるなしにかかわらず，客観的かつ冷静な評価は，繰り返し行われなければならない。評価は，介護計画の達成度，生活問題の解決に対して行われ，次の段階の介護計画に結びつけられなくてはならない。また，利用者や家族が真に満足できているかどうか，当事者の声にも耳を傾けることが必要である。

5　介護過程の管理

　介護過程の各段階について考えてきたが，介護過程は，開始→実践→評価という3段階が一巡して終わるものではない。変化に伴い新たな介護計画が作成され，新たな段階が始まる。介護過程はいわばスパイラル（螺旋）状に繰り返され，刻々変化していくものである。

　この介護過程を管理することも介護福祉士の大切な役割であり，その責任を負っている。各段階は，必ずしも順番に生じてくるものとは限らない。利用者との望ましい関係は刻々と変化していくものであるし，介護の内容も変化していく。これらの変化は，評価によって確認され，新しい介護計画が作成されていくのであるから，評価は常に行われなければならない。

　評価が常に正しく行われているということは，介護過程が適切に管理されているということでもある。すなわち，介護過程は今どの段階にあるのか，提供されているサービスは利用者の真の生活支援に結びついているのか，問題になることはないのか，あるとすればどこからその問題は生じているのか，解決の方法は，次の段階への移行の見通しは等々，常に介護過程の全体を見通しつつ，今の介護サービスを充実させていくという姿勢が大切である。

第2節 介護福祉と社会福祉援助技術

1　社会福祉援助技術の意義

　介護という行為そのものは，誰がしても許されるものであり，多くの人はある程度までの介護を行うことができる。しかし，専門職としての介護福祉士は，国家資格のもとに，その行為を実践していかねばならない。介護福祉士の業務は，単なる介護ではなく，介護福祉という福祉専門職としての業務でなければならない。援助専門職のための専門的技術が社会福祉援助技術であるが，元来はソーシャルワークとして，主としてアメリカから導入されたものであり，わが国の介護福祉においてもその多くが必要な技術といえるので，まずはそれらについて一通り検討しておこう。

2　直接援助技術と間接援助技術

　援助技術は，利用者に対して直接にサービスを提供する技術としての直接援助技術があり，それはさらに，①個別援助技術と②集団援助技術とに分けられる。また，利用者に直接かかわるのではないが，利用者に対する福祉サービスがより適切に実施されるための技術として間接援助技術があり，それには，③地域援助技術，④社会福祉調査，⑤社会福祉運営管理，⑥社会福祉計画，⑦社会活動が，そして関連援助技術として⑧ケアマネジメント，⑨指導助言などが含まれる。

（1） 個別援助技術（ケースワーク）

　個人や家族が抱える問題を解決していくことを援助する技術であり，さまざまな分野で適用されている。利用者の心理的な問題の解決を目的とするカウンセリングやセラピーと混同されがちであるが，ケースワークは利用者のもつ具体的な問題に目を向け，その解決をめざして援助する。具体的な問題の解決，たとえば生活保護が受けられればそれでよいというのではなく，それによって利用者自らがよりよく生きていくことができるよう，利用者自身の内面的な問題の解決にもかかわっていく。

（2） 集団援助技術（グループワーク）

　利用者の問題を解決するには，何人かの利用者でグループをつくり，グループで問題解決を図ったほうが効果的な場合もある。グループワークは，複数の利用者を一つのグループとして，ワーカーがグループにかかわる技術である。人と直接にかかわるということではケースワークと同じであるが，グループを対象としている点で，ケースワークと異なることがある。それは，プログラムの展開と，グループメンバー間の人間関係（相互関係）の展開ということである。プログラムは，メンバー間のかかわりやワーカーとメンバーとのかかわりを媒介するものとして重要なものである。人間関係では，利用者とワーカーとの1対1のかかわりだけでなく，グループのメンバー相互のかかわりが重要な要素となる。

（3） 地域援助技術（コミュニティワーク）

　人は一定の地域に集まって住んでおり，地域に住む人々の社会がコミュニティである。地域には，住民の生活を脅かすさまざまな問題が潜んでいることがある。たとえば，公害・交通問題・青少年非行などがあげられる。また他の住民は気がつかないが，孤独感にさいなまれ，不安な日々を送っている高齢者や障害者も住んでいる。さらに，特別養護老人ホームや障害者施設もやはり地域に立地している。独居高齢者や障害者が抱える数々の困難な事柄，住民全体の生活を阻害する多くの問題等について，住民が自分たち自身の問題として意識し，その

解決をめざし実際に解決していくよう働きかけ援助する技術である。

（4） 社会福祉調査（ソーシャルワークリサーチ）

　地域にどんな問題が起こっているか。その問題の本質は何か。住民が本当に求めているものは何であるのか。これらを客観的に把握していなければ，真の援助はできない。ソーシャルワークリサーチは，このような客観的な事実を把握するための技術である。社会福祉に対する問題点についての調査，住民の意識調査などいろいろな調査が行われる。方法としては，統計学的な調査方法や事例研究的な方法などがある。

（5） 社会福祉運営管理（アドミニストレーション）

　社会福祉に関する運営管理全般であるが，ここでいう管理とは，施設のハード面や財政的な管理だけでなく，社会福祉事業に携わるスタッフの業務のチェック，ニーズの充足，援助内容の検討，制度・施設などに関する評価検討を含むものである。

（6） 社会福祉計画（ソーシャルプランニング）

　福祉サービスはあくまでも利用者とのかかわりのなかで展開されるのであるが，そのことは過程のままに無計画に行われることを意味するものではない。科学的に調査され，その結果に基づいた福祉計画が立てられなければならない。ゴールドプランやエンゼルプランはその一例であり，それらを地域の実情に即して，より具体的に実現させるために，市町村・都道府県においての計画が義務づけられている。

（7） 社会活動（ソーシャルアクション）

　福祉におけるさまざまなニーズとその充足は，国民一人ひとりの生活の実態にそったものでなければならない。今日の社会において，ニーズは多様化する一方である。このような状況において，国の社会福祉施策は必ずしも国民のニーズを十分に満たしているとはいえない。そこで，住民あるいは福祉従事者による国や地方公共団体，あるいは国

民や地域住民に対して働きかける運動が必要となる。このような運動がソーシャルアクションである。

（8） ケアマネジメント

　社会福祉援助技術のなかでは，新しい援助技術で，日本語に訳されず，原語のままで呼ばれている。利用者の援助は，家事援助，介護，医療・保健サービスなどがばらばらに提供されるのではなく，生活そのものをトータルにとらえ，その視点から必要な援助がなされなければならない。特に今日のように在宅福祉が重要視されるようになってくると，ケアマネジメントの必要性はますます増大していく。

（9） 指導助言（スーパービジョン）

　ソーシャルワーカーも人間である以上，ときにはワーカー自身の抱える問題を，あたかも利用者自身の問題であるように取り違えてしまう場合もある。こういう事態はワーカー自身にはなかなか気づきにくいものである。スーパービジョンはこのような状況にならないよう，経験の豊富なワーカーが，経験の少ないワーカーの相談に乗り，ワーカーの仕事の方法，利用者とのかかわり方などについてともに検討し，もしワーカー側に問題があればそれをワーカーが解決していけるよう援助する技術である。

　以上，社会福祉援助技術について一通りみてきたが，どの援助技術にも，それぞれ専門技術としての科学的な裏づけがある。社会福祉実践の場において，これらの援助技術は対象や問題に応じて独自の展開の形をとる。介護を通じて利用者とかかわる介護福祉において，これらの技術が，そのまま当てはまるわけではない。介護福祉には独自の援助技術が駆使されるべきである。次に，具体的介護サービスを通して利用者とかかわり，利用者の生活障害を軽減するという役割をもつ介護福祉士に直接必要な社会福祉援助技術にしぼって考えてみよう。

3　生活支援における社会福祉援助技術

　介護福祉の目的は、利用者の生活障害の軽減である。介護サービスを受けている利用者にとって、生活の大きな部分は、在宅生活であれ施設入居であれ、介護福祉士とのかかわりであろう。しかしながら、特に施設で生活している利用者は決して孤独ではない。他にも同じような生活障害のある人が大勢いる。在宅生活者であっても、デイサービスセンターなどを利用していれば、そこには仲間がいる。その他にも家族や地域の人々がいる。これらの人々とのかかわりも、生活障害の軽減に必要な要素である。

　したがって、介護福祉士に求められる社会福祉援助技術は、①介護福祉士と利用者とのかかわりにおける援助技術、②利用者相互のかかわりにおける援助技術、③利用者と家族等とのかかわりにおける援助技術、④利用者の生活を支えるための援助技術に整理することができる。

（1）　利用者と介護福祉士とのかかわりにおける援助技術

　利用者と介護福祉士とのかかわりは、介護福祉の最も基本的な部分である。介護福祉士は介護を通して意図的に利用者とかかわるのであり、その基本的技術が介護技術にあることは当然であるが、福祉専門職としての視点で利用者にかかわらなければならない。ここでは、バイステックのケースワークの原則を参考にしながら、介護福祉における援助のあり方について考察しよう。

①　利用者は独自の存在である

　人は誰でもその人独自の存在である。その人独自の性格をもち、独自の生活史を経て、今ここに生きているのである。一言に生活上の困難といっても、利用者によってそれぞれ異なるものであり、ニーズも個人個人それぞれに異なっている。たとえば、着る物や食べ物に対する嗜好、趣味などの身近なことから、介護を受けることに対する意識や態度、果ては価値観・人生観などにいたるまで、すべてその人独自のものである。そのことを理解したうえでの個別的な援助が必要である。

個別化の原則は，特別養護老人ホームなどの施設においても同様である。むしろ，在宅に比べて，衣食住すべての部分で画一的な要素が多いため，より個別化の原則が守られなければならない。

② 利用者の感情表現を助ける

人間は誰しも感情をもっている。感情は，喜怒哀楽という言葉に示されるようにさまざまなものがあり，その感情を表現することにより，私たちの心は平衡を保っているが，感情がうまく表現できないときもある。私たちはどちらかというと否定的な感情に対しては，自らも否定的になり，感情そのものまでも認めようとはしないことがある。しかし，そのような場合，感情は消滅してしまうのでなく，自らの内部に蓄積され，その結果，心理的に非常に不安定な状態になってしまうこともある。

多くの利用者は，介護を受けること自体がその人にとっての屈辱となり，否定的な感情として，その人のなかに蓄積されているのではないだろうか。その結果として，必要以上に介護福祉士に対して遠慮したり，反対に反抗的な態度をとったりすることがあるのではないだろうか。利用者の感情をいかにうまく表現させるかが大切である。

③ 介護福祉士も感情をもった人間である

介護とは単なる行為ではない。介護福祉士と利用者という立場の違いはあっても，感情をもった人間と人間とがかかわっているのである。そこには人と人としての感情のぶつかりがある。介護福祉士が，援助者として利用者とかかわるとき，ともすれば自分の感情が出てくることがある。たとえば，利用者がくどくどと家族や周囲の人たちに対する愚痴を言っているとき，介護福祉士自身の家族のことを思ってしまい，利用者に過度に同情したり，反対に自分の家族の苦労を思って利用者に否定的になったりしてしまうことがないだろうか。介護福祉士は常に専門職として意識的にかかわらなければならない。利用者の気持ちに「共感」しつつも，自らの気持ちをそこに持ち込んではいけない。介護福祉士は，常に自らの感情について「意識しつつ」利用者とかかわることが必要である。

④ 利用者その人自身を受け容れる

利用者のあるがままを受け容れるという意味であるが，実際には非

共感
文字どおり共に感じるということである。しばしば同情と混同されるが，同情には憐れみの意味が込められている。一方共感とは，相手の感情を，喜びも悲しみもそのまま自分の感情として受け容れることであり，深い情緒的な結びつきが生まれる。

常に難しいことである。この意味は、行為や感情だけを受け容れるということではなく、そのような行為をしたり感情をもってしまうその人の全体を受け容れるということである。たとえば、「嫁」の悪口に同調するのではなく、そう感じているその人を受け容れることが大切である。

⑤ 介護福祉士の価値観で利用者を審判しない

人は誰でもその人なりの価値観や倫理観をもっている。利用者も介護福祉士もそれぞれ独自の価値観、倫理観をもっている。援助関係においては、ともすれば援助者が自己の価値観、倫理観で利用者をみてしまいがちである。利用者はその人独自の価値観、倫理観をもっているのだからそれを最大限尊重し、援助者自身の価値観、倫理観で利用者を決めつけてしまってはならない。

⑥ 決めるのは利用者自身である

利用者の生活は利用者自身のものであり、どのような生活を送るのかを決定するのは利用者自身でなければならない。だからといって、すべてを利用者の決定に任せきってしまうことはどうであろうか。利用者によっては、自己決定することを苦手とする人もいるだろう。また、あまり考慮せずに決定し、結果としてかえって問題が深刻になることもあり得る。利用者の選択に際し、その結果として予測されることについて十分に利用者に理解してもらい、自らが決定することを勇気づけたり、情報を与えることも必要である。

⑦ 秘密保持

利用者の生活上重大な支障のある場合は別として、利用者のプライベートな側面については決して他人に漏らしてはならない。これは、介護福祉に限らず、対人関係の専門職にとって特に重要な原則である。

（2） 利用者相互のかかわりにおける援助技術

デイサービスセンターや特別養護老人ホームにおいては、利用者はただ一人ではない。複数の利用者が同時に同じ場所にいるわけである。介護福祉士が利用者とかかわる際の留意点は前に述べたとおりであるが、利用者は介護福祉士からだけでなく他の利用者ともかかわり、お

ピア・グループ
ピア (peer) とは同僚・仲間の意味であり，援助を必要とする人たち同士の集団をいう。代表的なものに当事者の会などがある。互いにサポートし合い，生活をよりよいものにするために努力することは，個人にとっても大きな励みになる。

互いに影響を受けたり与えたりしている。ときには，介護福祉士よりも利用者同士の影響力のほうが強いこともある。最近，注目されてきているピア・グループはその典型ということができる。次の事例は，このような利用者相互のかかわりの一例である。

あるデイサービスセンターでは，毎朝到着後，バイタルチェックのときに利用者に握力計を握ってもらう。順に回していくと，ある人がいつもより高い数値を出した。スタッフが「今日はすごいですね。本当は力持ちなのですね。」と返す。それを横目で見ていた次の利用者は，いつもは渋々やっている様子だったのに，そのときは一生懸命握り，その人も高い数値が出た。

利用者相互のかかわりを援助する技術は，グループワークであり，グループでレクリエーションを行うことは，それなりに効果をみることができる。しかし，グループワークとは，必ずしもみんなで一緒に何かをすることだけではない。新しく特別養護老人ホームに入居してくる人は，同じ部屋にどんな人がいるのか，その人たちとちゃんとやっていけるだろうかと，期待と不安の気持ちをもつだろうし，迎える人も同じ気持ちで待っている。このような利用者相互のかかわりを援助するのも介護福祉士の役割である。この場合，介護福祉士は当事者全員と同時に同じ場所でかかわることもできるし，それぞれ別々にかかわることもできる。

（3） 利用者と家族等とのかかわりにおける援助技術

介護福祉士は利用者だけでなく，利用者の周りにいる家族や友人，近隣の人たちともかかわる必要が生じるときもある。先のグループワーク的な技術が活用されるが，利用者相互のかかわりとは異なり，介護する者と介護される者，生活上の困難を有する者と有しない者などという区別がある。特に利用者は家族に対して負い目を感じていることが多い。介護福祉士は，そのことを十分に理解したうえで，双方のかかわりの展開を援助していく必要がある。

また，在宅の利用者の場合，いくら十分な支援体制ができているといっても，やはり家族にかかってくる負担は大きいものである。特に，介護については知識や技術が必要となる。そのために，家族に対する介護教室を開催して必要な介護技術の習得を助けたり，家族会などで互いの悩みを分かち合う機会を設けるなど，少しでも家族の不安を軽

減するよう援助することが必要である。

（4） 利用者の生活を支えるための援助技術

　利用者の生活障害の解決は，介護福祉士によって提供される直接的な援助技術だけでは十分とはいえない。利用者が在宅生活者の場合，たとえ寝たきりであろうとも，日常生活における地域住民との交流は欠かすことができない。また施設入居者であっても，施設と地域社会との関係は決しておろそかにされてはならない。

　ある特別養護老人ホームでは，施設内ではレクリエーションのプログラムは一切行わず，入居者の出身の地域での行事，たとえば老人会などに参加できるよう送迎システムを設けたり，絶えず地域との連携が保たれるよう努力している。

　さらに，高齢化が進み，独居高齢者が増えるにつれ，生活維持のために地域ネットワークのシステムづくりも必要になる。独居高齢者の安全や生活を支えるための努力は，いろいろな工夫がなされている地域が増えてきている。たとえば，独居高齢者に対して，夕方家の前に旗を立ててもらい，翌朝取り込むことによって，その高齢者のプライバシーを侵害することなく近隣の人が安全を確認できるようにしたり，近隣住民による見回りネットワークを実施している地域などがある。

第3節 介護福祉の果たす役割

1 よりよい生き方を求めて

　人は誰しも生きていく権利を有し，憲法で保障されているが，生きていくということは自らの幸福を追求するということでもある。介護サービスを受けている人も決して例外ではない。生活を支援するということはその人の幸福追求への支援も含まれていなければならない。言い換えれば，「よりよく生きる」ための支援ということである。

　介護福祉士は，生活障害の軽減への援助だけでなく，利用者がよりよく生きていくことができるための支援もサービスのなかに含まれていることを忘れてはならない。よりよく生きるといっても，利用者のそれまでの生活を否定して，全く新しい生き方を押しつけることではない。利用者がそれまで生きてきた人生は，利用者自身のものであり利用者が変化を望まない限り，他者によって干渉されてはならない。介護福祉士は利用者の生活を第一としなければならない。

　そのためには，利用者の生活を正しく理解することである。生活歴（生活史・ヒストリー）を詳しく知ることにより，利用者のたどってきた人生の道のりを理解し，今，ここに生きている利用者とのかかわりが可能になるのである。なかには，触れてほしくない，あるいは知られたくないという部分もあろう。それを根ほり葉ほり聞き出すことは，利用者の自尊心や名誉を限りなく傷つけることになり，人権侵害につながることもある。むしろ，そのような生活それ自体が利用者の生き方なのであるということを理解し，尊重しなければならない。

　また，特に高齢者の介護に携わるとき，高齢者の生き方や考え方が，若い介護福祉士にはとても理解し難いこともある。ここに一つの事例がある。

　ある特別養護老人ホームに入居したばかりの痴呆症の女性の担当に

生活歴
生活史，ヒストリーとも称される。利用者がたどってきた生活の過程についての詳細な記録である。利用者の今，ここでの状況は，生活歴の結果であるといえるので，利用者を理解するためには，欠かせないものである。

なったスタッフ（介護福祉士）は，専門学校を卒業したばかりの若い女性であった。ホームの行事として，お花見に行くことになった。入居者はお花見を楽しみにしていることを何度もスタッフに話していた。スタッフは入居者のために，その人の持っている着物の汚れをきれいに落とし，前日までに丁寧に畳み，さて当日「○○さん，今日は楽しみにしていらしたお花見ですね。着物をそろえておきましたので，どれでもお好きなものを選んでいただけますか」と声をかけた。するとその女性は，「この施設はなんて不親切な施設なのだ」と泣きわめいたのである。若いスタッフは，何のことか全く理解できず，途方にくれてしまった。そこへ通りかかった施設長（60歳を越えた女性）が，スタッフからいきさつを聞き，「○○さん，これが一番お似合いですよ。いかがですか？」と言って，一枚の着物を差し出すと，途端に入居者は機嫌が直り，ニコニコして若いスタッフに手伝ってもらいながらその着物を着た。

　この事例の意味するところはどういうことであろうか。若いスタッフは，学校で習ってきた社会福祉援助技術の基本である「自己決定の原則」に則って女性入居者にかかわろうとした。しかし，その思いは全く通じなかった。この入居者にとって，お花見に着ていく着物はどのような意味をもっていたのであろうか。その女性にとってお花見に着ていく着物はいわゆる「晴れ着」であったと推察できる。その入居者にとって晴れ着とは，特別の日に「お母さんに着せてもらう」着物であったのではないだろうか。少々みすぼらしくても，姉のお下がりであっても，「これを着ていきなさい」と言われた着物こそ晴れ着ではなかったのか。着せてもらうことと「選べ」と言われることとはこの女性にとっては全く意味の違うことであったのだろう。

　このようなことは，戦後に生まれ育ってきた人たちにはなかなか理解できないことかもしれない。しかし，それこそがお年寄りの生きてきた道のりなのではなかったか。

　100人100通りの生活歴があり，利用者の生活歴を理解することの必要性はよくいわれていることである。しかしながら，生活歴の理解は必要条件でこそあれ十分条件とはなりにくい。なぜならば，人々は，それぞれの時代のなかでさまざまな影響を受けてきている。そこで生活文化史を理解する必要が生じる。それぞれの時代にあって共通の基盤となる社会の出来事は，そのときの人々に大きな影響を与える。生活歴はその人独自のものであるが，それに影響を与えてきた文化は共

生活文化史
それぞれの時代・社会において，人々が暮らしてきた生活様式のすべてという意味である。特に高齢の利用者とかかわる場合，若い介護福祉士にとっては理解できないことが多く，そのために起こるトラブルも少なくない。生活文化史を理解することが必要である。

通のものである。太平洋戦争を境に生活文化史は，今日とは大きく異なっている。それを理解しなければならない。

2 「生活の快」を実現する

　介護福祉の目的が，生活障害の軽減にあるとしても，軽減されるだけでよいのだろうか。もう少し具体的に「よりよく生きる」ということを考えてみよう。

　垣内芳子は，レクリエーションを「生活を楽しく，快くするための，一切の生活上の行為である」と定義している。さらに，「行為とは単に四肢の行為のみでなく，視覚，聴覚，味覚，嗅覚などと関連する行為をも含む」としている[1]。利用者の生活支援を考えるとき，この定義の意味するところは大きい。

　従来，レクリエーションは，ともすれば「みんなで，歌って，踊って，ゲームする」という感覚でとらえられてきた。レクリエーション運動は，第二次世界大戦後，職場の人間関係づくりから，学校，地域へとその領域を広め，福祉の領域においては，1987（昭和62）年の「社会福祉士及び介護福祉士法」により，介護福祉士養成の必須科目として正式に取り入れられたことで一応の目的を遂げたということができる。しかし，その内容は依然としてみんなでするゲーム・ソング・ダンスの域を脱していない。体を動かし，声を出し，大声で笑うことだけがレクリエーションというとらえられ方が伺える。個人的なレクリエーションプログラムも用意されてはいるが，どうしてもあらかじめ用意されたメニューに利用者を引き込むことが主になっているといわざるを得ないのが現状である。

　生活の快という概念は，従来のレクリエーションにとらわれず，利用者がよりよく生きていくために欠かすことのできないことである。人の生き方そのもののあり方を示しているといえる。目を覚まして，おしゃれな服に着替える。身なりを整える。食事制限があるとしても，その範囲内で，見た目にも食欲をそそる献立があり，事実おいしく，楽しく食事ができる。安全かつ四季の変化が体感できる環境がある。さらに，「今日は本を読んでみよう」「明日は久しぶりに友達に電話し

---

[1] 垣内芳子「社会福祉におけるレクリエーションの捉え方」(財)日本レクリエーション協会編『福祉レクリエーションの実践』ぎょうせい，6頁，1989年。

てみよう」「来週の日曜日には孫が来てくれる」「暖かくなったら桜を見に行きたい」等，日々を積極的に生きることこそ，生活は快となり，利用者それぞれがよりよく生きることができるのである。介護福祉士は，利用者の生活の快をいかに実現させていくかということにもかかわっていくことになる。

3 終末への不安に対する配慮

　人間は誰しもこの世に生を受けて生まれてきたからには，いつかはその生の終わりを迎える。わかりきったことであるが，終末に関しては否定的な感情をもっているのが常である。まして，重い障害をもっている人，重い病気にかかっている人には，絶えず死に対する不安・恐怖がつきまとう。その結果として，今日，生きていることに対してさえ否定的になってしまったり，他者とのかかわりを拒否し，自己のなかに閉じこもってしまうこともある。このような人に本当に必要なことは，死をどう受け入れるかということであり，そのためにも今をよりよくどう生きるかということである。

　このような人々に直接かかわっている介護福祉士は，さまざまな福祉専門職のなかでも，特に終末に対して無関心ではおれない，といって安易に取り組めるものでもない。介護福祉士自身が自らの死生観をしっかりともち，常に死について考えていることも必要であるが，ここでは，利用者に直接かかわる介護福祉士として，どのような配慮をしながらかかわればよいのかについて考えてみよう。

　不安感を抱いている利用者に対して，過度の慰めや励ましは，かえって利用者の不安を増長させたり，反感をかったりする。また，無理に気分転換をさせるということも利用者を疲労させるかもしれない。利用者からすれば，同情されているという受け止め方になったり，「やはり私はもう長くない」と思いこんでしまう結果となるのではないだろうか。むしろ，自然なかたちで，不安感を抱いている利用者本人を受け入れることがよいだろう。利用者に対して，「共感的な態度」を示すことが大切である。

　介護福祉士が利用者に対する態度としては共感的理解であるが，それだけでは利用者の苦痛を緩和し，心の支えとなるとはいえない。事前からターミナルケアやホスピスについての十分な理解をしておくこ

とはいうまでもないが，医療，保健，福祉，宗教などの連携もまた利用者を支えるための必須条件となる。したがって，それぞれの専門家による十分な合意のもとに行われるチームケアが必要である。そしてチームケアにおいても介護福祉士は，利用者の全生活の支援という立場からのかかわりが求められるのである。

参考文献

　岡本千秋・小田兼三・大塚保信・西尾祐吾編著『介護福祉学入門』中央法規出版，2000 年。

　岡田藤太郎・岡本千秋・小田兼三監『ケアマネジメント入門』中央法規出版，1996 年。

　一番ヶ瀬康子監，日本介護福祉学会編『新・介護福祉学とは何か』ミネルヴァ書房，2000 年。

第 6 章

介護福祉における
チームケアと
ケアマネジメント

第1節 全人的介護の展開におけるチームケアのあり方

1 チームケアの必然性

　介護福祉は，日常生活を営むのに支障をきたしている利用者に対し，利用者の生活における自立支援という視点からかかわるのであり，単なる日常生活動作だけでなく，心理的，社会的な側面から利用者その人の生きがいにいたるまで，すべての側面にかかわっている。この意味では，介護福祉は全人的介護であるというほうがふさわしい。

　全人的介護の主たる担い手が介護福祉士である。介護福祉士は，直接利用者とかかわり，利用者の生活のすべてにわたって，介護を通して支援する。そのため，他の関連職種と比べて，利用者とのかかわりの時間は長い。また，生活のあらゆる側面における障害や困難は，まず介護福祉士に訴えられたり，介護福祉士のほうから発見することも多い。しかし，それらのすべてについて，介護福祉士だけで解決することは不可能である。さらに，介護業務に直接関係することについても，医学的，社会的，心理的な側面が多く，それらの専門職に相談することも必要となる。あるいは，介護ではないが利用者の生活を支援するのに欠かすことのできない事柄も生じることがある。そのような場合には，その専門分野に報告し，適切な対応を依頼しなければならない。

　チームケアとは，このように関係する専門職や関係する人々がチームを組んで利用者のケアに当たることを意味する。

2　チームケアのあり方

　チームワークとは,目標や課題の達成のために,関係する人々がチームを結成し,協働していくことを意味する。もう少し詳しくみていくと,チームのメンバーは,それぞれ独自の役割を担い自己の責任を果たしていかなければならない。チームメンバー相互の関係は,職種や役割の上下関係や命令・服従関係ではなく,対等の立場で連携する。したがって,チームケアにおいても,介護福祉士をはじめとする福祉職や医療職,他の関係者が,一人の利用者のケアに対して,対等の立場で,それぞれの専門の分野から参加することが前提となる。

　施設においては,入居者の生活を24時間ケアしていかなければならず,施設スタッフの連携が必要であることはいうまでもないが,施設にはさまざまな職種があり,それぞれの専従者がおり,連携し合って利用者の支援に当たっている。それぞれの専門職の参加や情報の交換が必要である。毎朝の朝礼,申し送りなどはそのためでもあるが,利用者の状態の変化に際しては緊急の連絡も必要となる。在宅福祉においても,介護福祉士をはじめ,各種の専門職が連携し,利用者の生活を支援していくことが必要である。24時間を通しての支援体制では,複数の介護福祉士の連携も必要となる。

　チームケアの参加者は専門職だけでなく,利用者に関係のある人々も加わっているべきである。利用者の家族,近隣者,利用者の知人,ボランティアもまた利用者を十分に理解しており,その意見を聞くことも必要である。さらに,チームケアには,関係者の協議による綿密なプランが策定されなければならないが,そのプランは,決して利用者や家族の意向をないがしろにしてはならない。

第2節 他職種や関係者との連携

1 利用者とかかわる他職種との連携

　チームケアは，利用者の生活支援のために必要となるさまざまな職種，関係者の協働によって行われる。したがって，チームケアに参画する人々は，福祉関係者，医療関係者をはじめ，さまざまな人々がチームケアにかかわることになる。

　チームケアのチームは，それぞれの利用者の状況によって編成されるわけであるから，上記のすべての人々が一様にかかわるわけでもないし，上記以外の人々がチームケアにかかわることもあり得る。すなわち，利用者一人ひとりの生活状況によって，問題解決のために個別のチームが編成されるのである。さらに，状況の変化によってもチームケアのメンバー構成も変化していく。

　チームケアのメンバーとなる職種や関係者すべてについて述べることは不可能であるが，ここでは，いくつかの関係職種との連携についてみていくこととしよう。

（1） 福祉専門職との連携

　福祉事務所のワーカーをはじめ公的福祉機関の職員，社会福祉協議会などの団体職員，ホームヘルパー，医療社会事業職，生活相談員，介護職員，社会福祉協議会職員，民生委員などが，直接的あるいは間接的に利用者とかかわる。

　介護福祉は単なる介護だけではなく，利用者の生き方にまでかかわるものではあるが，介護の現場では，どうしても医療的な側面が強調されるのが現状ではないだろうか。介護福祉士はそのような現実をよく把握したうえで，利用者の人権擁護，生活支援を行わなければなら

ないが,その意味でも特に福祉関係者との連携は必要となる。

たとえば,地域における福祉ニーズは,民生委員によって発見されたり,社会福祉協議会によって,充足のためのシステムづくりが行われる。ボランティア派遣についても,社会福祉協議会のボランティアセンターと常に関係を保っておくことも必要である。さらに,障害者や難病患者の生活を支援するといった団体・グループ,地域住民による見守りネットワークなどとの連携も必要になってくる。

(2) 医療・保健専門職との連携

医療・保健関係では,医師,看護師,歯科医師,歯科衛生士,理学療法士,作業療法士,言語聴覚士,薬剤師,保健師,栄養士,鍼灸マッサージ師,柔道整復師などがかかわる。

身体的な支障が起こりやすい利用者にかかわる介護福祉士にとっては,医師や看護師との連携の必要性はいうまでもないが,介護福祉士は疾病ではなく,利用者その人の全体をみるという立場から,意見を述べることも必要である。たとえば,医師の指示に対する理解力の程度について,生活習慣についてなどは,介護福祉士が最も客観的に把握し,判断できるのである。

口腔ケアに関しても,歯科医師や歯科衛生士の助言により介護福祉士が直接行うこともあり得るだろうし,リハビリテーションでは,理学療法士・作業療法士・言語聴覚士と相談のうえ,できる範囲内のところは介護福祉士でも実施することができる。

医薬品は,高齢者や障害者にとっては特に注意が必要である。服用についての指示は,利用者の理解の範囲を超えることがある。また,視力の低下にともない,細かな字が読みづらくなったり,薬の色の見分けがつかなかったりすることもある。介護福祉士は,薬剤師の説明をわかりやすく利用者に伝える,薬剤師に対しても,利用者の状況を伝えることにより,正しい服用が可能になるよう配慮を求めることが必要となる。

また,在宅生活者の場合,どうしても食事に関して十分なケアができなくなることがある。利用者が糖尿病患者である場合などは,食事療法が必要となるが,栄養士との連携のうえで,十分な栄養管理が行われなければならない。さらに,食事をつくる場合などは,利用者の食欲を増進させるような調理法,盛りつけなどに関して,調理師との

連携も必要となる。

（3） その他の関連職種との連携

　福祉関係者や医療・保健関係者以外にも，弁護士，税理士，司法書士などは，法律に関することの相談から手続きにいたるまで，利用者の生活支援には欠かすことができない。臨床心理士，音楽療法士など各種の療法士がかかわることもある。最近，園芸療法，ドールセラピー等，さまざまな試みがなされるようになってきている。これらは，利用者の生活を活性化させるものも多く，さまざまな利用者の必要に応じて取り入れることが望ましい。

　在宅利用者にとっては，住み良い住居環境を整えることは不可欠であり，また利用者の障害の形態や程度に応じた改築，改造も必要となる。この場合は，当然のことながら建築設計士や建築士との連携が生じてくる。

2　ボランティアとの連携

　最近では，福祉関係に限らず，さまざまなボランティア活動をしている人々が地域に増えつつある。ボランティアとは，自らの意志により，社会に対して，他者に対して何らかの活動を行う人々であるが，従来ともすれば何か特別の活動をする人，奉仕の精神に満ちた「偉い人」というようなとらえられ方があった。しかし最近は，「指一本でできるボランティア」という表現があるように，誰もがいつでもボランティアとして活動するようになりつつある。たとえば，特別養護老人ホームでは，利用者に対し入浴後にコップ一杯のお茶を出す入居者と同世代のボランティア，テレビにビデオテープをセットするだけの若者のボランティアなどがいる。いずれも，誰もが簡単に取り組むことができる活動ではあるが，地道に継続していく人が増えてきている。

　一方では，世界的規模から近隣に至るまでのさまざまな規模で，専門的，組織的な活動として取り組む人々も増えてきている。たとえば，自然環境を護るボランティアは，インストラクターの資格を取り，小さな子どもたちに対しての自然観察指導から，地球的規模においての市民運動を呼びかけている。

しかし最も基本的なものは，地域における助け合いネットワークではなかろうか。すなわち，住民の住民による住民のための地域社会が形成されるためには，住民の誰もがボランティアとして参画することが必要なのである。といって，ボランティア＝素人という認識は正しいとはいえない。ボランティアにも，専門的な知識と技術を身につけることは少なくない。事実，ボランティア活動をするために，ホームヘルパー2級の資格を取る人も増えてきている。

　さて，チームケアにおいてボランティアはどのような立場で，どのような参画をしていくのであろうか。ボランティアは，もちろんのことボランティアとしての立場での参画になるのであるが，どうしても抜けている部分を補うことがまず先決となるであろう。

　たとえば，前述のような，お茶を出す，ビデオテープをセットするなどのことも有用である。しかし，ボランティアがそれを行うということは，単なるそれらの行為だけが必要なのではない。何よりもボランティアと利用者を結びつけるものは，お茶を出しながら，ビデオテープをセットしながら，その場で交わされるコミュニケーションである。他者とのコミュニケーションは，利用者にとってかけがえのないものであるし，介護福祉士にとっても，利用者とのコミュニケーションがスムーズにとれることにより望ましい介護が可能となる。しかし介護福祉士には他にも多くの業務があり，利用者が望むような形でのコミュニケーション，たとえば「おしゃべり」にだけ時間をさいてばかりいられないのが実情であろう。それにもかかわらず，利用者はそれを望んでいる。このことはボランティアなら解決できることでもある。すなわち，とかく忙しい介護福祉士に替わって，ゆっくりと時間をとって話を聴くこともボランティアなら可能となる。話をしなくても，ボランティアがそばにそっと寄り添っているだけで，心から落ち着くこともできる利用者もいる。介護福祉士にとっては，そのような利用者の状況をボランティアに伝え，その役割を分担してもらうということが必要となる。

　もちろん，会話の内容によっては，介護福祉士に伝えなければならないこともあろうし，反対に秘密のこととしておかなければならないこともあろう。いずれにせよ，介護福祉士とボランティアとの関係もまた，チームメンバーとして対等な立場でかかわることが大切なのである。

　在宅の利用者の生活を支えるためのボランティア活動には，他にも

いろいろな活動がある。たとえば, 昼食や夕食を届ける配食サービス, 利用者に代わって買い物や銀行・郵便局へ行く家事サービス, 利用者が外出するときに付き添ったり, 車で送迎などをする移送サービス等々がある。これらのサービスは, 個人的な活動というより, その地域のボランティアグループによる活動であることが多い。

　しかし, ボランティア活動は, 地道な活動であることが多く, 地道であるためにかえって情報が十分でないこともある。ボランティア活動をしたいけれどもどうすればよいのかわからないとか, ボランティアをお願いしたいけれどもどこに頼めばよいのかわからないなどの事態を生じる。このような問題を解決するのがボランティアセンターである。ボランティアセンターでは, ボランティアの紹介, ボランティアと利用者との調整, ボランティアに対する教育・相談, ボランティアグループの育成や助成等々, ボランティアに関するさまざまな活動を行っている。

　介護福祉士とボランティアとの連携で必要なことは, ボランティアのためのコーディネーションである。すなわち, 多種多様のボランティアがいても, それらがバラバラに活動しているのでは, かえって利用者の生活に支障をきたすこととなる。ボランティアのそれぞれの提供できるサービスの内容, ボランティアの特性や能力, 活動できる時間など, 利用者とボランティアをどのように結びつければ適切であるか, その調整も介護福祉士の大切な役割となるのである。

第3節 全人的介護におけるケアマネジメントの必要性

1 ケアマネジメントの意義

　ケアマネジメントとは，何らかの理由により，身体的，精神的，社会的な援助を必要とする人に対して，その人の在宅生活を維持しさらには改善していくことを目的として，各種の福祉サービスを提供するとともに，サービス提供の状況を見守っていく一連の取り組みを意味する。

　介護を必要とする高齢者や障害者は，福祉ニーズだけでなく保健や医療のニーズも併せもっていることが多い。すなわち，福祉の領域だけではなく，それぞれの専門領域からの援助が必要となってくる。ところが，従来ともすればそれぞれの領域での援助は，その専門性ゆえに領域以外のところでは適用されないことが多かった。その結果，当事者にとって本当に必要なサービスが提供されていない，提供されていたとしても，それぞれの領域で単独に行われるために，利用者に対する全人的な介護にまでは行きつかないという問題もみられた。

　このような問題を解決するためには，それぞれの専門領域における援助を調整し，連携させていくことが必要である。言い換えれば，利用者の立場から生活支援を円滑に行っていけるようなシステムをつくり上げることが必要となってくるのである。これを行う一つの手法がケアマネジメントであり，その担い手がケアマネジャーすなわち「介護支援専門員」なのである。

> **介護支援専門員（ケアマネジャー）**
> 介護保険法第79条第2項第2号で「要介護者等からの相談に応じ，及び要介護者等がその心身の状況等に応じ適切な居宅サービス又は施設サービスを利用できるよう市町村，居宅サービス事業を行う者，介護保険施設等との連絡調整等を行う者であって，要介護者等が自立した日常生活を営むのに必要な援助に関する専門的知識及び技術を有するものとして政令で定める者をいう。」と定義されており，介護保険による介護支援サービスの中心的役割を担う。

2 ケアマネジメントのプロセス

　ケアマネジメントのプロセスは，(1)ケースの発見，(2)アセスメント，(3)ケアプランの作成，(4)ケアプランの実践，(5)モニタリング，(6)評価という一連の流れでとらえることができる。以下，それぞれについて詳しくみていくこととしよう。

(1) ケースの発見

　生活支援にかかるサービスを必要としている人を見つける最初の段階である。本人や家族が機関に相談に来る場合もあるが，生活に支障をもつすべての人がやってくるわけではない。また当事者ではなく，病院や介護老人保健施設などからの連絡もあるだろうし，近隣の住民や知人，あるいは民生委員から知らされる場合もある。

　しかし，地域から孤立し，誰にも相談することができず，日々苦しんでいる人々も数多くいることを忘れてはならない。むしろ，そのような人々こそ，緊急に対処することが必要となることも多い。そのためには，地域におけるニーズが発見されるような体制づくりが必要となる。すなわち，老人クラブなどの地域にある団体，町内会などとの連携をはじめとして，ニーズを発見するためのネットワークが整備されていなければならない。また，どこへ相談に行けばよいのか，どのようなサービスが提供されるのかなどについて，住民に対する情報提供も必要である。

　一方，このような「見守り」のネットワークは，ともすれば人々のプライバシーにかかわることもある。サービスに関する情報提供は，いつでも，どこでも十分に行われていなければならないが，個人に対する情報に関しては，その人の了解を得るなど十分に配慮されなければならない。

(2) アセスメント

　ニーズに関する情報がもたらされると，それに対するアセスメントが行われる。アセスメントとは，査定や評価などと訳されるが，当事者の生活の全体，すなわち身体的，精神的，社会的な状況について把

握することである。正しく把握することにより，適切なケアプランが策定され，それにそったサービスが提供されうるのである。

情報を受け取った機関では，担当者が当事者を訪問したり，可能な場合は来所してもらって，ニーズを聴取するが，それには細心の注意が払われることが必要である。できる限り，落ち着いた雰囲気のなかで，利用者が本当に求めていることを聞き出していくことが大切である。

アセスメントには，その機関や団体によるアセスメント用紙が使用されるが，用紙を広げて，尋問していくという形をとるべきではない。そのような行為は，利用者を大いに緊張させ，その結果，必要以上に苦痛を訴えたり，逆に生活の状況を現実よりも軽く主張することもある。また，利用者が常に自らのニーズを認識しているとは限らず，訪問者の聞き取り方によって答えが変わることもある。したがって，単なる聞き取りだけでは不十分である。ニーズを把握するには，その利用者の生活全体を把握するという視点からアプローチしなければならない。

（3） ケアプランの作成

ケアマネジャーは，アセスメントの結果に基づいて，ケアプランを作成する。ケアプランとは，利用者一人ひとりのケアの基本方針とケアの内容についての，具体的な計画書のことである。ケアプラン作成には，アセスメントで得られた種々の情報が取り入れられることはいうまでもない。プラン作成に際して，ケアマネジャーは，単独で決定するのではなく，利用者とその家族とともに，ケアの基本方針と内容を決めていかねばならない。これまでの施設などにおける介護計画が，入居者以外のスタッフで行われていたこととは大きく異なる。社会福祉基礎構造改革で措置から契約へ変革された結果である。ケアマネジャーは，利用者が望んでいることを確認し，話し合いながら，達成可能な具体的目標を設定し，利用者に説明し了解を得なければならない。

目標が定まれば，達成可能な具体的ケアの内容が決定されていく。ケアマネジャーは，それぞれの社会資源について，そのサービスの内容についても十分に把握しておかなければならない。利用者にとって必要な社会資源が結びつけられ，ケアプランは完成する。その際にも，

利用者と十分に話し合い，了解を得なければならない。

（4） ケアプランの実践

　作成されたケアプランに基づいて，実際に具体的サービスが提供される段階である。利用者の在宅生活が継続されるためには，ケアプランどおりにサービスが提供されているか，それらのサービスは利用者のニーズに本当にそったものであるか，利用者に直接かかわっている各種の社会資源との連絡・調整が必要である。そのためにも，ケアの実践記録は欠かすことができない。

（5） モニタリング

　監視するという意味であるが，ケアプランで決められたサービスが適切に提供されているかどうかを見守ることである。「適切に」という意味は，提供されているサービスが利用者にとって満足のいくものであるか，過剰なサービスになっていないかなどについて見守るということである。また，利用者の生活状態も一定ではない。したがって，変化に対応したものであるかどうかについてモニタリングすることも大切なことである。
　モニタリングは，さまざまな異なった視点から行うほうが望ましい。関連する専門職がそれぞれの分野から行うことによって，サービスの適正についてより正確な判断が可能となる。またサービスの受け手である利用者や家族もモニタリングのメンバーでなければならないし，さらには地域の人々などもモニタリングに参加することにより，新たな情報を得ることも可能となる。

（6） 評　　価

　ケアの効果を評価する段階であるが，評価の資料はモニタリングによって得られた情報が使用される。利用者のニーズの充足度，満足度，サービスの効果を測定する。評価の方法は，会議によって行われるのが通常である。評価は，次の段階のアセスメントにつながり，また新しいケアプランが作成されることとなっていく。このときにも，利用者や家族もメンバーとして参加していなければならない。

3　社会資源の開発と活用

　社会資源とは，福祉ニーズを満たすために必要とされる施設・設備，資金・物資，制度，知識・技能，個人・集団など，ハードおよびソフトの総称を意味する。ケアマネジメントは，利用者の生活支援のために，各種の福祉サービスが結び合わされて展開されていく。最近では，社会資源も多様化し，実にさまざまなものができてきている。

　しかしながら，現状では，これらの社会資源が常に整備され，ケアマネジメントのために適切に活用され得るとは限らない。なかには利用者の生活の実態にそぐわないもの，コストが高すぎるもの，活用するまでに時間がかかりすぎるものなど，不都合なものもある。したがって介護福祉士は，この利用者にとっては，今の生活状況からみてここでは，どのような社会資源が活用可能であるのか，どのようにすれば活用可能となるのかについて，できるだけ多くの社会資源について正しく把握し，その活用を図らねばならない。

　また，利用者のニーズは絶えず変化し，ますます多様化していく。それに対応できるよう，社会資源自体も，利用者のニーズにそったものであるためには，常にフレキシブルであることが求められる。

　さらに，現存の社会資源ではそのニーズにこたえられない場合には，新しく社会資源を開発する必要も生じてくる。たとえば，独居で周囲の人々との関係が希薄であるといった利用者には，ボランティアによるネットワークをつくり上げるなどのことも必要となる。この場合，大きく公的な組織をつくり上げるというよりも，近隣の住民に働きかけて協力を頼むといった，インフォーマルなものも社会資源の一つである。さらに，社会資源の利用には，アクセスや費用なども大きく影響してくる。身近なところにあり，適切に活用できるように調整されなければならない。

　一方，要介護である利用者に対するサービス内容はある程度決まっている。たとえば，週1回はデイサービスセンターを利用し，そのときには入浴サービスも受けるが，もう1回は入浴車によるサービスを受ける。ホームヘルパーは週に3日2時間の訪問をし，掃除・買い物・洗濯・調理を行う。2週間に1回は訪問診療を受ける。週2回は配食サービスを受けるなどについては，基本的にどの利用者も同じようなサービスを利用しているわけである。とすると，利用者に提供できる

> **サービスのパッケージ**
> パッケージ (package) とは、ひとまとめにされたものという意味である。サービスのパッケージとは、異なった専門領域におけるサービスを一つにまとめたものである。サービスをパッケージすることにより、利用者に提供しやすくなり、コストも節約できる。もちろん、個々の利用者に応じた提供がされなければならない。

サービスのパッケージとして、あらかじめ準備しておくことにより、時間と労力が節約できることになる。ただし、パッケージを利用するといっても、パックされたものをそのままに提供するのではなく、個々の利用者のニーズに合わせた利用が可能となるよう調整しなければならないことはもちろんである。それらのサービスが、うまくかみ合い、スムーズかつ適切な生活支援が滞りなく実施されるよう配慮しなければならない。

4 ケアマネジメントにおける介護福祉士の役割

　本章では、チームケアとケアマネジメントについて考えてきた。従来ともすれば、介護といえば介護福祉士の独壇場のようにとらえられ、介護福祉士自身もそのような意気込みで利用者にかかわってきていたのではなかろうか。しかし、今日ではチームでケアに当たることが求められている。この意味では、介護福祉士もまたチームのメンバーとして、ケアにかかわるのである。以下に、このような立場における介護福祉士の役割についてまとめてみよう。

（1） 利用者の代弁者として

　忘れてならないことは、介護福祉士はやはり利用者にとって最も近いところにおり、直接かかわっている専門職であるということである。また、利用者についても最もよく把握しており、利用者もそのことを理解している。他の関係者には言いづらいことも介護福祉士には言うこともできる。

（2） 情報の伝え手として

　利用者に必要な情報を伝えるということは、当然のことであるが、利用者が情報を正しく理解しているかどうかということになると、非常に難しいことである。利用者とかかわりを多くもっている介護福祉士は、医師や看護師、その他の専門職の言葉を利用者にわかりやすく伝えることができる。また、利用者の言葉を専門職に伝えることもできる立場にいるのである。

情報の伝え手としての介護福祉士の役割は，利用者と他の専門職との間だけではなく，家族や近隣住民，ボランティアとの間の意志の疎通を図ることも含まれる。さらには，介護を要する利用者の実態，家族の負担などについて，広く社会に訴えていくことも必要であろう。介護福祉士には何よりもまず，利用者の立場に立ち，利用者の側から情報を受け取り，周囲に提供していくことが求められているのである。

（3） ケアプランのプランナー，そして実行者として

　最後に，介護福祉士はケアプランのプランナーの一人でもあり，実行者の一人でもあるが，介護福祉士独自の役割があることをもう一度確認しておきたい。すなわち，介護を通して利用者という今を生き，現実に生活している人と人間的にかかわる専門職としての役割があるということである。このかかわりは，単に介護サービスを提供するだけではなく，介護福祉の専門職としてのかかわりである。介護福祉士の役割とは，全人的介護を可能にし，実行していくことなのである。

5　ケアマネジメントの実際

　以下の事例は，利用者の人権擁護，秘密保持のために，仮名とし，多少の脚色を加えたものであることを，最初に断っておきたい。

【事例1】　ケアマネジメントのプロセス
　　　～Aさん　69歳・男性・要介護5

（1）　ケースの発見

　介護保険の発足時（2000（平成12）年4月）に，Aさんの妻が相談のため来所。半年前に突然の痙攣発作があり入院した。脳炎か脳腫瘍と考えられたが，はっきりした原因は不明である。妻は，原因をはっきりさせて治療してほしいと望み，2か所の大学病院に入院し診てもらったが結果は同じであった。退院以後痙攣はないが，発熱により2週間程度の入院が2回あった。四肢麻痺，構音障害，嚥下障害などの後遺症があり，少しでもよくなってほしいと考えている。現在は，2か月に1回の通院，近くの開業医による往診，医療マッサージを受け

ている。また，週1回の通所入浴サービスを利用している。

（2） アセスメント

① 家族の状況

　妻（66歳）と2人暮らし。子どもなし。妻は軽い心疾患があるが，日常生活には支障なし。妻の妹が近県に在住しており，月に2〜3回手伝いに来ている。

② 現在の本人の状況
- 身体障害者手帳1級
- 胃ろうによる経管栄養
- おむつ使用，尿は失禁状態で排便は定期的に下剤でコントロールしている。
- 四肢麻痺。右手を少し動かすことはできる。
- 移動も全介助であるが，車いす座位は安定している。
- 介護ベッドとエアマットを使用している。
- 肺炎や褥瘡の併発，状態急変の危険性も否定できない。
- 痰の吸引器を置いているが，使用は朝夕1回程度である。
- 体温調節ができにくく発汗が多い。
- 発語はないが，話しかけを多くしたり，車いすに座ったりすることがよい刺激になっていると考えられる。
- 妻の話しかけによって，首を振ったり，ときに笑うこともある。

③ 妻の意向

　夫はこれまでよくしてくれた。これから2人で老後を楽しもうと思っていたのに，本人も悔しいと思う。ヘルパーや他の人に手伝ってもらって，よいと思えることは何でもしてあげたい。でも，自分自身に何かあったら，どうしたらよいのかと不安である。

④ 住居環境

　2階建て，持ち家。1階に専用居室があるが廊下より1段高い造りになっている。

⑤ 経済状況

　従業員5名の自営業。夫婦で経営してきたが，現在は妻が一人できりもりしている。自宅に事務所があるために，仕事の合間に介護をすることはできる。本人の年金もあり，経済的には余裕がある。介護費用（月3〜4万円）は問題なく支払いができる。

(3) ケアプランの作成

① ニーズの把握
- 病状急変のおそれがあり，緊急時の対応を徹底する必要がある。
- 四肢麻痺のため寝返り不可。体位変換が必要である。
- 発汗が多く，清潔ケアが欠かせない。
- 入浴は全介助が必要である。
- おむつ交換や更衣について，妻の負担が大きい。

② ケアプランの作成

	月	火	水	木	金	土	日
午前							
	訪問介護	訪問介護	通所入浴	訪問介護	訪問介護	訪問介護	訪問介護
午後							

- 10:00〜17:00　訪問介護
- 11:00〜　　　通所入浴（車いす座位により送迎）
- 月（2週に1回）　開業医往診
- 2か月に1回，病院へ通院。片道30分近くかかるためリクライニング式車いすを利用し，福祉タクシーにて通院する。
- 車いすでの移動や外出が容易になるよう，また自宅入浴の可能性もあると思われるので，住宅改修について妻と話し合う予定である。

(4) ケアプランの実践

① 訪問介護は，できるだけ長い時間ヘルパーを派遣するようにして，おむつ交換・清拭・更衣・体位変換などを行う。
② 言葉かけを多くしたり，本人の調子のよいときには車いすでの散歩など，できるだけ刺激を与えるよう配慮する。
③ 痰の吸引は医療行為であり，ヘルパーは行うことができない。ヘルパーの対応としては，口腔内の痰を拭き取る。とれにくいときは口のなかだけを吸引することを妻と話し合った。
④ 住宅改修については，まず居室と廊下の段差をなくすことにし，住宅改修制度を利用する。

(5) モニタリング

① ヘルパーによる訪問介護により，妻の負担は軽減されたようにみえたが，ヘルパーがいないときは妻がすべてを行っている。
② 妻は「しんどい」「ゆっくりしたい」と言いつつも，夫の介護を他人に委ねることについてこだわりがあるのか，あるいは夫を大切にしなければならないという思い入れが強いのか，何でも自分で介護しようとする。
③ 痰の吸引ができないため，肺炎などを併発する危険性もあり，また口のなかが不潔になりがちである。
④ 訪問看護と訪問歯科診療を受けるよう勧めたが，妻は「往診してもらっているから」という理由で承諾しない。

(6) 評価・再アセスメント

3か月が経過した時点で，ケアマネジャー，3人の担当ヘルパー，妻とで話し合いがもたれ，以下のことが確認され，ケアプランを見直すこととなった。

① 本人の状況
・特別な変化はないが，容態が急変する危険性がある。
・刺激を与えることにより少しでも回復する可能性はある。
② 妻の状況
・「何としても私が夫を護らなければ」という思いが非常に強い。
・しかし「しんどい」「ゆっくりしたい」などが口癖のようになり，介護疲れが出てきていると考えられる。
③ 住居の状況
専用居室は廊下と同じ高さになり，玄関までのスロープもつけられ，車いすでの移動は容易になったが，浴室は改修されていないため，通所入浴は必要である。
④ 療養型病院について，妻と話し合ったが，病院はしっかりした納得のいくところがよいとの考えで利用には至らなかった。
⑤ 訪問看護の負担は支給額に余裕がなく，往診にも来てもらっているため，妻も望んでいない。
⑥ 介護老人保健施設のショートステイは受け入れが難しいとのことで2か所から断られている。

（7） ケアプラン(2)の作成

① ニーズの把握
- 妻の負担軽減をはかることが必要である。
- 妻の思い入れやこだわりをできるだけ軽くすることが必要である。
- 費用に関する妻の不安を軽減する必要がある。

② ケアプランの作成

	月	火	水	木	金	土	日
午前	訪問介護	訪問介護		訪問介護	訪問介護	訪問介護	訪問介護
			通所入浴		訪問看護		
午後	訪問介護		訪問介護	訪問介護	訪問介護	訪問介護	

- 月木金土日　　9：00～10：00　　訪問介護（モーニングケア）
- 月水木金土　　17：00～18：00　　訪問介護（イブニングケア）
- 火　　　　　　9：30～17：00　　訪問介護（複合・車いす座位の介助）
- 水　　　　　　11：00～　　　　通所入浴（車いす座位により送迎）
- 金　　　　　　11：00～12：00　　訪問看護
- 月～金　　　　30分程度　　　　訪問マッサージ
- 金　　　　　　訪問歯科診療（口腔ケア）
- 月　　　　　　開業医往診
- 訪問介護をできる限り最小限にとどめ，医療面のケアを採り入れる。
- 医療管理として訪問看護の導入を勧め，口腔ケアの指導として訪問歯科診療を紹介した。
- 2か月に1回の通院時，必要なときにはヘルパーも同行することとした。

（8） ケアプランの実践とその後の経過

① 朝夕の訪問介護で，清拭，更衣，おむつ交換など清潔ケアを行う。
② 週に1回は長時間の訪問介護で，本人の調子がよければ車いすによる散歩も行えるようになった。
③ 派遣ヘルパーはなるべく経験年数のある人にするようサービス事業所に配慮してもらった。
④ 2か月に1回通院している病院に相談して，併設している介護老人保健施設でショートステイの利用ができるようになった。
⑤ 浴室の改修については，居宅での入浴が可能となるよう，リフトの導入についても，妻と話し合っている。

この事例は，いわゆる老老介護のケースである。夫が急に倒れてしまい，妻が仕事と夫の介護を担っている。やり手の妻であるがために，夫を介護しなければならないという思い入れも非常に強く，妻の介護疲れと将来への不安が危惧された。ホームヘルパーの派遣を主として始めたのであるが，妻の状況は変わらず，評価・再アセスメントの段階で，夫の支援に加えて妻の介護疲れと不安の軽減が目標となり，ケアプラン(2)が作成され，実践されることとなった。現在，妻も安心して諸サービスを利用し，落ち着いてきた様子である。

【事例2】「よりよく生きる」ことへの支援
～Bさん　76歳・女性・要介護2

(1) ケースの開始

数年前から，脳梗塞のために寝たきり状態となっている夫の介護をしていた。夫の介護は，訪問入浴と訪問介護のみを利用し，一人で介護してきた。しかし，2年前から手の震えがみられるようになり，パーキンソン病と診断され，Bさんも要介護状態となる。その3か月後，自宅で滑って転倒し肋骨を骨折する。さらに3か月後腰椎圧迫骨折のために入院する。その頃，夫にがんがみつかり入院治療したが3か月後に死去した。夫のケアマネジメントを担当し，サービスを提供していた民間の事業所では，夫に引き続き，残された妻の支援をすることになる。

(2) アセスメント

① 身体・生活の状況

理解力は良好であり，視聴覚も問題がない。排泄，食事は自立しており，調理は簡単なものはできる。パーキンソン病の他に骨粗鬆症があり，今後も転倒骨折に要注意の状態である。入浴は浴槽の出入りなど一部介助が必要。立ち上がりは少し困難で，歩行は屋外では四輪歩行車（シルバーカー）を利用しているが，やや不安定なため見守りが必要。リハビリには意欲的で，散歩や買い物などよく歩くようにしている。

② 心理状況

寝たきりの夫を一人で介護してきた。ヘルパーの利用を周囲は勧めたが，「自分の役割だから」と黙々と介護していた。本人，家族とも宗教団体に入っており厚い信仰心をもっている。発病や骨折に対しても「元気になってお父さんの面倒をまたみなければ」との思いで乗り越えてきた。夫の死については長女や孫娘がよき支援者となり，それほど混乱もなく受けとめることができ，「みんながよくしてくれてよかった」と話している。

③ 住居環境

持ち家で土地のみ借りている。2階建てであるが本人が2階に上がることはほとんどない。夫が使用していた介護ベッドを使用。トイレは和式であったが，骨折後，介護保険の住宅改修制度を利用し，洋式へ変更し手すりもつけた。浴室はなく，元気な頃より長女宅の風呂を利用していた。

④ 経済状況

非課税，年金で暮らしているが，生活は十分できる。

⑤ 本人の希望

夫が見守ってくれているのでこのままここで暮らしたい。娘たちはそれぞれ独立していて自分の生活があるので，これ以上面倒はかけたくない。家にもよく来てくれるので，それだけで安心。

⑥ 家族の思い

父が亡くなったので，気分的に落ち込まないかそれが心配。機会をみつけて外へ連れ出すようにしているが，何か楽しみがあるとよいと思う。できるだけのことはしたいが，仕事があるので十分できない。いずれは一緒に暮らしたいと考えている。

（3） ケアプランの作成

① ニーズの把握
- 転倒による危険性が高いため，歩行訓練，生活環境の見直しが必要。
- 一人で外出できない。家族が通院介助をすることが難しいので困る。
- パーキンソン病による手指の振戦があり，家事が不十分。
- 自宅に浴室がないうえ，入浴に介助が必要。
- 長年介護してきた夫の死亡により，孤独感を感じやすい。

② ケアプランの作成

	月	火	水	木	金	土	日
午前			訪問介護				
午後		訪問介護		通所リハビリ	訪問介護		

- 火・金　訪問介護（買い物，散歩の援助，家事の一部援助）
- 水　　　訪問介護（通院の援助）
- 木　　　通所リハビリ

（4）ケアプランの実践と経過

　転倒による骨折のリスクを減らすことと自立を支援していくことを目標に本人や家族と話し合った。デイケアによる機能訓練と入浴の利用，ヘルパーによる通院，買い物等の外出援助，家事援助が必要と考えられた。人に気を遣う性格であり，自分から積極的に交流を求める方ではないため，サービスの利用に抵抗があるのではないかと思われたので，デイケアの見学には孫娘にも同行してもらったり，サービスをBさん本人が受け入れやすいようにした。その結果，歩行が安定し，「デイケアは楽しい，ヘルパーさんに来てもらって助かる」との言葉が聞かれるようになった。

　「よりよく生きる」ための支援ということは，従来の措置を中心とした福祉からは考えられなかったことである。しかし，人は誰もが自らの人生を生き，自らの幸せを追求する権利をもっている。その意味では，措置から契約へと，福祉システムの転換が行われた今日，「よりよく生きる」ことへの支援は，社会福祉サービスの利用者だけに限らず，すべての人々に必要なこととしてとらえられなければならない。
　しかし，何らかの理由により，よりよく生きることの追求を自分ではできない人に直接にかかわり支援する役割を担う介護福祉士は，介護を通じて，その人の人生そのものとかかわる責任を担っているのである。「介護士」ではなく「介護福祉士」といわれる根拠はここに存在するのである。

第7章

関連領域との共通性と介護福祉の固有性

はじめに──この章の内容──

　これまでの章で介護福祉とは，利用者を全人的 (holistic) にとらえる福祉の視点から，具体的な生活障害の克服や軽減をめざした機能を有する活動であると述べられた。さらに，介護福祉の専門性として，①人間と生活の理解，②観察力，③介護福祉計画の展開と評価力，④相談・助言の能力，⑤緊急および終末期ケア，⑥関連職種とのチームケア能力，⑦スーパービジョンとアドミニストレーションがあり，これらが利用者の全人介護にとって不可欠であることが述べられた。

　この章では，介護福祉の実践活動の固有性について，実践内容の関連および隣接諸領域との関係から述べることとする。介護福祉の実践活動からみると，その成立や歴史的背景，方法，価値基盤の共通性などからかかわりの深い看護やソーシャルワークを関連領域と位置づけ，それ以外に介護福祉の実践活動と関係のある諸領域として，家政や教育，保育，療育，リハビリテーション，宗教・死生学との関係について述べることとする。これらとの関連性を通し，介護福祉の実践活動における価値や視点，また援助内容における方法技術・方法論についてみることにしたい。

第1節 介護福祉活動の範囲・視点と関連および隣接諸領域とのかかわり

1 介護福祉活動の範囲と視野

　人間は誰もがいかなる個人的特性であれ、生きようとする意欲をもっている。しかし社会参加の難しい状況や日々の衣食を整えることが困難である場合、日常生活を過ごしやすくするため、また、個別的な心身の障害状態に応じて、物事を選び決め、学び遊び、体を動かすため等に対し、有形無形の援助活動が適切に提供される必要がある。単に心身の障害状態を補い代行することにとどまらず、人間として生きるための方法や手段・活動範囲を、その人の年齢にふさわしいよう考え、その人に寄り添いつつ支援することが、介護福祉に求められている活動といえる。そしてこのような活動は、第2章で述べられているように、平均寿命の延伸で慢性化した疾病とともに暮らす高齢者の増加や、障害者が心身に障害状態があっても社会の一員として認められつつあるなかから、多くの人の共通課題として求められるようになってきた。

　このように考えると、日常の生活障害によって制限される行動や社会参加を軽減・緩和する介護福祉の活動は、対象となる人々が健康で人間らしく生活できるよう周辺の物理的環境や衣食の諸条件を整えること、また利用可能な社会制度や支援となりうる社会資源の紹介・発見・開発を含んだ幅広いものである。さらに、成清美治が介護より広い概念としてのケアの語意から「利用者に対する視点を『生活技術の喪失』に限定しているのでなく、『人間の発達過程』に合わせて」子どもから成人・高齢者を含むと指摘するとおり[1]、介護福祉は児童期から老年期までが対象となる。言い換えれば、介護福祉は、ライフサイク

▶1　成清美治『ケアワーク論』学文社、7頁、1999年。

ルにわたる日常生活の援助を実践領域としており，看護・社会福祉だけでなく，家政や教育，保育，療育，リハビリテーション，宗教・死生学を関連諸領域とする。けれども，これらは専門の活動や研究領域としてそれぞれ存在しており，介護福祉の実践活動においてはいわば「借り物」の知識や価値，方法・技術といえるかもしれない。

学問としての介護福祉学は，加納光子によると「社会福祉の一領域である介護問題に焦点を当てた学問」であるが，実践領域の広がりと対応した研究領域を有しているわけではなく，関連・隣接する諸学問との重なりや共通性を有した学際的な性格を持っているという。[2]山手茂が日本介護福祉学会の設立にあたって指摘した介護福祉学の課題は，方法論の確立，それに基づく研究の推進，研究成果の蓄積と体系化であるが[3]，これらは関連・隣接諸学問との共同のもとでの発展が必要である。そのために以下，関連・隣接の諸領域との関係について確認し，介護福祉が実践から学問として体系化されていく礎としたい。

2　関連領域との関係に対する諸見解

介護福祉にはいまだ定まった定義はない。少なくとも1987 (昭和62)年に「社会福祉士及び介護福祉士法」が制定され，国家資格として介護福祉士養成が始まって以来，この資格の条文をもとに考えられてきたのが一般的だと思われる。つまり「介護福祉士の業務＝介護福祉」として理解されてきたといってよい。その養成カリキュラムに沿い両福祉士に共通の科目として介護概論がおかれたが，学問として介護学なり介護論なりが存在してきたわけでなく，ひとまずは看護概論の焼き直しとして始まった。徐々に介護の独自性なり専門性が議論される過程で，基本的には旧厚生省が定めた科目概要の範囲を基礎としてであるが，介護概論が一定の科目内容を築き上げられてきた。介護福祉士のテキストとして刊行された著作をみると，必ずしも多くの頁が割かれているわけではないが，介護福祉活動と関連領域の関係に言及されている。

▶2　加納光子「社会福祉学と介護福祉学」岡本千秋・小田兼三・大塚保信・西尾祐吾編著『介護福祉学入門』中央法規出版，139頁，2000年。
▶3　山手茂「介護福祉学と社会福祉学との関係」一番ヶ瀬康子監，日本介護福祉学会設立準備委員会編『介護福祉学とは何か』ミネルヴァ書房，115～121頁，1993年。

さらに，日本ホームヘルパー協会，日本介護福祉学会，（社）日本介護福祉士養成施設協会と介護福祉教育学会，（社）日本介護福祉士会などの研究者・実務者・養成校の組織と専門職能団体，この他にも保健・医療・福祉の関係諸学会による議論も回を重ねられている。このなかで問われつづけている「介護福祉とは何か」という課題は，同時に，関連・隣接領域との違いとアイデンティティを確認することでもある。

　以下，介護福祉と関連・隣接領域との関係に対する諸見解を概括する。介護福祉が専門的実践活動として確立されるためには，対象領域と独自の分析ないし方法論，および実践活動との密接なつながりから相応の方法技術と専門的従事者について確定することが必要である。そのうえでも，関連領域である社会福祉および看護・家政等から，主に対象領域と方法論，実践活動の方法技術について関連を整理することがまず必要である。

（1）　活動領域についての諸見解

　西村洋子はその著書『介護概論』において，実際に介護が行われている領域として福祉，家族，看護，リハビリテーション，家政学をあげて各領域から，①クライエントの世話（ケア）を中心とした場合，および②クライエントの心身障害の程度と日常生活条件からみた場合を吟味し，介護と看護が相互補完的に提供する包括的ケアのサービスを構想した[4]。ここで西村が直接的な身辺処理である①と，日常生活が営まれる状況である②とを区分けしていることは重要である。すなわち，専門的な対人援助サービスでいうところの「人―環境」「人―人間関係」等の相互作用を介護の対象としているということである。

　また鳥山咲子は，介護と家政・看護・医療との関係を，その領域と専門職とのかかわりから整理した。このなかで家政との関係について，家事援助や家事技術に偏った関連性への注目のされ方を指摘し，介護の専門性・独自性の探究において，家政とのかかわりがより必要であると述べている。また看護・医療との関係について，介護と看護がその源を同じくし，病人やけがの世話といった自然発生的な行為から看護から介護が分化したと位置づけている[5]。

---

[4]　仲村優一監，西村洋子著『介護概論』誠信書房，35～38頁，1990年。
[5]　鳥山咲子「関連する他領域・他職種との関係」成清美治・相澤譲治編『介護福祉概論』学文社，89～90頁，1997年。

一方，看護の立場からは「保健師助産師看護師法」にいう「療養上の世話又は診療の補助」が看護の活動領域として，専門性や職業的アイデンティティが形成されている。したがって，このうち療養上の世話が介護の担う領域，とするのはあまりに拙速な自己主張に思われたのであった。たとえば鎌田ケイ子は，高齢者看護が，本来看護のもつ治療（cure）とケア（care）の側面とを一体化した原点を取り戻す取り組みであるとみなしている[6]。また，「cure から care へ」といった見解も出される。岡本祐三が高齢者医療の立場から患者中心のサービスをさして高齢者「ケア」の語を用いたのは，高齢者の生活を中心とした治療から介護の重視，という意味でのケアであった[7]。

　高齢者看護と高齢者介護とを，何で，どこで線引きするかはきわめて難しい。またそもそも線引きが必要かどうか。利用者である高齢者にとって最善の利益が何であるかという視点からみたとき両者が同じ方向性を指向していったのはごく自然であったといってよいだろう。近年の地域看護の動向からみて，看護と介護が収斂ないし再統合していくという金川克子の見解[8]は，利用者を主体に据えた地域ケアのなかで，介護福祉と看護の実践活動とがあいまった「生活のなかのサービス」を端的に示している。すなわち，利用者の生活をふまえた医療サービスなり介護福祉サービスでなければ効果的とならないのである。利用者の地域生活に力点をおいた看護との関係の分析は，今後の展望を深めるうえで興味深い。

　社会福祉とのかかわりについてみるとき，加納光子は，高齢化に起因する介護ニーズの増大が国民意識の変化と社会福祉の実践領域を大きく変えたことによって，ノーマライゼーションに基づく個別的なニーズ理解と人間の尊厳への重視が進んだと述べている[9]。介護福祉の理念が，社会福祉の実践原理に集約された人権の尊重と擁護を共有するという見解はひろく認められている。たとえば相澤譲治によると，介護福祉は社会福祉の一部として，価値や倫理的基盤を同じくしつつ「介護ニーズをかかえている生活者の社会生活を支えていくため，介

---

[6] 鎌田ケイ子『高齢者ケア論』高齢者ケア出版，30～31頁，1999年。
[7] 岡本祐三『高齢者医療と福祉』岩波書店，1996年。
[8] 金川克子「看護と介護の連けいのあり方――訪問看護ステーションを例として――」第25回日本保健医療社会学会大会シンポジウム要旨，同大会要旨集，63頁，1999年。
[9] 加納光子「社会福祉学と介護福祉学」岡本千秋・小田兼三・大塚保信・西尾祐吾編著『介護福祉学入門』中央法規出版，139頁，2000年。

護福祉に関わるさまざまな制度やサービスを活用して問題解決をめざしていく」目標をめざした実践科学として一個の独立した領域とみなされつつあるという。[10]

（2） 専門職性についての諸見解

　介護福祉と関連諸領域との関係がするどく問題として現れるのは，特に専門職性と結びつきその職域やアイデンティティと分かち難いからである。ことに，介護福祉士やホームヘルパーなど介護福祉職と看護職・社会福祉職の関係は，在宅サービスの進展にともなって保健医療福祉の連携が強調されるにしたがい深まった反面，実践現場での役割分担が難しくなっている。たとえば介護保険制度における介護支援専門員は，これらの職種が共通して担っているためいずれもがケアマネジメント機能を担っているし，また，在宅介護支援センターでは保健師と介護福祉士，もしくは看護師と社会福祉士の組み合わせで職員配置がなされ，そのいずれもが相談援助業務を担っている。したがってこれら連携や協働している実情に即して介護福祉職と看護職・社会福祉職の専門性を確認する必要がある。

　社会福祉職との関係について秋山智久によると，広義の社会福祉実践方法のなかに，ソーシャルワーク（社会福祉援助技術）とケアワーク（介護福祉技術），カウンセリング・ケアマネジメントなど社会福祉関連技術，保育技術を位置づけている。ケアワークの範疇（はんちゅう）には身体介護技術・家事援助技術およびIADL中心の社会生活支援技術を位置づけて，相談援助をソーシャルワークの職務と位置づけている。また，ケアワークとソーシャルワークの間にレジデンシャルワーク（居住施設援助技術）をおいて，施設における両者の協働を位置づけたところに特徴がある。[11]また佐藤豊道は，ケアワークもソーシャルワークの一環であるとする諸見解をふまえつつ，「ソーシャル・ワーカーは，ジェネリック（generic）なソーシャル・ワークを基盤に，医療・公的福祉行政・施設（指導員）・保育・介護（寮母等）というスペシフィック（specific）な分野において，より特化された方法・技術を用いて介入

IADL
手段的 ADL (Instrumental Activities of Daily Living)と訳される。電話をかける，公共料金の支払いをする等，ADL より具体的な日常生活と結びつけて能力を考える指標。

▶10　相澤譲治「介護福祉学の構成」岡本千秋・小田兼三・大塚保信・西尾祐吾編著『介護福祉学入門』中央法規出版，105頁，2000年。
▶11　秋山智久『社会福祉実践論——方法原理・専門職・価値観——』ミネルヴァ書房，60～63頁，2000年。

（インターベンション：intervention）するというとらえかたが妥当に思われる」と述べている。[12]

　ここで社会福祉士と介護福祉士の役割関係を整理するならば，いずれもがソーシャルワークという共通基盤をもち，社会福祉士が相談援助という方法技術を用いてインターベンションしていく点に専門職性が見いだされるのに対し，介護福祉士は，佐藤のいう具体的な意味での介護技術にとどまらず，対象とする介護問題へのさまざまな方法技術を用いてアプローチするという点に専門職性があるといえる。

　看護職との関係について杉本清恵は，久保茂子の整理した看護の基本的機能である①身体的援助機能，②支持的援助機能，③環境を整える機能（環境保持），④教育的・指導的機能，⑤医療介助と調整機能をふまえ，介護福祉士と看護師の職務を法令の規定から吟味したうえ，互いの援助行為が重複することが多いと述べる。「看護においては利用者の健康面からの援助をするために看護技術を使い，介護では生存権を保障するいわゆる生活を支えていくことを中心に介護技術を提供する」と整理している。[13] また成清美治は，介護福祉をケアワークととらえ，ソーシャルワークとケアワークは広義の見方から共通基盤を有するとして相互連携関係にあり，看護とケアの関係が相互補完的とする。本来同一の対象（利用者・患者・要介護者）に対する働きかけ（ケア）であった実践が「看護領域におけるケアは患者の治療・回復的視点から」，また介護福祉（ケアワーク）は「福祉的視点から利用者の介護業務を遂行する」と区分を明らかにしている。[14]

（3）　実践領域と専門職の相互関係，介護福祉の科学化への課題

　以上みてきたように看護と社会福祉は，介護福祉と対象領域が重なり合い，かつ方法論やその基盤となる価値の共通性をもつ不可分な関係にある。これは，実践活動の領域や実践の価値基盤にとどまらず，専門職性や学問的な共通性にもつながる。専門職性については多くの先行研究もあり述べきれない部分があるが，介護福祉の専門的従事者と看護職・福祉およびそれぞれの実践領域とが，互いに独自性を確認

▶12　佐藤豊道「介護福祉の概念と枠組み」古川孝順・佐藤豊道・奥田いさよ編『これからの社会福祉⑩介護福祉』有斐閣，32～34頁，1996年。

▶13　杉本清恵「看護と介護の独自性と専門性」岡本千秋・小田兼三・大塚保信・西尾祐吾編著『介護福祉学入門』中央法規出版，114～116頁，2000年。

▶14　成清美治『ケアワーク論』学文社，10～17頁，1999年。

し合っている現状があるものの，社会福祉職とは共通基盤を有しながら用いる方法技術の差異として，また看護職とは対象である利用者の心身機能とそれによる日常活動へアプローチする視点と用いる方法技術の差異として考えることが妥当と思われる。

最後に，介護福祉の学問的確立について他領域との関連と課題をみておきたい。科学的な手続きや体系化について，看護と社会福祉が介護福祉と共有する課題は次の点があると思われる。第一に人間とその生活を対象としていること。第二に現象面を対象とする基礎科学の影響を受ける応用科学の性格があり，その現象を構成する実践として関与していること。したがって第三に，価値自由（Weltfreiheit）でありえず，学問としてはモラルサイエンスとして宗教や哲学倫理とのかかわりを有すること。▶15 第四に，法則性から現象が常に説明可能でなく，実践と対象の絶えざるかかわりによって経験から知識を演繹する取り組みが重視されること。以上の共通性からみるとき，看護と社会福祉とは実践活動および学問的な関係が強いといえるであろう。

一方，この他に介護福祉に関係する家政や教育，保育，療育，リハビリテーション，宗教・死生学は，その実践内容において共通する部分があるものの，実践面での基盤や視点・アプローチにおいて，あるいは学問的な重なりが看護・社会福祉とは異なっていると思われる。そこで，看護と社会福祉を関連領域，その他を隣接領域と便宜上区分けして，次節において介護福祉と各々の関連をみていくこととする。

▶15 価値自由（Weltfreiheit）とは M. ウェーバーが提起した概念で，事物や現象の分析考察に考察者の価値判断が含まれないことをさしている。また塩野谷祐一はモラルサイエンスに関して，「社会科学に対する個人主義的接近がモラル・サイエンスを必要とした」と指摘している。詳しくは，塩野谷祐一『価値理念の構造』東洋経済新報社，5～15頁，1984年を参照のこと。

第2節 関連領域との関係

　関連領域である看護および社会福祉は，介護福祉が何であるかを確定するために重要な関係にある。すでに前節で述べたとおり，介護福祉成立の歴史的背景に深くかかわっていること，介護福祉の実践活動が対象者の要介護という状態を理解するための知識とアプローチをこれらに依拠していること，さらに利用者の生活に共通して深い関心があり各々の領域からのアプローチがあること，である。

1　看護との関係

　看護と介護との関係は歴史的にも密接で，すでに前節でもいくつかの見解をみたとおりである。介護福祉の直接的な方法技術の大半が基礎的な看護技術を，また介護福祉の援助過程とされる介護過程も，看護過程そのままを用いて体系化が図られた。さらに重要なことは，看護師養成教育のさまざまな方法が介護福祉士養成教育，ホームヘルパー養成研修など介護福祉職の養成教育を成り立たせるうえで大いに影響してきたことである。

　先に鎌田ケイ子の見解を紹介したが，ナイチンゲールの『看護覚え書』では「看護とは現在までのところ与薬やパップの貼り方を意味するだけに限られてきた。本当は患者の生命力の犠牲を強いることは最小限度に抑えるようにしながら新鮮な空気，日光，暖房，清潔，静けさを与えること，そして食事を正しく選択し，管理することを意味すべきである」と述べられている。[16] これは看護が本来，日常生活の援助をも含めた全体的な実践をさしていたと思われる。今日の看護の実践活動は，基礎看護から医療機関における診療科目に分かれた専門医療

---

[16]　ナイチンゲール，F.，湯槇ます他訳『看護覚え書』現代社，2頁，1985年。

の診療上の補助と，病棟や外来診療・地域看護における家族や患者とのコミュニケーション，すなわち看護過程からなされる療養上の世話がある。これらの実践をふまえ学問としての看護学が体系化され，専門職教育がなされているのであるが，患者にとって，一方がより専門分化された生命の質を高める活動，他方がより全体的な患者理解をふまえた生活の質にかかわる活動である。患者の状況に応じ求められる方向性は異なっても，QOLの向上という点では一致しており，ナイチンゲールが掲げた看護のよって立つべき基盤に基づいているように思われる。

　また今日，地域看護や長期療養でも，より利用者の生活を重視した看護が展開されていることに注目しなければならない。日常生活に対する療養指導や安定した人間らしい生活リズムが成り立ってこそ，適切な医療が可能になると考えられているからである。ここから，介護福祉が果たすべき役割が見いだされるだろう。すなわち，利用者が日常生活上の活動や社会参加を妨げる疾病や障害などに対して看護がアプローチするのに対し，日常生活上の諸活動を成り立たせるために介護福祉が，一人の利用者の生活を協働しつつ支援していくと考えられる(図7-1)。両者の関係にしばしば＜連携＞という言葉を用いるが，その具体的方向としては，それ以上の関係があろうと思われる。

　さて今日，看護と介護福祉との関係について，介護福祉士の資格制度化や介護保険制度施行後の訪問介護において課題となっているのが「医療行為」にかかわる援助内容である。法律上，利用者の身体への侵入をともなうこと・取り扱う薬物の管理・処方指導については，原則として介護福祉士やホームヘルパーが行うことはできないと規定されている。しかし，在宅においては糖尿病患者や家族が医師の指導の

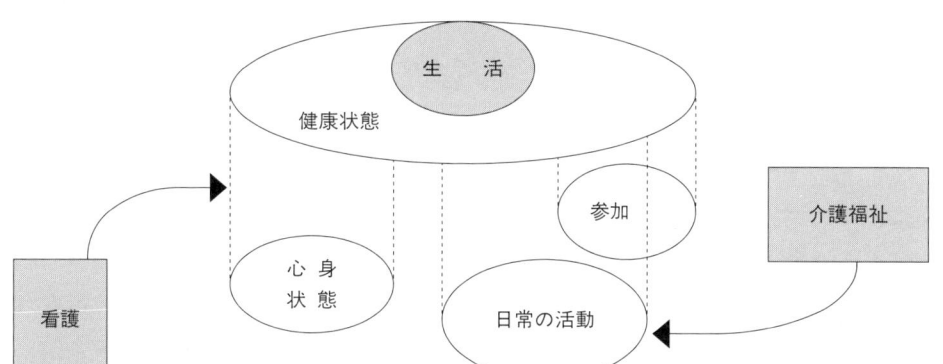

医療行為
☞ 66頁参照。

図7-1　利用者の日常生活からみた看護と介護福祉のかかわり

資料：WHO国際障害分類（ICIDH-2）β2案，1999年をもとに筆者が作成。

もとインシュリンの自己注射を行ったり喀痰が難しい重度の虚弱状態にある利用者への痰の吸引などは，家族等によって行われることが一般的である。その一方，家族からは介護福祉士・ホームヘルパーへ依頼がなされるものの，対応できないのが現状である。

医療行為の範囲を規定してきた疾病構造は変化し，保健師助産師看護師法制定当時に看護の役割とされた「診療の補助」「療養上の世話」は今日大きく意味を変え，看護と介護福祉の役割を問い直すべき時期にある。看護職はより高度・濃密な医療を必要とする状態へのアプローチから，また介護福祉は日常化した療養生活へのアプローチを通して，ともに利用者の生活に密着した役割を協働して築いていくべきであろう。

2　社会福祉との関係

わが国で介護は社会福祉制度のなかで，また家庭で主に女性のアンペイドワーク（報酬の支払われない労働）として長らく私事化されてきた。これは高齢化にともなう介護対策の必要が強調される以前から，障害児や障害者，また要介護高齢者の日常生活上の世話が，家庭か病院・福祉施設のいずれかしか選択肢がなかったことによる。これはすでに前章以前に述べられてきたことであるが，日常生活の障害によって社会生活が維持できず陥った生活困窮に対して，社会福祉が介護を要する人々の生活援助を行ってきたのである。

介護問題は伝統的に福祉の課題として扱われてきたことに加え，今日のように高度な医療を必要とする居宅療養患者や意志判断の困難な心身障害者や痴呆性高齢者，強度行動障害者の存在と生き方が注目されている。日々の介護を必要とするこれらの人々の人権保障や，地域社会での共生的な生活のあり方を考えるうえで，介護に福祉的視点がいっそう必要とされている。彼らの「尊厳ある依存(dependency with dignity)」を支える有形無形の社会的援助として社会福祉の役割がいっそう求められているのである。これらの歴史的文脈から，介護福祉が社会福祉の一環として，共通の理念を有することを示している。

また介護福祉の実践活動は，利用者である人々の人権尊重と，ともに暮らす家族・地域住民との関係を含めたエコロジカルな視点を常に要請されている。ソーシャルワークの原理についてブトゥリムの示し

診療の補助
法令で看護師の業務と規定される。医師の指示のもとで看護師保健師等が行う医療処置。日本では療養上の世話と並んで看護の二大業務とされるが，相対的に医療ニーズへの対応から療養上の世話より重視され，看護師の専門的実践の向上を図ろうとする考え方がある。

療養上の世話
法令で看護師の業務と規定される。患者の療養上必要な身辺介護，環境整備，指導助言など。日本では看護師の不足等から家族や家政婦が担うことも多く補助的な役割とみなされてきた一方で，ナイチンゲールの看護を重視する立場からは看護の本質的な役割と考えられている。

Z. T. ブトゥリム
Zofia T. Butrym。イギリスのソーシャルワーク研究者。日本には川田誉音訳『ソーシャルワークとは何か』(川島書店)が紹介されている。

た①人間性の尊重，②人間の社会性，③変化の可能性は，介護福祉の実践活動においても基盤であることは，改めて強調する必要はないだろう。[17] たとえ最重度の障害者であっても，その人が「価値の源泉」である人間という点において，われわれと同時代を生き社会経験を重ねる存在である。心身の障害のゆえに社会経験の機会を得られなかったとしても，社会的存在として生涯発達していける可能性をもつ存在であること，これは実践活動共通の信念といえる。介護福祉と社会福祉とはそれを実現する方法技術のバリエーションの違いはあっても，同じ人とその人の生活を対象とした分かち難く結びついた関係にある。これは介護福祉と社会福祉の実践それぞれで用いられるインターベンションに違いはあっても，基盤となる利用者への共感的理解に基づいた信頼関係を築くための技能（コアスキル）は共通であるといってよいだろう。

さらに，第3章で述べられた介護福祉の専門性をみるとき，地域社会における福祉の向上を推進していくために，介護福祉はコミュニティワークをはじめソーシャルワークの方法技術を必要とすることがあきらかである。逆に社会福祉からみるとき，個別具体的な援助活動や地域社会の福祉の向上を進めるために，介護福祉の実践活動を必要とするだろう。

とりわけ介護保険施行後，介護保険サービスと高齢者，障害者の在宅福祉サービスを進めるにあたって，在宅介護支援センター等相談援助機関が介護福祉と社会福祉，保健活動の一体的な連携をいっそう必要としていることにも，この関係が端的に示されている。

しかし介護保険制度と介護支援専門員（ケアマネジャー）の活動が進むにつれて，社会福祉の専門的活動であるソーシャルワークと，介護福祉の実践活動の関係を再確認すべき状況が生じている。これまでケアワークとソーシャルワークの関係は，社会福祉士及び介護福祉士法や理念上はある程度区分けがなされ，相互補完的であったと思われる。しかし現実には，ケアマネジメントなどをめぐって，役割・機能の重複や専門性に揺らぎがみられるようになってきた。日本社会福祉学会でも継続的な議論がはじめられたが，両者を対立的な概念とみるのでなく，基本的に同じ対象領域へ異なるアプローチを行うものと考えられる。すなわち，日常生活の障害状態に対して，人的・物的・社

> **インターベンション**
> 介入と訳される。統合ソーシャルワークでクライエント，クライエントシステムへ働きかけるアプローチを総称していう。統合ソーシャルワークはケースワーク，グループワーク，コミュニティワークと方法技術を分けず，インターベンションのバリエーションの違いとして理解する。

▶17 ブトゥリム，Z. T. 著，川田誉音訳『ソーシャルワークとは何か』川島書店，59〜66頁，1986年。

会的な環境の背景と個人の社会参加へ注目してソーシャルワーク（社会福祉の実践）がアプローチするのに対し，介護福祉の実践活動は，より個人の心身障害状態や機能から日常の諸活動に注目して社会との関係を対象としているのではないだろうか（図7-2）。

図7-2　利用者の社会生活からみた社会福祉と介護福祉のかかわり

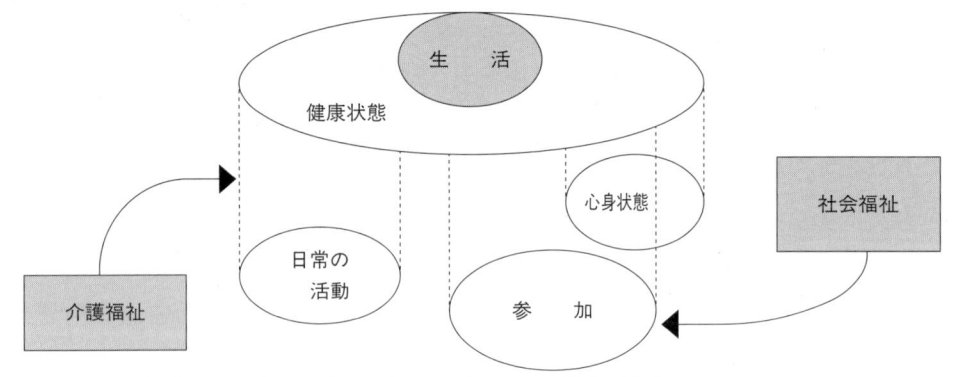

資料：WHO国際障害分類（ICIDH-2）β2案，1999年をもとに筆者が作成。

第3節 隣接諸学問との関係

1　介護福祉と隣接諸領域

　看護および社会福祉は介護福祉の概念・目標と価値基盤・方法技術を共有している。一方，介護福祉は利用者の日常生活の障害の軽減・緩和を実践していくうえで，利用者の生活にかかわる多くの専門的知識を必要とする。利用者に対して直接的な援助を行うリハビリテーションや，他の専門領域である教育・保育・療育，また日常生活の営み方にかかわる家政の専門的知識は，介護福祉の実践活動，またはその援助方法に大いに関係する。さらに，人間の死に向き合うこととして宗教や死生学にも関心が払われるべきである。介護福祉の実践活動との重なりから，これら隣接諸領域との関連性をみていく。

2　家政学との関係

　介護福祉の実践が日常生活，わけても居宅での生活をいかに成り立たせていくかをみるとき，生活学や家政学の知見に頼ることが大きい。家政学は生活そのものやその営み方に着目し，「健康で文化的な最低限度の生活」がどういうものであるか，どうあるべきかについて，日常生活に不可欠な食生活と栄養・被服・居住と環境・家庭運営，家族の養育や病人の看病等を対象としている。
　考現学を創設した今和次郎が，生活の階層的把握について先駆的なモデルを提起している。今は，衣食住が満たされて娯楽が加わり，さらにそれが満たされて教養を満たそうとすることを，市井の人々の暮らしぶりから観察し演繹した。[18] マスローの欲求の階梯とも共通する今

---

[18]　今和次郎「生活の文化的段階」『今和次郎集5』ドメス出版，23〜27頁，1985年。

グループホーム
ごく普通の家屋において家庭的な雰囲気で少人数で営まれる地域生活サービス。欧米では知的障害者や精神疾患者のために実践されてきた。日本でも知的障害者・精神障害者のほか、介護保険制度に基づき痴呆性高齢者の共同生活介護サービスとして法定事業とされ、福祉法人・医療法人・NPO法人の参入が相次いでいる。

ユニットケア
対面関係の成り立つ程度の少人数で営まれる生活集団（ユニット）を単位とした生活支援の取り組み。国の研究等では、施設職員の業務を基準にした従来の運営と対比させ、利用者主体で個別的な生活を重視した介護のあり方とされる。介護施設において近年導入が促進されている。

の考え方は、家政学が日常生活をいかに快適に過ごすことができるかを考えていく目標にも相通じるし、同時に、日常生活の障害へ取り組む介護福祉がめざすべき快適な人間らしい生活を示しているともいえる。

　介護福祉の利用者が生活習慣を獲得し、生活経験を積み重ねていくうえでライフステージに応じてどう生活を営むかは重要である。家政の視点や生活を対象としたアプローチを介護福祉の実践活動のなかでどのように展開するかが求められている。これは栄養士や住居のアドバイザーとの単なる協力だけではない。

　たとえば栄養・被服・住居からみるとき、本来的にこれらが一体的に営まれている生活が、障害者や高齢者のグループホーム、ユニットケアにおいてようやく実現しつつあるといえるだろう。衣服を整えるだけでなく季節に応じて選んだり手入れをすること、また室内や周辺の清掃手入れや換気等は、居宅での生活でごく自然に営まれている。施設介護では業務に埋め込まれ、施設利用者自身の手で営まれることはないが、これら生活の営みが利用者の生活に存在するようなサービス提供のあり方を考えていくときに、家政の知識と考え方・方法が不可欠であろう。

3　教育との関係

エリクソン
Erik H. Erikson。アメリカの精神分析学者。人間の発達をライフサイクルに立って理論化し、パーソナリティの社会的な漸成（epigenesis）を心理的のみならず歴史的文化的な面からも著している。

　人間は日々そして生涯にわたって成長発達を遂げるということは、ライフサイクル全体を通して学ぶことと不可分である。教育の方法や取り組みを生かして介護福祉の利用者が生活者として暮らしているといって過言ではない。エリクソンが示したライフサイクル上の成人期・老年期の特徴は「世話（ケア）」と「英知」である。これらは社会とのかかわりにおける世代継承的な意味がある。木下康仁が『老人ケアの社会学』で述べるように、ケアすることが世代の間をつなぐという意味を有するといった見方も、教育という点からみるとき成人の生活における世代間の知恵の継承であるといえる。[19]

　教育のアプローチから介護福祉の実践活動ならびに従事者が学ぶことは、まず日々変化していく存在として利用者をみること、そして内

---

[19] 木下康仁『老人ケアの社会学』医学書院、68〜72頁、1989年。

在する能力を信頼して自発的な変化を期待し働きかけるという点にあるだろう。

今日，教員養成課程での介護体験実習が義務化され，学校教育での統合教育の進展や，フリースクール・チャータースクールなど多様な教育のあり方が模索され，社会教育における生涯学習の機会の広まりをみるとき，教育活動の本質である「学ぶことの支援＝育む」が再確認されつつあるように思われる。単に教育を行う場をつくること運営することが目的でなく，教育が，学ぶ人の多様性を認め，それに応じた多様なアプローチを展開しているのである。

介護福祉は，このような教育の実践や動向に対し，社会に参加する利用者の支援をも視野に入れた積極的摂取をはかる必要がある。また介護福祉を，黒川のように幅広いケアワークと解する場合には，人間の成長発達における日常生活援助も対象に含まれることになる。[20]のちに触れる保育・療育との関係とともに，人間の成長過程における日常生活援助を射程とした介護福祉のあり方は今後の検討課題である。

4　保育との関係

人間発達において乳幼児から児童期の意義は大きい。社会福祉の領域で保育が目的としているのは，人間関係のなかでさまざまな感性や知恵を獲得し社会的存在として成長していくことであり，それを実践活動のなかで展開することである。また保育は，1990（平成2）年に改訂された保育所保育指針によれば，表現・ことば・人間関係・健康・環境の5領域にわたる総合的な保育内容を，各年齢に応じ適切に提供することとなっている。

介護福祉の実践活動は，これらの総合的で人間関係を重視した保育の実践に学び，ともすると要介護状態にのみ偏りがちな利用者の生活の理解を，幅広い視野から常に見直す必要がある。特に年齢に応じた支援とは，ニィリエが整理したノーマライゼーションの原理と同じ目線であることに注目すべきである。生涯発達をする存在としての利用者へ，その人の年齢にごく当然な活動や役割と社会参加の機会を提供

ニィリエ
Nirje, Bengt。スウェーデンのFUB事務局長としてデンマークのバンク・ミケルセンとともにノーマライゼーション理念を体系化，普及に努めた。現在ウプサラ大学ハンディキャップ研究センター顧問。ニィリエはノーマライゼーションの原理を，あらゆる障害のある人々は，ノーマルな1日，ノーマルな1週間のリズム，1年間のリズム，さらにノーマルなライフサイクルを体験する権利があり，個人として尊厳と自己決定権をもち，住んでいる社会の文化習慣のうえでノーマルな性的生活を営み，経済的生活水準を享受し，居住・環境水準を得る権利があるとしている（ニィリエ, B.「障害者福祉を支える理念」『社会福祉研究』第74号，1999年）。

▶20　黒川昭登『現代介護福祉論』川島書店，10〜14頁，1989年。同書で黒川はケアワークを，クライエントのニーズ充足のためになされる「身辺の世話」「(物的・精神的)支援」「関心」をあげており，その対象をいわゆる要介護児者だけに限定していない。

することは，対象とする年齢層の差はあっても，保育のアプローチに学ぶことがあると思われる。

またいま一つ，保育が適切な家族への援助をも含んでいるという点に留意すべきである。保育に欠ける子どもへのアプローチは，同時にその親と親子関係の支援でもあるからだ。近年地域子育て支援が保育所等で取り組まれている。これは文字どおり，地域社会で子育てを支援するだけにとどまらず，介護福祉の実践活動が地域社会の福祉に貢献する取り組みであるのと同様，個人や家族の生活に適切な支援を行うことが地域福祉の向上につながるということに注目したい。世代間の関係でいえば，保育が対象とする世代と介護福祉が対象とする世代は隣接し，連続している。子育てないし介護にかかわる家族への支援は，家族福祉の課題である。同時に男女共同参画が求められる今日，女性にのみ育児・介護の負担が偏っている現状を改善することにもつながっているといえよう。

5　療育との関係

戦前滝乃川学園における石井亮一の実践など，知的障害児・者に対する援助活動の取り組みは，重度の知的障害児・者への教育と発達の可能性を思想的に重症心身障害児の療育を先導した。島田療育園（現・島田療護園）を嚆矢とする重症心身障害児施設では，医療と利用者の成長発達の援助を一体的に提供する実践として，療育が形成されていった。

重症心身障害児施設での療育は，濃密な医療と日常生活における発達を提供するのであるが，そのアプローチとして次のようなものがあるだろう。
・多様な重度重複の障害状態の理解と特性に応じた集団での生活
・特有の疾患や母子分離からもたらされるストレス症状など超重症状態の解明とアプローチの開発
・日常生活のリズムの確立や重症児の可能性を開発発見するための療育プログラムの実践
・感性や感覚に働きかける試みの積極的摂取と実践
・5年，10年にわたる長期的視野からの計画に基づく実践
　また大きな特徴としては，生活経験を通した重度障害児・者を単に

滝乃川学園
石井亮一が1896（明治29）年に開いた日本最初の知的障害者児の保護・教育のための施設。セガンの感覚訓練と寮生活における生活指導を中心とした。

石井亮一
1867～1937年。立教大学時代から女子保護に取り組み，視察渡米して滝乃川学園を創設した。日本知的障害の父といわれる。

施設内の生活にとどめるのでなく、可能な限り地域社会へ参加する試みがなされていること、地域社会の在宅障害児に対する訪問活動にみられるような、医療とリハビリテーション・福祉を一体的に提供するために確立されたチームアプローチがあげられる。

近江学園、びわこ学園の創設者として知られる糸賀一雄の言葉である「この子らを世の光に」に集約される療育の目標は、日本版ノーマライゼーションとして紹介されている。しかしこの言葉の本質は、一律的な「処遇」でなく、心身の障害状態や一人ひとりの成長など個別性に応じた医療と日常生活援助（療育）が基本とされるべきであると解するのが正しい。それは、加齢に伴う生活障害への援助や、障害者の日常生活援助など介護福祉における個別性を尊重した実践活動に共有されるべき視点である。

療育は当初、主に乳幼児から児童・青年期における人間の成長過程を前提にした実践であったが、1970年代以降、入所期間の長期化による高年齢化から生涯発達の視野に立つ実践へと変わってきた。介護福祉がすでに生活習慣や社会体験を経験してきた成人を主に対象とするとみなされている点の相違はここにあろう。生涯発達という今日的な人間理解からみるとき、日常生活援助と医療の適切な協働のあり方は大いに介護福祉と関連しよう。とりわけ、高度医療管理が必要でありながら居宅生活する重症の要介護者が増加しており、看護と介護の単なる協働でなく一体的な提供はきわめて切迫した課題である。

> 糸賀一雄
> 福祉実践家。重度知的障害者の福祉を先駆的に取り組み、生涯発達論の立場から近江学園・びわこ学園の創立に取り組んだ。

6　リハビリテーションとの関係

周知のとおりリハビリテーションは全人間的復権という理念をもっており、第一次世界大戦後米国ではじめられた戦争による障害者の社会復帰の取り組みからはじまり、第三の医学といわれた。今日では、医学的なリハビリテーションにとどまらず、教育・職業など社会生活全般にまたがる適応をはかるための取り組みとして総合化されつつある。このリハビリテーションの総合化は、障害者の社会参加のための取り組みとも大いに関係し、障害の理解を広げることにも寄与している。従来の失われた能力を補ったり訓練するという方法から、障害状態によって発揮しづらくなっている能力の開発や能力を発揮しやすい物的・人的環境の整備を日常生活の援助を含め総合的に進めるという

方向へと変わってきている。

　リハビリテーションは，狭い意味で利用者のADLを改善するための機能回復訓練との誤解が一般にはなされる。しかし，今日のリハビリテーションはこれら機能回復訓練のみでなく，日常生活の営みを具体的にふまえた生活関連動作（APDL）をも含めた医学リハビリテーション，および居宅生活における社会関係や社会参加を可能にするための社会リハビリテーションや職業リハビリテーション，さらに，心身の状態に応じ生活手段や知識技能を得ていくための教育リハビリテーションなど，全人間的復権という理念に基づいたアプローチがなされている。またリハビリテーションの専門職として理学療法士（PT），作業療法士（OT），言語聴覚士（ST）がある。彼らとの協働・連携は，介護福祉の実践活動において具体的な日常生活の障害緩和・軽減を通した利用者の参加の促進を目的としたものである。

　また，1970年代に日本へ紹介されたノーマライゼーションの理念は，1980年代にはリハビリテーションにも影響を与え，今日では障害者福祉にとどまらず福祉全般における生活や対象とする問題状況の考え方に，幅広く影響をもたらした。また今日，ノーマライゼーションは社会福祉だけでなく障害や要介護状態があってもともに社会の一員であるという社会生活全般の理念としても広がりつつある。リハビリテーションや介護福祉の実践活動における個別・具体的な対応はこの日々の実践活動といえよう。

APDL
生活関連動作（Activities parallel to Dairy Living）のこと。ADLよりは広い意味の日常生活で行われる動作の一連の動き。

7　宗教・死生学との関係

　人間生活の連続として死があり，いかに生きるべきかは究極のところで「いかに死ぬべきか」という問いにつながっている。「尊厳ある依存」は，一人ひとりが尊厳ある存在として生を全うするための生き方と同時に，尊厳死というテーマをもっている。ターミナルケアが注目され，生前葬や生前遺言（Living Will）に注目が集まるなかで，介護福祉の実践活動と宗教のかかわりは残念ながら歴史的な面しか言及されていない。

　新村拓が『ホスピスと老人介護の社会史』において近世日本における看取りと宗教のかかわりを研究し，高齢者介護や看取りが宗教と不可分であったと著している。筆者は退院してきた恩師から配られた生

生前葬
余命が短い診断を受けた末期患者が自分で自らの葬式，友人や親しい人との区切りを営むこと。終末期のQOLを目的とした取り組みといえる。

生前遺言
本来の法的な遺言とは違い，延命治療の拒否を目的とした尊厳死の宣言など，主に終末期の当事者の意思を看取りや緩和ケアなどにかかわる人々へ伝えること。

前遺言としての手紙をいただき，尊厳ある死を認めることがどのようなものであるかを教わった。いただいてしばらくし故人となったが，生前の遺言は一般に普及しているものではない。

　日本におけるターミナルケアは，主に病院や施設で行われており，在宅ホスピス・ターミナルケアは数少ない。「畳の上で死にたい」という高齢者の希望がかなった場合は突然死や孤独死である場合も多く，死に対する恐れはむしろ孤独である点にあるようだ。この場合，利用者自身でなく周囲の保健・介護・医療・福祉職員や家族の不安であることも多い。介護福祉がモラルサイエンスとして「いかに死ぬべきか」をめぐる議論や理解を深めていくために，死生学や宗教との学際的交流は必要であろう。なお医療では痛みに対する研究が行われ，緩和ケアやターミナルケアの実践として取り組まれている。

在宅ホスピス・ターミナルケア
終末期におけるケアとしてターミナルケアという語が理解されている。ホスピスは本来末期患者の終末期の苦痛の緩和や生活支援を目的とした実践で患者のQOLを意図したものといえる。専門施設や病院でなくこれを居宅で実践しようとする取り組みが在宅ホスピスであるが，日本での実践例は少ないといわれる。

緩和ケア
根本的でないが患者の苦痛を和らげるケアとして，①治癒・長期の症状管理が困難な場合，②生命の量より質が優先する場合，③患者の快適さを優先する場合等に行われるケアをさし，ホスピスケアとほぼ同義。その目標は，患者が身体的，精神的，社会的に健全な状態となるよう患者を援助することである。

▶21　新村拓『ホスピスと老人介護の社会史』法政大学出版会，1992年。

第4節 介護福祉の固有性

すでにみてきた介護福祉と関連領域とのかかわりをふまえ，この節では対象となる日常生活障害について関連・隣接諸領域のアプローチと対比しつつ，介護福祉の固有性を明らかにしてみたい。

1 日常生活障害の理解

日常生活障害については，第1章で述べられているとおり，幼少であることや病気・障害さらに老齢であるといった原因から直面する，福祉的な問題状況である。これらが，日常の行動や暮らすことにもたらす諸問題だけでなく社会生活上の諸問題として広がりをもっていることに，介護でなく介護福祉の実践活動が要請される理由がある。

さて，日常生活における生活障害をみていくうえで，WHOが2001年5月に改訂した国際生活機能分類（国際障害分類改定版：ICF）が参考になる。以下，これを用いながら，関連・隣接領域との関係をまとめることとしたい。

国際障害分類は従来，機能障害（impairment）に起因し，能力障害（disability）からもたらされる社会的不利（handicap）としてとらえられていた障害状態を，個人および環境の相互作用から心身機能・身体構造，日常の活動および参加の制限として見直した。また障害というネガティブな表現を改めたところに特徴がある（図7-3）。つまり，日常生活を営むという社会参加の基礎が，個人の要介護状態だけでなく，個人をとりまく人的・物的・社会的環境との密接な関係によって大いに影響されるということである。

日常生活の営みへの単なる世話では，利用者個人の障害状態にのみ注目する。しかし，日常生活を営むという個別・具体的な介護においては，食事や排泄・入浴・更衣・移動などの日常生活動作（ADL）を

国際障害分類
ICF。2001年5月WHO総会でICIDHの全面改訂が採択。正式名称は国際生活機能分類（国際障害分類改定版）。上田によれば，障害者を支援するための共通言語を目的として，中立的な表現・環境因子を含む相互作用からの理解などが改訂の要点とされる（上田敏「WHOの国際障害分類とその改正の動向—障害概念の変遷とその実践的意義—」所収，平成12年度日本社会事業大学福祉従事者専門講座講演録）。

図7-3　ICFの構成要素間の相互作用

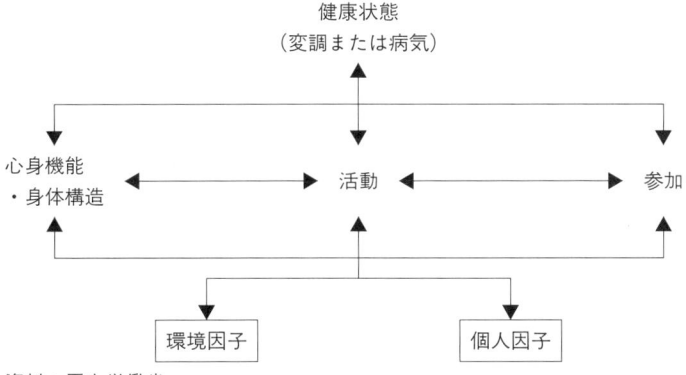

```
                    健康状態
                （変調または病気）
                      ↑
        ┌─────────────┼─────────────┐
        ↓             ↓             ↓
    心身機能                         
    ・身体構造 ←──→  活動  ←──→   参加
                      │
              ┌───────┴───────┐
              ↓               ↓
          環境因子          個人因子
```

資料：厚生労働省

可能にするうえで家具・食器・便器・室内設備など生活環境を含めた，利用者の要介護状態へアプローチしなければならない。さらに，介護福祉の実践活動として求められることは，日常生活を日常生活動作に単純化させるのでなく，利用者がその人らしい生活を営めることができるような実践活動が必要である。たとえば，手紙を書き，電話をし，自動販売機や店先で物を買い，電車やバスを使って目的地に出かけることなど，利用者それぞれに固有の生活が実現可能な手段的日常生活動作 (IADL) を含めた実践をいかに組み立てるか。介護福祉の対象とする生活障害はこのように具体化され，かつ，利用者のライフステージに応じて理解されるべきであろう。

　介護福祉の実践活動が対象としているのは，利用者とその日常生活の全体性 (holistic) であり，それをめざす全人介護の視点が求められる。言い換えればそれは，利用者に寄り添い，利用者の目線と価値を通してのみ認められる介護福祉の専門性である。大澤真幸は「老人という《他者》」という文章のなかで，ALS療養患者である高井綾子さんと介助者のかかわりを次のように紹介している。[22] 高井さんは心身の行動の大半が制限されているが，療養生活においても発明をしてきた。なかには商品化されたものもあるという。彼女が介助者と会話をする場面である。

　「筋肉が随意に動かないので，普通にしゃべることができない。最初はワープロを使った。指も自由に動かなくなると，足指で打鍵したりもした。しかし，これらの部位の筋肉も，今ではそれほど自由が効か

ライフステージ
人生の各階段，より具体的には人が一生のうちに経験するさまざまな出来事（ライフイベント）に応じて経験する諸局面をさす。長期にわたるライフコース研究等から注目されている。

ALS
筋萎縮性側索硬化症。成年後期以降に発症し，筋萎縮と線維束攣縮を主徴とする原因不明の疾患として難病指定されている。男性に多くみられる。

---

[22] 大澤真幸「老人という《他者》」『世界』2月号，120～130頁，2001年。

ない。現在用いられているのは，次のようなやり方である。この段階でも，眼球は，随意に動く。そこで五十音順にひらがなを並べた透明な板を使用する。綾子さんは，言いたい文を，文字盤のかなを目で追いながら構成する。介助者は，その目線を読み取るのである。だが，どうやったら，それほど完全に目線を読み取ることができるのか。ここで，文字盤が透明であることが意味をもつ。綾子さんは，介助者がかざす文字盤の特定の文字を見ている。介助者は，透明な板を間にはさんで，自分の目と綾子さんの目が完全に正対し，両者の「視線」が一直線になるようにする。このとき，この直線上にある文字こそが，まさに綾子さんの目が読んでいる文字なのである。この瞬間，綾子さんが見ているその当の文字を，介助者も見ている―見せられている。」

ここに述べられているやりとりは，いみじくも日常生活障害へアプローチする介護福祉の基本的な姿勢を要約しているように思われる。相手の目線に応じて，相手の動きと息を合わせなければ，介助者は意味をもたない。利用者に働きかけるだけでなく利用者から働きかけられる介助者の関係が，介護福祉の専門性を見事に表現していると思われる。

2　生活障害の緩和・軽減理論の科学的根拠

先に，看護と社会福祉が介護福祉と共有する課題として次の4点をあげた。
① 人間とその生活を対象としていること。
② 現象面を対象とする基礎科学の影響を受ける応用科学の性格があり，その現象を構成する実践として関与していること。
③ 価値と結びついた宗教や哲学倫理とのかかわりを有するモラルサイエンスであること。
④ 法則性から現象が常に説明可能でなく，実践と対象の絶えざるかかわりによって経験から知識を演繹する側面が重視されること。

要約すれば，学問としての介護福祉は，応用科学であり，モラルサイエンスとして実践に根ざした経験科学といえる。したがって，要介護状態にある人々が直面する，個別的で具体的な生活の不調和や問題を説明でき，かつ問題や不調和状態を緩和ないし軽減するための見通

しを示せるというところに，経験科学としての介護福祉学が成立する土台がある。

ふつう自然科学は一つの現象を原因に基づいて説明し，単純化した記号によって示される因果関係から法則性を帰納する。この科学モデルは具体的な出来事と原則・原理が，常に説明可能な関係にある。だから例外は理想上ありえない。しかし，経験科学ないしは人間とその生活を対象とする諸科学，また社会科学では，例外や原理・原則から演繹できる具体的出来事が膨大すぎて，常に説明が成立することはありえない。ことに社会科学が対象とする人間や生活は蓋然性がきわめて強いからである。

そこで経験科学が採用するのは，観察や働きかけることを通して人間やその生活の出来事についての関連性を抽出し，いくつかのモデルをたてて実証する方法である。介護福祉の実践活動を例にとれば，たとえばおむつ外しが可能となるのは，利用者の生活リズムが整っており，排泄のリズムがつかめ，それに応えた適切なトイレ誘導があることによって成り立つ。これは，おむつからトイレでの排泄への動機づけと心身状態，そして利用者の生活リズムに即した働きかけや環境整備が合致した場合におむつ外しが可能，というモデルが十分に説明できたことでもある。このような経験の蓄積を通して因果関係を分析することから経験科学としての対象領域がカバーでき，またそれを実践活動によって実証していくことに，介護福祉の学問としての方法論があると思われる。▶23

介護福祉の実践の科学化を果たしていくために，たとえば看護学から援用された介護過程の意義は見逃せない。介護過程は，単に問題解決モデルとして実践活動を実証するために用いられるにとどまらず，理論体系の構築にあたり，①実践活動がどのような根拠に基づいているかに必要とされているか，②実践活動とその状況を説明する命題は何でありどう演繹されるか，③命題に基づいて検証される実践活動の妥当性の蓄積からどのような指標が得られるか，という研究手続きとなるからである。安梅勅江は，専門職が自らのスキルを発揮するうえで

▶23　日本介護福祉学会では現在「介護の科学化」という課題として，熱心に研究と実践報告が重ねられている。いま一つ見落としがちであるのが介護福祉の政策とのかかわりである。関連・隣接領域に入れなかったが，政治学や行政学さらに法学とのかかわりも無視できない重要な側面だろう。介護の科学化に対比させるなら，「介護福祉の政策化」といえる。実践活動から制度の改善につながる側面は，最も社会福祉とのかかわりがオーバーラップされると思われる。

より多くの指標（ものさし）を使い分けできる必要性を指摘し，ケア実践とケア科学は車の両輪であり，それぞれ不可欠な関係にあるという[24]。逆にいえば，介護福祉の実践活動を規定する介護過程なりものさしは，関連諸学問と情報を共有し，学問として介護福祉が体系化されるうえで不可欠といえるであろう。

　繰り返しになるが，介護福祉学が対象領域とするのは，要介護状態にある利用者の日常生活である。介護福祉学はこれを「どうあるか」と理解するだけにとどまらず，その人にとって「どうあるべきか」望ましい状態をめざして働きかける，実践をともなった学問である。しかもここには，個人の「尊厳ある依存」に対する価値があり，これを前提とした倫理に基づく実践が要請されることになる。言い換えれば介護福祉学は，価値判断を伴うモラルサイエンスに属する。モラルサイエンスとしての介護福祉学がいかにあるべきか，また介護福祉と倫理の関係について，詳しくは第4章において述べられているが，個人の尊厳にかかわるこれらの課題を考えていく基礎として，日常生活障害の理解は欠かせない。

　日本介護福祉教育学会の記念講演において栃本一三郎は，歩行ができないから車いすにする（消極的介護）のでも失われたものを単に補塡する（機能的介護）のでもなく，また専門家の判断にしたがう（保護的介護）のでもない，積極的介護が今後求められる介護と述べている。積極的介護とは「変化する状態の中で自立に向けた，また本人の自己決定性を反映する形での介護こそが，今後求められる介護」であるという[25]。

　栃本の見解をふまえれば，介護福祉の実践活動は，利用者一人ひとりによって異なる生活障害という状況に対して，人間・道具・生活環境および社会関係を調整して軽減・緩和するだけにとどまらない，利用者の社会参加を支援することといえるだろう。新しい国際障害分類（ICF）に示された日常生活の諸活動を妨げる個人的・環境的要因との関連性を理解しつつ，社会のあらゆる面へ参加する機会・可能性をふまえた介護福祉の実践領域が改めて確認される。これは，栃本が積極的と表現した利用者の満足度や生活の質（QOL）など個別的で実存的なものである。

---

[24] 安梅勅江『エイジングのケア科学』川島書店，12頁，2000年。
[25] 栃本一三郎「介護福祉——ドイツと日本の比較——」『介護福祉教育 No.1』1巻1号，11頁，1995年。

科学的研究の課題として介護福祉学は，対象領域である日常生活障害の理解と，利用者となる障害児者・高齢者のライフサイクルに応じた利用者理解について，利用者一人ひとりの個別性に基づいて理解する方法論，そして個別性に基づいて専門的援助を展開・実践して評価する方法技術とが必然的に求められる。介護福祉の専門的従事者はこれらを止揚した存在として，倫理性と利用者理解を常に問われる形で専門性が求められるのである。

第8章

介護福祉にかかわる諸制度

第1節 社会福祉改革の動向

　わが国においては，諸外国のなかでも類をみない速さで少子高齢化が進んできている。都市部を中心に，核家族化の進行により従来の家族形態の変化，女性就業率の増加による就業構造の変化，その他にも財政状況の深刻化が長く続いている状況である。

　そのようななかで，国民の不安を解消し，成熟した社会・経済にふさわしい持続可能な社会保障制度を構築するため1989（平成元）年以降従来の社会保障制度が見直され（図8-1），そしてまた，社会の変化にともなう福祉需要の増大および多様化に対応するため社会福祉基礎構造改革が行われた。本節では，大きな時代背景をふまえ，最近の社会福祉改革を概観する。

図8-1　社会保障構造改革

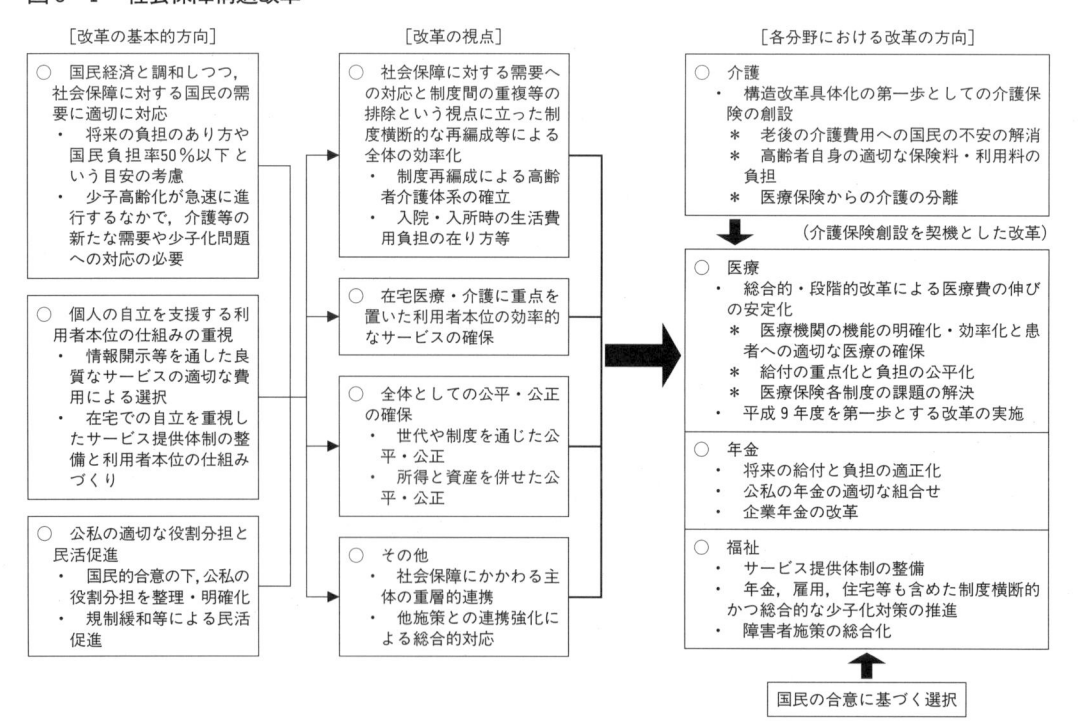

[改革の基本的方向]
- 国民経済と調和しつつ，社会保障に対する国民の需要に適切に対応
  - 将来の負担のあり方や国民負担率50％以下という目安の考慮
  - 少子高齢化が急速に進行するなかで，介護等の新たな需要や少子化問題への対応の必要
- 個人の自立を支援する利用者本位の仕組みの重視
  - 情報開示等を通した良質なサービスの適切な費用による選択
  - 在宅での自立を重視したサービス提供体制の整備と利用者本位の仕組みづくり
- 公私の適切な役割分担と民活促進
  - 国民的合意の下，公私の役割分担を整理・明確化
  - 規制緩和等による民活促進

[改革の視点]
- 社会保障に対する需要への対応と制度間の重複等の排除という視点に立った制度横断的な再編成等による全体の効率化
  - 制度再編成による高齢者介護体系の確立
  - 入院・入所時の生活費用負担の在り方等
- 在宅医療・介護に重点を置いた利用者本位の効率的なサービスの確保
- 全体としての公平・公正の確保
  - 世代や制度を通じた公平・公正
  - 所得と資産を併せた公平・公正
- その他
  - 社会保障にかかわる主体の重層的連携
  - 他施策との連携強化による総合的対応

[各分野における改革の方向]
- 介護
  - 構造改革具体化の第一歩としての介護保険の創設
  - ＊老後の介護費用への国民の不安の解消
  - ＊高齢者自身の適切な保険料・利用料の負担
  - ＊医療保険からの介護の分離

（介護保険創設を契機とした改革）

- 医療
  - 総合的・段階的改革による医療費の伸びの安定化
  - ＊医療機関の機能の明確化・効率化と患者への適切な医療の確保
  - ＊給付の重点化と負担の公平化
  - ＊医療保険各制度の課題の解決
  - 平成9年度を第一歩とする改革の実施
- 年金
  - 将来の給付と負担の適正化
  - 公私の年金の適切な組合せ
  - 企業年金の改革
- 福祉
  - サービス提供体制の整備
  - 年金，雇用，住宅等も含めた制度横断的かつ総合的な少子化対策の推進
  - 障害者施策の総合化

国民の合意に基づく選択

資料：社会保障入門編集委員会編『社会保障入門　平成13年度版』中央法規出版，12頁，2001年。

1　社会保障構造改革

（1）長寿・福祉社会を実現するための提言

　深刻な高齢化の進行を見据え，1980年代より政府はさまざまな報告書および提言等で，将来の福祉における対策のありかたを提示してきた。具体的には，1986（昭和61）年の「長寿社会対策大綱」に始まり，1989（平成元）年には「今後の社会保障制度のありかたについて──健やかな長寿・福祉社会を実現するための提言──」が出された。

長寿社会対策大綱

　1986（昭和61）年6月，長寿社会対策を推進し人生80年時代にふさわしい経済社会システムに転換する必要性があるとして，閣議決定された「長寿社会対策大綱」に基づいて基本方針を以下のとおり定め推進されてきた。

① 経済社会の活性化を図り活力ある長寿社会を築く
② 社会連帯の精神に立脚した地域社会の形成を図り，包容力ある長寿社会を築く
③ 生涯を通じ健やかな充実した生活を過ごせるよう，豊かな長寿社会を築き，個人の自助努力，家庭・地域社会の役割の重視，民間活力の活用，地域の特性と自主性の尊重，家庭介護機能の強化等

介護を展開するうえでのポイントが示された。

　現在では，高齢社会対策基本法に基づき，1996（平成8）年7月に閣議決定された「高齢社会対策大綱」に基づき，高齢者の保健福祉，就業，所得保障，社会参加，生涯学習，住宅等各分野にわたる総合的な施策が推進されている。

今後の社会保障制度のありかたについて
　　──健やかな長寿・福祉社会を実現するための提言──

　1989（平成元）年3月，社会保障制度審議会は今後の社会保障制度のありかたとして，①市町村の役割重視，②在宅福祉の充実，③民間福祉サービスの健全育成，④福祉と保健・医療の連携強化・統合化，⑤福祉の担い手の養成と確保，⑥サービスの統合化・効率化を推進するための福祉情報提供体制の基盤の整備を提言した。

特に福祉を担う人材の養成確保については，量的確保と質の向上のために高度な専門知識・技術をそなえた福祉専門職から，福祉を支える一般のボランティアまで，多様な重層的構成をとる必要性を提言している。また，ノーマライゼーションの理念の浸透や福祉サービスの一般化・普遍化，施策の総合化・体系化の促進，サービス利用者の選択の幅の拡大等が重要であるとしている。

（2） 21世紀福祉ビジョン

1994（平成6）年に日本は高齢社会に突入した。すなわち，人口に占める高齢者人口の割合が14％を超えた。わずか25年で高齢化率が7％から14％になったものであり，世界の先進国でも類をみない高齢化の進展であった。また，1993（平成5）年の合計特殊出生率が1.46となり，高齢化対策と同時に少子化対策も緊急の課題となった。

1994（平成6）年3月には「21世紀福祉ビジョン——少子・高齢社会に向けて——」と題する報告書が提出され，少子・高齢社会に対応した社会保障の全体像，重要施策の基本的方向等について，中長期的なビジョンが示された。

国民一人一人が安心でき，真に幸福を実感できる福祉社会の実現を図っていくためには，今後わが国がめざすべきビジョンを明らかにし，それに向かって大胆かつ着実な前進を図っていくことが必要となるとして，主要施策の今後の進め方を示したものである。

①豊かで楽しい老後の暮らし，②一人一人の健康を守る保健医療サービスの充実，③いつでもどこでも受けられる介護サービス，④安心して子どもを生み育てられる環境づくり，社会的支援体制の整備，⑤高齢者，障害者，子どもたちがともに安心して暮らすことができるゆとりと触れ合いの住宅・まちづくり等を提言している。

社会保障に対する需要の増大・多様化に応えるため，保健・医療・福祉の各分野の連携を図り，制度横断的で総合的な施策を中長期的な展望に立って展開していく必要があるとされ，高齢者に関しては，ゴールドプラン（高齢者保健福祉推進十か年戦略：1989（平成元）年），新ゴールドプラン（新・高齢者保健福祉推進十か年戦略：1994（平成6）年），ゴールドプラン21(今後5か年間の高齢者保健福祉施策の方向：1999（平成11）年）が，児童に関しては，エンゼルプラン（今後の子育て支援のための施策の基本的方向について：1994（平成6）年），新

エンゼルプラン（重点的に推進すべき少子化対策の具体的実施計画について：1999(平成11)年），障害者に関しては，障害者プラン(1995(平成7)年)が策定されている。対象分野別に目標値等が見直されながら，保健・医療・福祉施策が総合的かつ計画的に推進されている。

また，高齢者福祉領域においては，今後高齢化の進行にともなって介護を必要とする高齢者の増加が見込まれるものの，介護期間の長期化や核家族化による家族の介護機能の低下，介護者の高齢化などさまざまな介護問題が潜在していた。このため，老人保健と老人福祉に分かれていた介護に関する制度を再編成し，給付と負担の関係が明確な社会保険方式の採用が検討され，2000（平成12）年に社会全体で介護を支える介護保険制度が創設されることとなった。

図8-2　21世紀福祉ビジョン―少子・高齢社会に向けて―

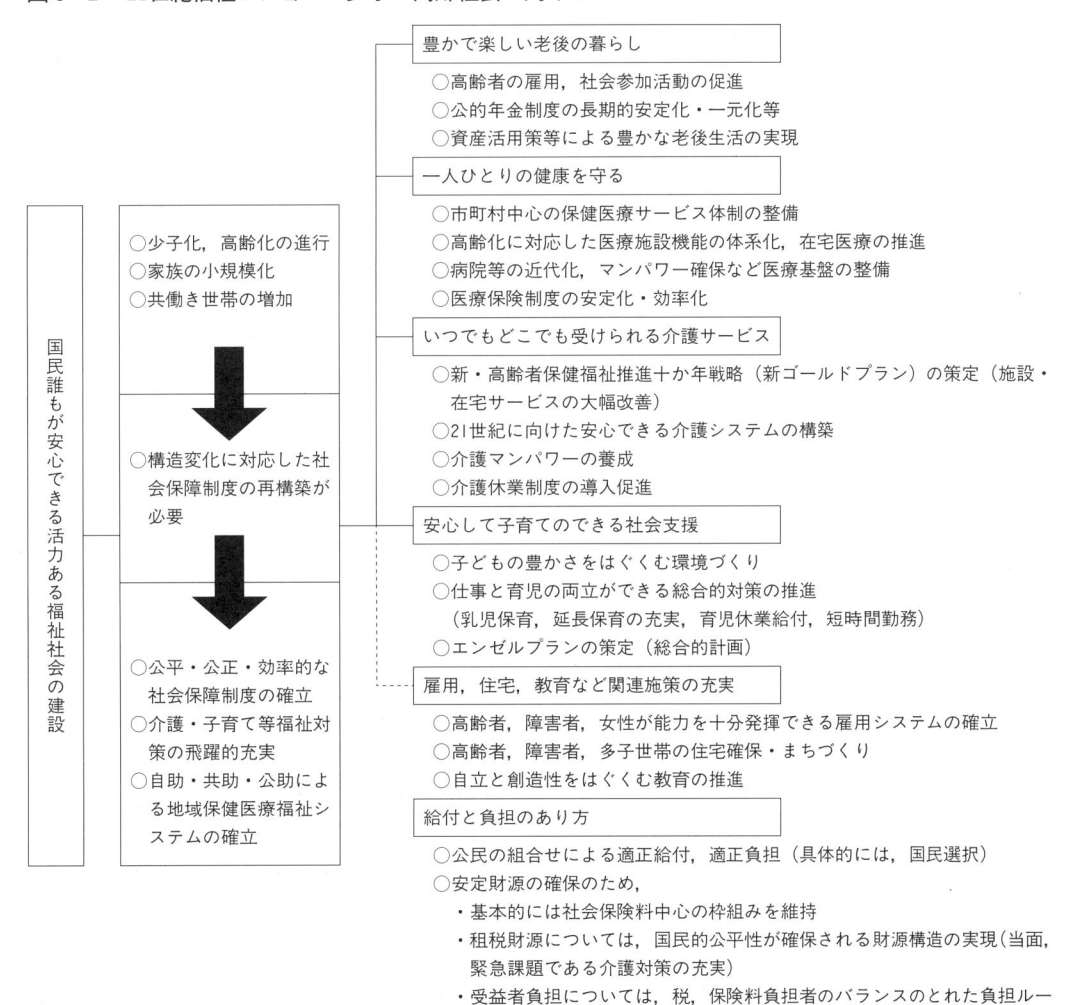

国民誰もが安心できる活力ある福祉社会の建設

- ○少子化，高齢化の進行
- ○家族の小規模化
- ○共働き世帯の増加

↓

○構造変化に対応した社会保障制度の再構築が必要

↓

- ○公平・公正・効率的な社会保障制度の確立
- ○介護・子育て等福祉対策の飛躍的充実
- ○自助・共助・公助による地域保健医療福祉システムの確立

豊かで楽しい老後の暮らし
- ○高齢者の雇用，社会参加活動の促進
- ○公的年金制度の長期的安定化・一元化等
- ○資産活用策等による豊かな老後生活の実現

一人ひとりの健康を守る
- ○市町村中心の保健医療サービス体制の整備
- ○高齢化に対応した医療施設機能の体系化，在宅医療の推進
- ○病院等の近代化，マンパワー確保など医療基盤の整備
- ○医療保険制度の安定化・効率化

いつでもどこでも受けられる介護サービス
- ○新・高齢者保健福祉推進十か年戦略（新ゴールドプラン）の策定（施設・在宅サービスの大幅改善）
- ○21世紀に向けた安心できる介護システムの構築
- ○介護マンパワーの養成
- ○介護休業制度の導入促進

安心して子育てのできる社会支援
- ○子どもの豊かさをはぐくむ環境づくり
- ○仕事と育児の両立ができる総合的対策の推進
  （乳児保育，延長保育の充実，育児休業給付，短時間勤務）
- ○エンゼルプランの策定（総合的計画）

雇用，住宅，教育など関連施策の充実
- ○高齢者，障害者，女性が能力を十分発揮できる雇用システムの確立
- ○高齢者，障害者，多子世帯の住宅確保・まちづくり
- ○自立と創造性をはぐくむ教育の推進

給付と負担のあり方
- ○公民の組合せによる適正給付，適正負担（具体的には，国民選択）
- ○安定財源の確保のため，
  ・基本的には社会保険料中心の枠組みを維持
  ・租税財源については，国民的公平性が確保される財源構造の実現（当面，緊急課題である介護対策の充実）
  ・受益者負担については，税，保険料負担者のバランスのとれた負担ルールの確立

(3) 社会保障構造改革の提言

1995(平成7)年7月,「社会保障体制の再構築に関する勧告～安心して暮らせる21世紀の社会を目指して～」において,社会保障の基本的な考え方が示された。それは今後21世紀にかけて,わが国は高齢化のいっそうの進展,国民のニーズの多様化・高度化,経済の低成長化など,社会経済の構造変化に直面すると予測されている。したがって社会保障制度についても,このような変化に合わせるとともに,新しい理念と原則をふまえて,体系的・整合的な再構築が行われなければならないというものであった。

社会保障構造改革にあたっては,①国民が自立と社会連帯の考えを強くもつことが第一に重要であるとしている。さらに②国民の不安に有効に対処していくこと,供給側の意向ではなく利用者の必要,選択に応じた利用者本位の制度とすること,③社会保障の制度・分野間の連携・調整をいっそう促進すること,すなわち縦割りの制度を超えて,地域住民の立場に立って現場で総合的に対処しなければならない,④国際化の進展に対応すること,⑤広く国民の声を聴きながら改革を推進すること,国民自身も社会保障制度改革案策定の合意形成に参加していくことなどの基本的視点に立って進めていかなければならないと指摘している。

1995(平成7)年11月,経済審議会からの「構造改革のための経済社会計画～活力ある経済・安心できるくらし～」において,地方公共団体の役割の重視,措置制度の再検討,市町村が中心となって進める在宅サービスと施設福祉サービスの一元的・計画的な提供体制の整備,措置制度を総合的に検討し普遍的サービス提供のあり方の検討が指摘された。

さらに1996(平成8)年11月社会保障関係審議会会長会議では「社会保障構造改革の方向」において,社会保障構造改革の基本的方向として,福祉においては,個人の自立を支援する利用者本位のしくみの重視および公私の適切な役割分担と規制緩和による民間活力の導入の促進を指摘した。さらに,介護保険制度創設を契機に,高齢者以外の福祉分野についても,利用者による選択の尊重,民間事業者の活用,福祉施設職員等の勤務条件の改善や,研修の充実,施設間の人事交流など,魅力ある職場づくりにより,熱意と能力のある人材の確保に努める。また地域住民やボランティアなどの積極的な参加を促進してい

くことを指摘した。

2　社会福祉基礎構造改革

社会福祉基礎構造改革について（中間まとめ）

　1998（平成10）年6月，中央社会福祉審議会社会福祉構造改革分科会から，「社会福祉基礎構造改革について」と題する中間まとめが公表された。50年間維持した社会福祉制度では，増大・多様化する福祉需要に応えることが困難であり，社会・経済の構造の変化に対応した社会福祉の新たな枠組みが必要になったこと等から，社会福祉の基礎構造の抜本的改革の実行・強化の必要性を報告し，社会福祉事業法および関係法令の改正を含めた制度の抜本的改革のための措置を，早急に講じる必要があると報告している。

　個人が人としての尊厳をもって，家庭や地域のなかで，その人らしい自立した生活が送れるよう支えることを社会福祉の理念とし，実現のための改革の基本的方向として以下の改革を進める必要があるとしている。

① サービスの利用者と提供者の対等な関係の確立
② 個人の多様な需要への地域での総合的な支援
③ 幅広い需要に応える多様な主体の参入促進
④ 信頼と納得が得られるサービスの質と効率性の向上
⑤ 情報公開等による事業運営の透明性の確保
⑥ 増大する費用の公平かつ公正な負担
⑦ 住民の積極的な参加による福祉の文化の創造

　社会福祉事業の推進や質と効率性の確保，地域福祉の確立等に関する改革の具体的な内容を盛り込んでいる。

　介護福祉専門職にかかわる改革は以下のとおりである。

サービスの質の向上

〔利用者の需要に的確に対応する必要があるとし，以下を掲げている。〕
① ケアマネジメントのようなサービス提供手法の確立
② 障害の重度化予防，サービスの向上に必要な介護技術，福祉援助技術の手法の研究・開発の促進

③ 適切な人材の養成・確保
④ 専門職の役割，位置づけの明確化
⑤ ボランティア，家族等による精神的な支え
⑥ 福祉施設の管理者にふさわしい能力
⑦ サービスの提供過程，評価の基準，施設・設備・人員配置の弾力化
⑧ 専門的な第三者機関による評価の推進，利用者の意見を採り入れる
⑨ 利用者によるサービスの選択(事業運営理念，サービスの実施体制，第三者評価結果，財務諸表などの情報開示とサービスに関する情報を気軽に入手できる体制整備)
⑩ 利用者保護(体験入所等の機会の提供，契約書の記載事項・契約の際の事前説明，解約事由・広告内容の正確性について明確に定める)
⑪ 苦情の改善(利用者や職員の意見反映のしくみを設ける，第三者機関による苦情の受付，改善につなげる)
⑫ 事業運営の透明性を高める(ボランティアや実習生の受け入れ)
⑬ 行政監査の重点化，効率化(外部監査の導入，経営情報の開示，第三者評価の導入，苦情処理体制の整備等のしくみの活用)

サービスの効率性

> 高齢化の進展等にともなう費用の増大が予想されるなかで，サービスの質の確保を前提としてできる限り効率化を図らねばならないとしている。

① 限られた資源の有効活用
② 社会福祉法人の会計・経理，経営管理体制の改革
③ 経営管理指標の設定
④ 職員の専任，常勤規制および業務の外部委託の制限の緩和
⑤ 省力化の推進
⑥ 福祉事業経営のための人材育成
⑦ 専門的な経営診断・指導の活発化

人材養成・確保

> サービスの質と効率性の確保に責任をもってかかわる専門職の養成については，福祉サービスに必要な専門的な知識や技術の取得だけでなく，権利擁護に関する高い意識をもち，豊かな感性を備えて人の心を理解し，意志疎通をうまく行い，相手から信頼される人の育成を目標にするとしている。

① 賃金についての制約をはずす
② 社会福祉施設等職員にふさわしい給与体系
③ 能力に応じた処遇
④ 退職手当共済制度の対象施設や事業の範囲の見直し
⑤ サービスの実施体制・職員の資格の開示
⑥ 幅広い分野からの参入促進(働きながら資格が取れるしくみ，実習生，介護

等体験を行う教員免許取得希望者の積極的な受け入れ，小・中学校での福祉教育，各種情報提供，広報活動の推進）
⑦ 福祉サービスに必要な専門的な知識や技術の習得
⑧ 専門職の養成（保健・医療との連携やケアマネジメントに対応して教育課程を見直す，特に実習教育や研究の充実を図る，福祉系大学が付属実習施設を持つことを認める，地方公共団体などでの相談援助の実習，介護福祉士養成施設における共通卒業試験の促進，職能団体等による卒後継続教育の充実）
⑨ 現任者の体系的な研修の実施

3 社会福祉法の成立

（1） 社会福祉法成立まで

これらの指摘をふまえながら，利用者と事業者が対等な関係に立ち，福祉サービスを自ら選択できるしくみを基本とする利用者本位の社会福祉制度の確立を図るために，「社会福祉の増進のための社会福祉事業法等の一部を改正する等の法律」により，2000（平成12）年6月，社会福祉事業法等の改正が行われた。

（2） 改正の主な内容

改正等の対象となる法律は8本であり，社会福祉事業法も社会福祉法に改称されることとなった。改正の内容の主なものは，
① 利用者の立場に立った社会福祉制度の構築（利用者がサービスを選択する利用制度や利用者保護のための地域福祉権利擁護制度，苦情解決のしくみの導入等）
② サービスの質の向上（事業者によるサービスの質の自己評価や事業運営の透明性の確保，適切な情報提供等）
③ 社会福祉事業の充実・活性化（社会福祉事業の範囲の拡充，社会福祉法人の設立要件の緩和，社会福祉法人の運営の弾力化）
④ 地域福祉の推進（市町村地域福祉計画および都道府県地域福祉支援計画，知的障害者福祉等に関する事務の市町村への委譲，社会福祉協議会，共同募金，民生委員・児童委員の活性化）
⑤ その他の改正（社会福祉施設職員等退職手当共済法の見直し等）
である。

以下に具体的な改正を解説する。

措置制度から利用制度への動き

今回の法律改正では利用者の立場に立った社会福祉制度の構築をめざしている。障害者福祉サービスにおいては，サービス利用者が自らの意志と責任において利用したいサービスを選択し，その利用について市町村から支援費を支給する制度を導入した。

これは従来の行政が行政処分によりサービス内容を決定する措置制度から，利用者が事業者と対等な関係に基づきサービスを選択する利用制度に変わるものである。これまでの画一的なサービス提供から契約に基づく選択できる制度になったのである。措置には利用者の一方的な負い目と，屈辱感や無力感を与える源があり，「福祉にだけは世話になりたくない」といった気持ちを醸成してしまったが，今後はサービスの代価を支払うことになる。

福祉サービスの適切な利用の推進

利用制度導入にあたり，利用者と提供者の対等な関係が築けるよう，地域福祉権利擁護事業，苦情解決制度等の利用者の利益を保護するしくみを規定している。地域福祉権利擁護事業は，福祉サービス利用援助事業として行われる。

都道府県社会福祉協議会等において実施されていて，痴呆性高齢者など自己決定能力の低下した者の福祉サービスを利用支援するため，民法の成年後見制度を補完するしくみとして制度化している。今後は障害者の家族の会などの参入が期待される。

また，福祉サービスに対する利用者の苦情や意見を幅広く汲み上げ，サービスの改善を図る観点から，苦情解決のしくみが導入され，制度等の利用者の利益を保護するしくみを規定している。

苦情解決のしくみは3段階を設けている。まず，社会福祉事業経営者の苦情解決のしくみの整備，次いで，第三者が加わった施設内における苦情解決のしくみの整備，最後に前記方法での解決が困難な事例に備え，都道府県社会福祉協議会に，苦情解決のための委員会（運営適正化委員会）を設置する。また，運営適正化委員会は，地域福祉権利擁護制度の運営にも関与している。

利用制度化として利用契約についての説明・書面交付義務づけも規定している。介護に関する情報提供は，サービスの質の向上の一環と

地域福祉権利擁護事業
社会福祉法第81条に基づく。判断能力が不十分なため権利侵害を受けやすい痴呆性高齢者，知的障害者，精神障害者等が安心して自立した地域生活を送れるように，都道府県の社会福祉協議会を実施主体として行われる，金銭管理やサービス利用援助などの相談援助サービス。

成年後見制度
痴呆性高齢者，知的障害者，精神障害者など判断能力の不十分な成年者を保護するための制度。従来の禁治産・準禁治産制度を後見・保佐の制度に改め，新たに軽度の精神上の障害がある者を対象として，補助人が創設された。1999（平成11）年の民法改正による。

して規定されている。事業運営の透明性，サービス利用者の選択の確保のため，事業者によるサービス内容に関する情報提供，財務諸表および事業報告書の開示を社会福祉法人に義務づけ，国，地方公共団体による情報提供体制の整備が挙げられている。

また，社会福祉事業を経営する社会福祉法人には，財務諸表等公開や経営する社会福祉事業についての情報提供，利用契約にあたっての説明・書面交付，誇大広告の禁止について規定を設けており，サービ

図8-3　障害者福祉サービスの利用制度化[支援費支給制度の概要]
（身体障害者福祉法，知的障害者福祉法，児童福祉法（障害児関係））

基本的な仕組み
(1) 障害者福祉サービスの利用について支援費支給を希望する者は，都道府県知事の指定した指定事業者・施設に直接に利用の申込みを行うとともに，市町村に支給の申請を行う。
(2) 市町村は，支給を行うことが適切であると認めるときは，支給決定を行う。
(3) 本人が決定の範囲内で障害者福祉サービスを利用したときは，利用料の全体額から，本人及び扶養義務者の負担能力に応じて定めた利用者負担額を控除した額を支給する。(ただし，当該助成を指定事業者・施設が代理受領する方式をとる。)
(4) 本人及び扶養義務者は，指定事業者・施設に対し，障害者福祉サービスの利用に要する費用のうち自己負担分を支払う。
(5) やむを得ない事由により上記の方式の適用が困難な場合には，市町村が措置によりサービスの提供や施設へ入所を決定。

措置制度（行政が行政処分によりサービス内容を決定する方式）

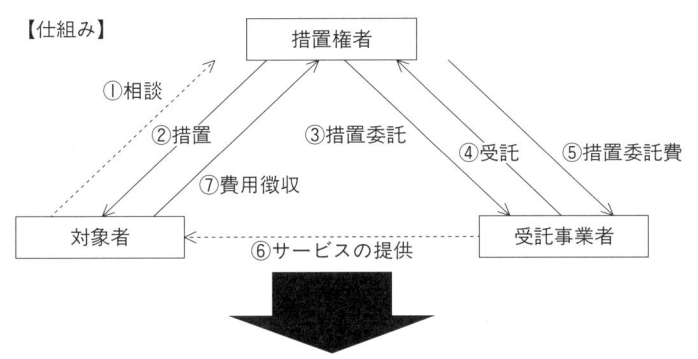

【仕組み】

措置権者
①相談　②措置　③措置委託　④受託　⑤措置委託費
⑦費用徴収
対象者　⑥サービスの提供　受託事業者

↓

支援費支給方式（利用者が事業者と対等な関係に基づきサービスを選択する方式）

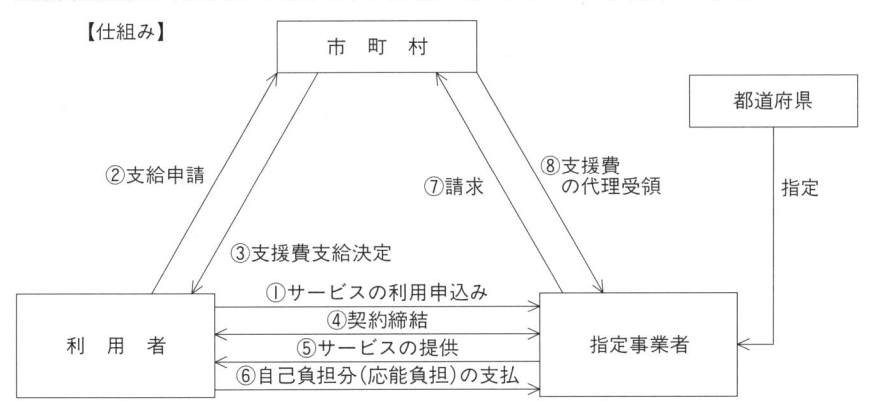

【仕組み】

市町村　　都道府県
②支給申請　⑦請求　⑧支援費の代理受領　指定
③支援費支給決定
利用者　─　①サービスの利用申込み　─　指定事業者
　　　　　　④契約締結
　　　　　　⑤サービスの提供
　　　　　　⑥自己負担分(応能負担)の支払

ス利用者を対等な関係に立つ顧客と位置づけることを前提とした制度となっている。

地域福祉

社会福祉法においては市町村を基本に，住民に最も身近な地域において必要なサービスをきめ細かく提供できる体制をつくること。さらにこの介護基盤の整備を支援するため，マンパワーの養成・確保，福

図8-4 地域福祉権利擁護事業の実施方法の例（社会福祉協議会が実施する場合）

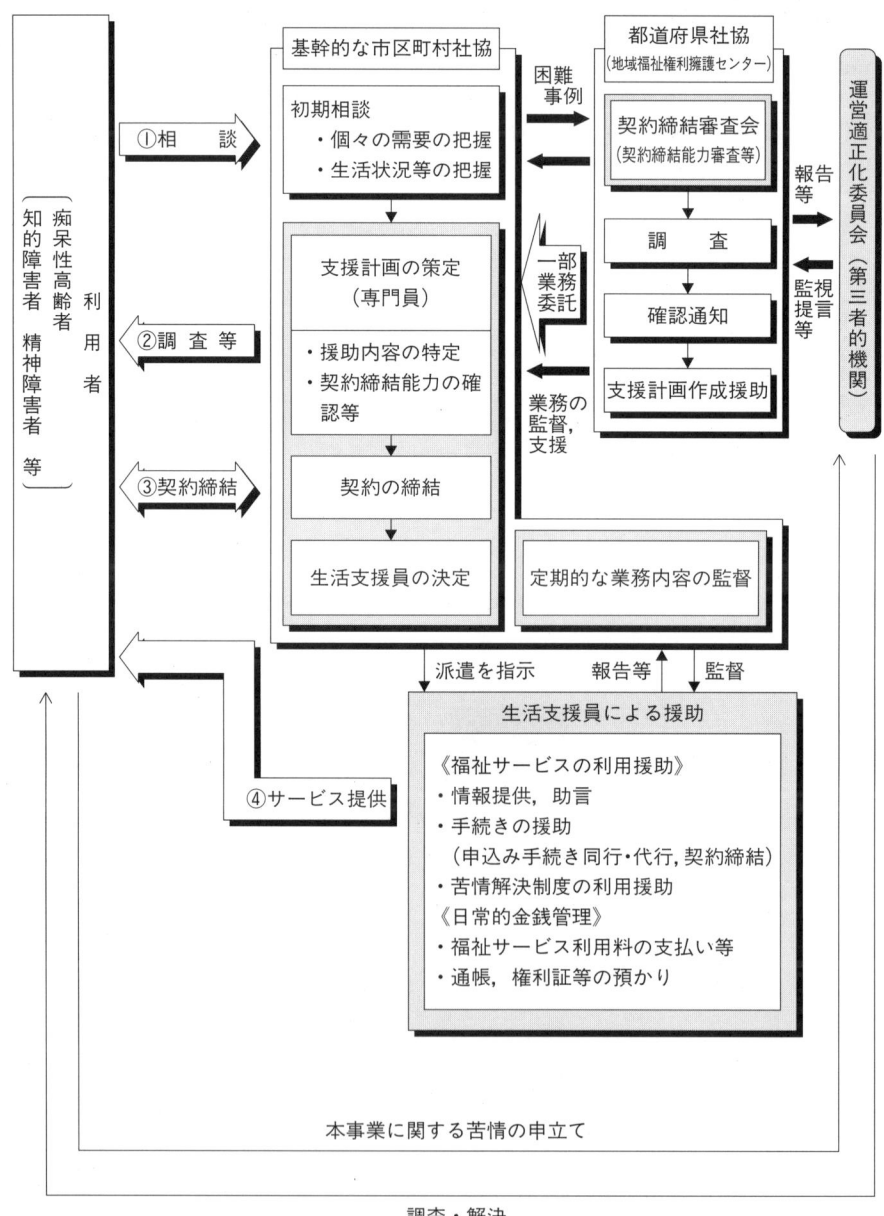

祉用具の開発普及の推進，在宅介護支援センターなどによる情報提供の充実，民間サービスの積極的活用によるサービス供給の多様化・弾力化，住宅対策の推進や高齢者・障害者に配慮されたまちづくりの推進などを総合的に実施することが盛り込まれている。

地域福祉の推進の概要は，市町村地域福祉計画および都道府県地域福祉支援計画，知的障害者福祉等に関する事務の市町村への委譲，社

図8-5　福祉サービスに関する苦情解決の仕組みの概要図

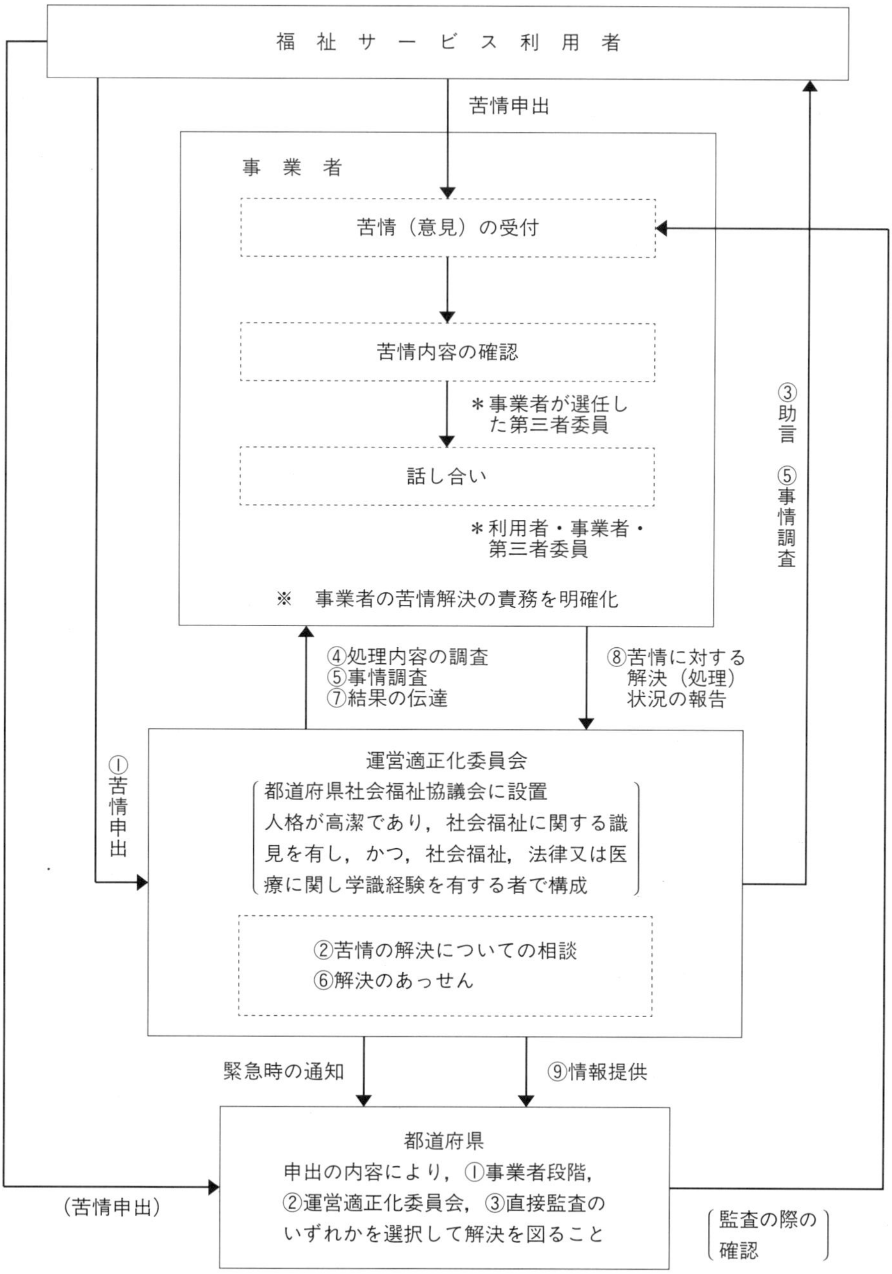

```
                    福 祉 サ ー ビ ス 利 用 者
                              │
                           苦情申出
                              ↓
    ┌─────事業者─────────────────────────┐
    │      ┌─────────────┐                │
    │      │ 苦情（意見）の受付 │←──────────┐   │
    │      └─────────────┘             │   │
    │              ↓                     │   │
    │      ┌─────────────┐             │   │
    │      │ 苦情内容の確認 │             │   │
    │      └─────────────┘             │   │
    │              ↓   ＊事業者が選任し    │   │
    │                  た第三者委員       │   │
    │      ┌─────────────┐         ③助言 │
    │      │    話し合い    │         ⑤事情調査
    │      └─────────────┘             │
    │              ＊利用者・事業者・      │
    │                第三者委員          │
    │    ※ 事業者の苦情解決の責務を明確化  │
    └───────────────────────────────────┘
         ↑④処理内容の調査    ⑧苦情に対する
          ⑤事情調査         解決（処理）
          ⑦結果の伝達        状況の報告
    ①苦情申出          ↓
         ┌─────運営適正化委員会──────┐
         │ 都道府県社会福祉協議会に設置    │
         │ 人格が高潔であり，社会福祉に関する識
         │ 見を有し，かつ，社会福祉，法律又は医
         │ 療に関し学識経験を有する者で構成 │
         │   ②苦情の解決についての相談    │
         │   ⑥解決のあっせん              │
         └──────────────────────────┘
              緊急時の通知    ⑨情報提供
                    ↓           ↓
         ┌──────都道府県──────────┐
         │ 申出の内容により，①事業者段階，│
         │ ②運営適正化委員会，③直接監査の │
         │ いずれかを選択して解決を図ること │
         └──────────────────────────┘
    (苦情申出)                  〔監査の際の〕
                                〔確認      〕
```

第8章　介護福祉にかかわる諸制度

会福祉協議会，共同募金，民生委員，児童委員の活性化である。

　地域福祉の推進は，誰もが身近な地域で，その人らしく安心して暮らせるようにするためには，住民の社会福祉に関する活動への積極的な参加を得つつ，社会福祉にかかわる者が連携して地域の特性を生かしたサービスへの提供体制を確立することが重要である。そのため，地域住民，社会福祉を目的とする事業を経営する者および社会福祉に関する活動を行う者は，相互に協力し，福祉サービスを必要とする地域住民が地域社会を構成する一員として日常生活を営み，あらゆる分野の活動に参加する機会が与えられ，いわゆるノーマライゼーションが図られるように，地域における社会福祉の推進に努めなければならないものとされた（第4条）。

　福祉サービスの提供の原則として，地域福祉の推進が重視され，利用者本位の社会福祉制度が確立されるためには，利用者が身近な地域で多様なサービスを利用し，自立した生活を送ることを支援するためのしくみが構築されるとともに，併せて地域福祉の推進が図られる必要があるとして，社会福祉協議会や民生委員・児童委員に関して，地域福祉の推進役としての規定が設けられた。

　「地域福祉計画」が2003（平成15）年4月1日施行されることになった。市町村地域福祉計画に関しては，社会福祉を目的とする事業および住民その他の者が行う社会福祉に関する活動が総合的かつ効率的に実施されることにより，市町村において福祉サービスが身近な地域で確保され，住民が適切かつ円滑にこれを利用できるよう，市町村地域福祉計画に関する規定が設けられた。それとともに，都道府県地域福祉支援計画も規定された。

　最後に，民生委員法が改正され民生委員の活性化が図られた。そして，住民の立場に立った活動を行う職務内容が明確化された。民生委員の理念については，「常に住民の立場に立って相談に応じ，及び必要な援助を行い，もって社会福祉の増進に努めること」とされた。また，民生委員の職務に関しては，民生委員の職務の内容をその期待される役割にふさわしいものとするため，援助を必要とする者が福祉サービスを適切に利用するために必要な情報の提供その他の援助業務が追加されたほか，住民の福祉の増進を図るための活動などが規定された。

第2節 高齢者保健福祉施策と介護保険制度

1 高齢者の保健福祉施策

(1) 高齢者保健福祉の根拠法

　現在，わが国の高齢者対策の基盤となっているのが，高齢者対策基本法である。「国民が生涯にわたって健やかで充実した生活を営むことができる社会」などの基本理念が規定され，この理念に基づいて，就業・所得，健康・福祉，学習・社会参加，生活環境などの分野に施策の充実が図られている。

　高齢者の生活を支えている法律には，高齢者の所得保障，雇用，税制，住宅等高齢者の福祉に関することのほか，在宅および施設など高齢者特有のニーズに対応するための福祉事業・福祉サービスの提供等を規定する老人福祉法があり，その他高齢者の心身の健康の保持に関する措置については老人保健法において規定されている。また，今後さらに高まる介護ニーズに対し，高齢者の自立支援の基本理念のもと社会全体で支える社会保険方式による新たなしくみがつくられ，介護保険制度により保健・医療・福祉にわたる介護サービスが地域において総合的に利用できる体制が整えられた。

(2) 高齢者保健福祉施策のこれまでの取り組み

　高齢社会が本格化した1980年代後半から，わが国では高齢社会対策への提言が次々と打ち出された。代表的なものとして，「長寿社会対策大綱」(1986(昭和61)年)，「高齢者保健福祉推進十か年戦略(ゴールドプラン)」(1989(平成元)年)，「21世紀福祉ビジョン──少子・高齢社会に向けて──」(1994(平成6)年)，「新たな高齢者介護システ

ムの確立について（中間報告）」（1995（平成7）年），「高齢社会対策基本法」（1995年），「高齢社会対策大綱」（1996年（平成8）年），「今後5か年間の高齢者保健福祉施策の方向――ゴールドプラン21――」（1999（平成11）年）である。特に，1989（平成元）年に策定されたゴールドプラン，1994（平成6）年の新ゴールドプランの終了や介護保険法の制定をふまえて策定された「ゴールドプラン21」は介護サービス基盤の整備のほか，元気高齢者づくり対策の推進を重視した施策が展開されている。

以下に最近の高齢者保健福祉施策の動向についてまとめていくことにする。

老人保健・医療・福祉の連携

老人福祉対策を進めるために老人福祉法が1963（昭和38）年に制定され，社会的支援の必要な高齢者の範囲を次第に広げていった。1973（昭和48）年には高齢者医療が無料化された。しかし，社会的入院などで老人医療費が急増した。そのため，1982（昭和57）年に老人保健法が制定され，老人の一部負担の導入と各保険者（組合健保など）からの拠出金で，老人医療費を拠出するしくみができた。1986（昭和61）年には寝たきりや痴呆等の要介護高齢者に対応した老人保健施設が創設された。

高齢者対策の基本原則

1986（昭和61）年4月，厚生省高齢者対策企画推進本部は，21世紀を豊かな活力ある社会とするため，高齢者対策の新たな基本原則として，①自立自助と支援システムの構築，②社会の活力の維持，③地域における施策の体系化と家族への支援システムの強化，④公平と公正の確保，⑤民間活力の活用を示した。

自立自助と支援システムの構築については，自らの能力と責任による人生設計を行うことが可能となる環境づくりを行うこと，多様化するニードをふまえて，保健・医療・福祉サービスを合理的，体系的に編成し，ニードに即応して効率的かつ効果的に応えていくこと，老後も住み慣れた地域社会のなかで家族とともに暮らせるように，家庭による介護機能を強化すること等を打ち出した。

高齢者保健福祉推進十か年戦略（ゴールドプラン）

　1989（平成元）年12月，大蔵・厚生・自治の3大臣合意による「高齢者保健福祉推進十か年戦略（ゴールドプラン）」が策定された。その目標を高齢化社会を国民が健康で生きがいをもち安心して生涯を過ごせるような明るい活力のある長寿・福祉社会とすることにおき，20世紀中に実現を図るべき10か年の目標として，以下を定め数値目標を示した。

① 市町村における在宅福祉対策の緊急整備──在宅福祉推進十か年事業
② 「ねたきり老人ゼロ作戦」の展開
③ 在宅福祉等充実のための「長寿社会福祉基金」の設置
④ 施設の緊急整備──施設対策推進十か年事業
⑤ 高齢者の生きがい対策の推進
⑥ 長寿科学研究推進十か年事業
⑦ 高齢者のための総合的な福祉施設の整備

　地域においてこれらの事業を円滑に実施していくためには住民に最も身近な市町村において，保健福祉サービスを一体的かつ計画的に提供する体制を整備することが必要であるとされ，1990（平成2）年には福祉関係八法の改正が行われた。ここにおいて，従来から市町村が実施主体とされていた老人保健事業と併せ，高齢者の保健福祉サービスは市町村で提供されることになり，保健福祉の連携によるサービスの総合的な提供が行われる制度的な基盤が整備された。

　さらに，ゴールドプラン実施のためには，ホームヘルパーや看護職員，寮母・介護職員などの大幅な人材の拡充・確保が必要であることから，1992（平成4）年に人材確保二法が成立し人材の養成力の強化，処遇の改善，就業の促進などの総合的な人材確保施策が推進されることとなった。

新・高齢者保健福祉推進十か年戦略（新ゴールドプラン）

　1994（平成6）年12月には老人保健福祉計画のとりまとめをもとにして，ゴールドプランを見直し，上方修正した新ゴールドプランが策定された。

　すべての高齢者が心身の障害をもつ場合でも尊厳を保ち，自立して高齢期を過ごすことのできる社会を実現していくため，高齢期最大の不安要因である介護について，介護サービスを必要とする人誰もが，

自立に必要なサービスを身近に手に入れることができるようにすべく四つの基本理念を掲げた。

① 利用者本位・自立支援

高齢者がその心身の機能を最大限に活用し，できる限り自立した生活を営むことを支援するために保健福祉サービスは提供されるべきであり，そのためにはサービスを，高齢者個々人の意思と選択をできる限り反映させた利用者本位のものとして提供していくべきことを示した。

② 普遍主義

介護リスクが普遍的なことから所得の多寡や家族形態などにかかわらず，支援が必要な高齢者に対して必要なサービスをあまねく提供しようとした。

③ 総合的サービスの提供

在宅ケアを基本に，医療・保健・福祉にまたがる利用者のニーズに応えるため，サービスを総合的に提供すること。

④ 地域主義

市町村を基本に，住民に最も身近な地域において必要なサービスをきめ細かく提供できる体制をつくること。さらにこの介護基盤の整備を支援するため，マンパワーの養成・確保，福祉用具の開発普及の推進，在宅介護支援センターなどによる情報提供の充実，民間サービスの積極的活用によるサービス供給の多様化・弾力化，住宅対策の推進や高齢者・障害者に配慮されたまちづくりの推進などを総合的に実施する。

新ゴールドプランは，高齢者介護サービスの整備目標を示したこと，今後取り組むべき高齢者介護サービス基盤の整備に関する施策の基本的枠組みを示したこと，1995（平成7）年度から1999（平成11）年度までの5年間の総事業費を定めたことが大きなポイントである。

新たな高齢者介護システムの確立について

1995（平成7）年7月，「新たな高齢者介護システムの確立について」において老人保健福祉審議会は，高齢者介護の基本理念を高齢者が心身の健康を維持しつつ，介護を要する状態となっても尊厳と生きがいをもって人生を送れるような長寿社会の実現においた。高齢者自身の希望を尊重し，その人らしい自立した質の高い生活が送れるよう，社

会的支援体制を整備することとした。

　1996（平成8）年1月には「新たな高齢者介護制度について（第2次報告）」を厚生大臣に提出した。そのなかで，六つの基本理念として，①高齢者介護に対する社会的支援，②高齢者自身による選択，③在宅介護の重視，④予防・リハビリテーションの充実，⑤総合的，一体的，効率的なサービスの提供，⑥市民の幅広い参加と民間活力の活用を掲げた。

　高齢者の自立を支援し，多様な生活を支える観点から，幅広いサービスを社会的に提供することを基本とし，高齢者が利用しやすく，介護サービスが円滑かつ容易に手に入れられるような利用者本位のしくみとすること，高齢者ができる限り住み慣れた家庭や地域で生活できるように在宅介護を重視した支援体制の確立をめざすこと，介護が必要な状態になっても機能の回復に努め状態の悪化を防ぐことが重要であるとしている。

　さらに多様なサービス提供主体による保健，医療，福祉の各サービスが総合的，一体的，効率的に提供されるサービス体系を確立すること，地域住民，ボランティアが，人間的なふれあいを大切にしながら，高齢者介護を支えていく共助の考え方が重要であり，こうした市民参加型の体制を組み入れたシステムを構築すること等が示され，1997（平成9）年12月，介護保険法の制定をみることとなった。

今後5か年間の高齢者保健福祉施策の方向（ゴールドプラン21）

　1999（平成11）年12月に，新ゴールドプランの後の新たなプランとして，「今後5か年間の高齢者保健福祉施策の方向（ゴールドプラン21）」が策定された。

　ゴールドプラン21は，新ゴールドプランの終了と介護保険制度の導入という新たな状況をふまえ，住民に最も身近な地域において，介護サービスの基盤の整備に加え，介護予防，生活支援等を車の両輪として推進することにより，高齢者の尊厳の確保および自立支援を図り，できる限り多くの高齢者が，健康で生きがいをもって社会参加できる社会をつくっていこうとするものである。

　このプランでは，四つの基本的な目標として，
①　できる限り多くの高齢者が健康で生きがいをもって社会参加できるよう，活力ある高齢者像を構築すること
②　要援護の高齢者が自立した生活を尊厳をもって送ることができる

図8-6 ゴールドプラン21

ゴールドプラン21の施策の概要図

基本的な目標
I 活力ある高齢者像の構築
II 高齢者の尊厳の確保と自立支援
III 支え合う地域社会の形成
IV 利用者から信頼される介護サービスの確立

具体的施策
1 介護サービス基盤の整備
2 痴呆性高齢者支援対策の推進
3 元気高齢者づくり対策の推進
4 地域生活支援体制の整備
5 利用者保護と信頼できる介護サービスの育成
6 高齢者の保健福祉を支える社会的基礎の確立

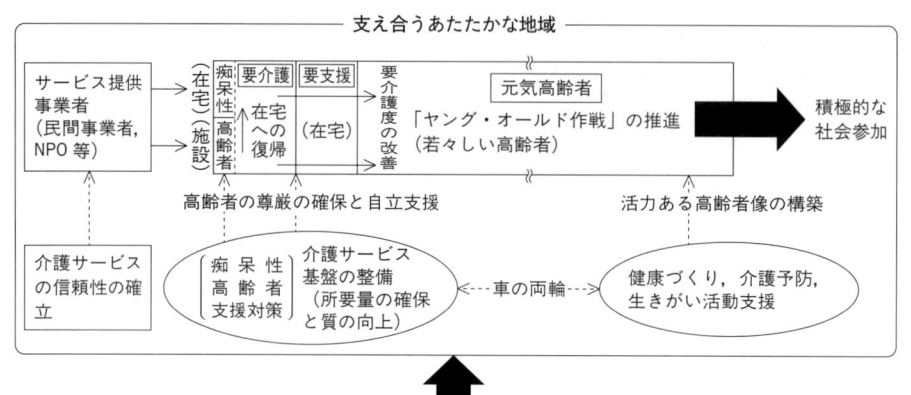

支え合うあたたかな地域

サービス提供事業者（民間事業者，NPO等） → 在宅（施設）痴呆性高齢者 → 要介護／要支援（在宅への復帰） → 要介護度の改善 → 元気高齢者「ヤング・オールド作戦」の推進（若々しい高齢者） → 積極的な社会参加

高齢者の尊厳の確保と自立支援 ／ 活力ある高齢者像の構築

介護サービスの信頼性の確立／痴呆性高齢者支援対策／介護サービス基盤の整備（所要量の確保と質の向上） ←車の両輪→ 健康づくり，介護予防，生きがい活動支援

高齢者の保健福祉を支える社会的基礎（福祉文化）の確立
長寿科学技術，介護に対する理解，高齢者・障害者に配慮されたまちづくり，国際交流

2004（平成16）年度における介護サービス提供量

区　　　分	（新GP目標）平成11年度	平成16年度
（訪問系サービス）		
訪問介護（ホームヘルプサービス）	17万人	225百万時間（35万人）*
訪問看護　訪問看護ステーション	5,000か所	44百万時間（9,900か所）*
（通所系サービス）		
通所介護（デイサービス）／通所リハビリテーション（デイ・ケア）	1.7万か所	105百万回（2.6万か所）*
（短期入所（ショートステイ）系サービス）		
短期入所生活介護／短期入所療養介護	6万人分（ショートステイ専用床）	4,785千週　9.6万人分（短期入所生活介護専用床）
（施設系サービス）		
介護老人福祉施設（特別養護老人ホーム）	29万人分	36万人分
介護老人保健施設	28万人分	29.7万人分
（生活支援系サービス）		
痴呆対応型共同生活介護（痴呆性老人グループホーム）	—	3,200か所
介護利用型軽費老人ホーム（ケアハウス）	10万人分	10.5万人分
高齢者生活福祉センター	400か所	1,800か所

（注）1 平成16年度（　）*の数値については，一定の前提条件の下で試算した参考値である。
　　　2 介護療養型医療施設については，療養型病床群等の中から申請を受けて，都道府県知事が指定を行うこととなる。
（平成11年12月19日，大蔵・厚生・自治3大臣により合意）

よう，また，介護家族への支援が図られるよう，介護サービスの質量両面にわたる確保をめざすこと
③　地域において高齢者に対する支援体制が整備されるよう，住民相互に支え合う地域社会づくりを進めること
④　契約によるサービス提供という新たなしくみが利用者本位のものとして定着するよう，介護サービスの信頼性の確保を図ること
を掲げた。

　また，介護サービス基盤の整備とともに，健康・生きがいづくり，介護予防，生活支援対策を車の両輪として進めていくことが重要であるという観点から，①介護サービス基盤の整備，②痴呆性高齢者支援対策の推進，③元気高齢者づくり対策の推進，④地域生活支援体制の整備，⑤利用者保護と信頼できる介護サービスの育成，⑥高齢者の保健福祉を支える社会的基礎の確立という六つの柱立てをして，国，都道府県，市町村等がそれぞれの役割をふまえ，適切に施策を展開することとしている。数値目標においても，特に訪問介護や訪問看護，デイサービス，ショートステイなどの介護サービス基盤が強化されることになった。今後はさらに施設介護サービス受給者数および希望者の増加により特別養護老人ホームも7万人増の36万人分の提供量を見込んでいる。

　また，介護サービス基盤の整備において痴呆性高齢者支援対策は，今後の重要課題であり，痴呆に関する医学的な研究を進める一方で，痴呆性高齢者が尊厳を保ちながら穏やかな生活を送ることができ，家族も安心して社会生活を営むことができるようにすることが求められている。痴呆対応型共同生活介護（痴呆性高齢者グループホーム）の普及を図っていくことのほか，痴呆介護に関する質的な向上を図るための実証的な研究の推進や，痴呆介護の専門職の養成等を目的として，全国3か所に高齢者痴呆介護研究センターを設けるなど，痴呆介護に関する研究・研修のためのネットワークの整備を進めていくこととしている。

2　介護保険制度

（1）　介護保険制度の目的と諸理念

介護保険制度導入のねらい

　介護保険制度導入の最大のねらいは，図8-7で示すとおり介護を必要とする人々が自分の能力を活用しながら，自分らしく尊厳をもって生きられるように，社会的な支援のしくみを確立することにあった。そのために老人福祉と老人医療の制度を再編成し，従来問題とされてきた費用負担や利用手続きの格差等の解決を図り，保健医療福祉サービスを総合的に利用できるしくみをつくった。介護保険法は市町村を保険者とする社会保険（地域保険）としたこと，「利用者本位」の介護サービス提供を基本理念として介護支援サービス（ケアマネジメント）を制度化したことを特徴とする，世界で初めての試みである。要介護者および要支援者に対し，個々の解決すべき課題（ニーズ）や状態に即した保健・医療・福祉にわたるサービスを総合的，一体的，効率的に提供する体系を確立するためのものであり，利用者の満足度に大きくかかわるものとなる。

　人類普遍の課題である介護問題に適切に対処していくための介護保険法は，社会福祉基礎構造改革の基本的な考え方となる個人の自立支援，利用者による選択の尊重，サービスの効率化などを柱とするものである。また，社会保障構造改革の第一歩であり，医療制度改革の前提条件整備にもなっている。さらに民間事業者や非営利組織等の多様なサービス主体の参入を可能とする方向性は，時代の要請である行政改革，規制緩和に応えるものでもある。

介護保険制度の基本理念

　老人保健福祉審議会は1996（平成8）年1月，「新たな高齢者介護制度について（第2次報告）」を厚生大臣に提出したが，そのなかで六つの基本理念として以下を掲げている。
① 　高齢者介護に対する社会的支援

　　介護サービスは，加齢に伴う障害等により自力で日常生活を送ることが困難な高齢者に対して提供されるものであり，高齢者の自立を支援し，多様な生活を支える観点から，幅広いサービスを社会的

に提供することを基本とする。

② 高齢者自身による選択

　高齢者が利用しやすく，介護サービスが円滑かつ容易に手に入れられるような利用者本位の仕組みとする。このため，高齢者自身がサービスを選択することを基本に，専門家が連携して身近な地域で高齢者及びその家族を支援する仕組み（ケアマネジメント）を確立

図8-7　介護保険制度に関する諸理念

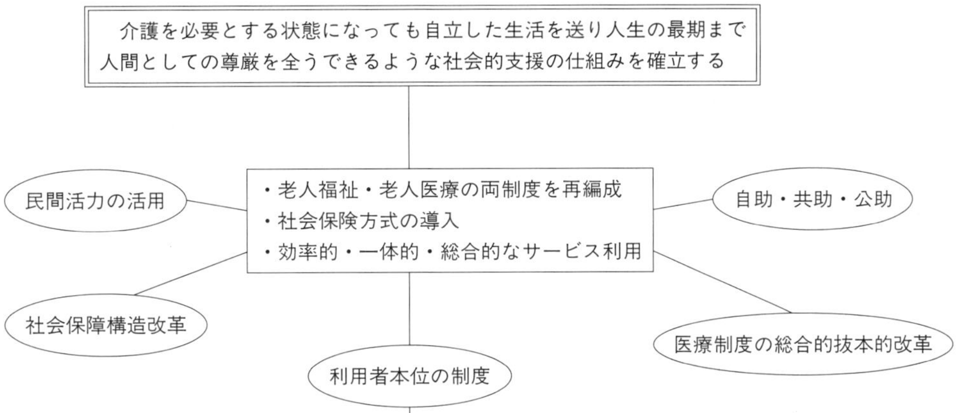

介護を必要とする状態になっても自立した生活を送り人生の最期まで人間としての尊厳を全うできるような社会的支援の仕組みを確立する

- 老人福祉・老人医療の両制度を再編成
- 社会保険方式の導入
- 効率的・一体的・総合的なサービス利用

（民間活力の活用）　（自助・共助・公助）
（社会保障構造改革）　（医療制度の総合的抜本的改革）

利用者本位の制度

介護保険制度の基本理念（目標）

1. 高齢者介護に対する社会的支援
2. 高齢者自身による選択
3. 在宅介護の重視
4. 予防・リハビリテーションの充実
5. 総合的，一体的，効率的なサービスの提供
6. 市民の幅広い参加と民間活力の活用
7. 社会連帯による支え合い
8. 安定的かつ効率的な事業運営と地域性の配慮

保険給付の基本理念

ア　要介護状態の軽減・予防の重視
イ　医療との十分な連携
ウ　被保険者の自由な選択による被保険者にふさわしいサービスの総合的・効率的な提供
エ　民間活力の活用による多様な事業者・施設によるサービスの提供
オ　在宅における自立した日常生活の重視

介護支援サービス（ケアマネジメント）の基本的理念

1. 受給者とその世帯の主体性尊重
2. 自立支援，多様な生活を支えるサービス
3. 家族（介護者）への支援
4. 保健・医療・福祉サービスの統合
5. サービスの展開におけるチームアプローチ
6. 適切なサービス利用（効果性・効率性）
7. 社会資源調整

する。
③　在宅介護の重視

　高齢者の多くが，できる限り住み慣れた家庭や地域で老後生活を送ることを願っていることから在宅介護を重視し，一人暮らしや高齢者のみの世帯でも，できる限り在宅生活が可能になるよう24時間対応を視野に入れた支援体制の確立を目指す。

　また，施設介護についても，量的な整備やサービスの質の向上を図る。

④　予防・リハビリテーションの充実

　高齢者の日常生活における健康管理や健康づくりを進めるとともに，介護が必要な状態になっても機能の回復に努め，状態の悪化を防ぐことが重要である。このため，市町村の老人保健事業など関連施策との連携を図りながら，予防やリハビリテーションの充実を目指す。

⑤　総合的，一体的，効率的なサービスの提供

　介護が必要な高齢者に対し，個々のニーズや状態に即した介護サービスが適切かつ効果的に提供されるよう，多様なサービス提供主体による保健，医療，福祉にわたる各サービスが総合的，一体的，効率的に提供されるサービス体系を確立する。

⑥　市民の幅広い参加と民間活力の活用

　高齢社会においては，高齢者自身の自立・自助を基本としつつ，地域住民，ボランティアが，人間的なふれあいを大切にしながら，高齢者介護を支えていく共助の考え方が重要であり，こうした市民参加型の体制を組み入れたシステムを構築する。

　また，民間事業者や市民参加の非営利組織などの参加により多様な介護サービスの提供を図る。

　ここでは高齢期最大の不安要因である介護問題について，介護を必要とする誰もが自立に必要なサービスを身近に手に入れることのできる体制を構築しなければならないとし，マンパワーの養成・確保，福祉用具の開発・普及の促進，在宅介護支援センターなどによる情報提供の充実，民間サービスの積極的活用，障害者・高齢者に配慮されたまちづくり等が盛り込まれている。

　これらを推進する者として介護福祉士に大きな期待が寄せられた。

介護保険給付の基本理念

　介護保険制度においては，被保険者である利用者が要介護状態となり，入浴，排泄，食事等の介護，機能訓練ならびに看護および療養上の管理その他の医療を要する者等について，その有する能力に応じ自立した日常生活を営むことができるよう，必要な保健・医療・福祉サービスを給付するものとされている。法律において，保険給付の基本理念を，

① リハビリテーション等による要介護状態の軽減・予防の重視
② 医療との十分な連携
③ 被保険者の自由な選択による，被保険者にふさわしいサービスの総合的・効率的提供
④ 民間活力の活用による多様な事業者・施設によるサービスの提供
⑤ 在宅における自立した日常生活の重視

とした。

（2） 介護保険制度の枠組み

介護支援サービス（ケアマネジメント）

　介護保険制度創設の最大のねらいは，介護を必要とする人々が，自分の能力を活用しながら自分らしく尊厳をもって生きられるように，社会的に支援するものである。この介護サービス提供の手法として介護支援サービス（ケアマネジメント）を制度化した。要介護者等（要支援者を含む）や家族の立場に立って，ニーズを的確に把握し，ケアチームで介護サービス計画を策定，実行・評価していくシステムであり，利用者本位のサービス提供，利用者自らがサービスを選択し決定できるようにすることを理念とした制度である。そしてこの流れは高齢者はもとより，障害のある人々の支援システムとしても定着することになった。

　しかし，このような制度が上手に利用されなければ，利用者や家族主体の介護は望めない。現に在宅での生活を望んでいるが家族介護力の低下によって施設入所せざるをえなかった人が，不本意な人生の選択をしている現実がある。また，利用者の希望と家族の考えが一致するとは限らない。複雑高度な介護問題を抱えていても，必要な機関を訪れることができない人たちも多い。介護保険制度がスタートした今ですら，世間体や家族の無理解からサービスを利用できない人々がい

る。高齢者への虐待や家庭崩壊，殺人，無理心中等の悲惨な状況もみられる。

　介護を必要とする人々や家族のQOL (Quality of Life：生命，生活，人生の質) の向上を実現させるためには，高齢者や家族が潜在能力を発揮し，社会との関係を維持しながら，主体的に生活できるように社会的に支援する必要がある。

　介護福祉士は介護を必要とする人が介護サービスに信頼を寄せ，地域で暮らし続けることに期待と自信がもてるように彼らを支え，ともに課題解決にあたる必要がある。

介護理念を実現する介護計画

　いかに良質なケアサービスを提供し，ADLを高めQOLの向上を図るか，さまざまな状態の高齢者に対して，最適なサービスをどのように提供していくかが課題となり，「介護計画」のガイドラインが検討された。このことは，介護を必要とする施設において，介護関係職種がそれぞれの専門性を発揮しながら，利用者のニーズに応え，自立支援という視点から介護を総合的に展開していくうえできわめて意義深いことであった。

　しかし，新しい介護システムが検討されていく過程で，介護計画とケアマネジメントにおける介護サービス計画が混同して用いられ，介護支援専門員が介護計画までを含めた介護サービス計画を立てるといった思い込みもみられる。

　介護サービス計画の質を左右させるのは，直接介護にあたる専門職が立てた個別的な介護計画であり，理念を具現化した介護実践そのものである。日々の介護を意図的・計画的に実践し，結果に責任をもつことの繰り返しのなかで，質の高いケアを見せ，満足できるケアを体験してもらう必要がある。そしてまた，自立支援や介護予防，生きがい・自己実現につながる介護に発展させるものでなければならない。介護支援サービスが利用者本位の制度として定着し，安心と尊厳をもって生活し続けることができるように支援する専門職でありたい。

第3節 障害者福祉関連施策

1 障害者とは

　介護が必要な障害者には大きく分類すると次の三つの類型がある。
① 身体障害
② 知的障害
③ 精神障害

　それぞれ障害の種類が異なり，生活障害の態様も多様である。障害の程度も異なるので，すべての障害者が介護の対象となるわけではなく，総じて重度もしくは重複障害を負う人が介護の対象となると考えて大きな間違いはない。

　さらに，身体障害についてはわが国の身体障害者福祉法では次のように大別されている。
① 視覚障害
② 聴覚または平衡機能の障害
③ 音声機能，言語機能またはそしゃく機能の障害
④ 肢体不自由（上肢，下肢，体幹）
⑤ 心臓，じん臓もしくは呼吸器またはぼうこうもしくは直腸もしくは小腸もしくはヒト免疫不全ウイルスによる免疫の機能の障害

　なお，一般に重複障害者と呼ばれているのは重度の身体障害（身体障害手帳1級ないし2級）と重度の知的障害（療育手帳A）を併せもつ障害者で，介護の対象者になる確率は高い。

　また最近急速に施策の充実をみているのは精神障害についてであり，「精神保健及び精神障害者福祉に関する法律」は精神障害者の医療・社会参加・精神的健康の保持について規定している。

2　現代の障害者福祉観

(1)　WHOによる定義

　1983年にはそれから10年間にわたって国連・障害者の十年と定められ，世界的規模において身体障害者福祉が進展したが，その際注目されたWHOの障害に関する見解が次の障害観である。
① 　機能障害（impairment）
② 　能力障害（disability）
③ 　社会的不利（social handicap）
　①のimpairmentは損傷あるいは欠損そのものであり，②のdisabilityはimpairmentによって生じる具体的な生活障害を意味する。しかし，impairmentとdisabilityの関係はその障害者が住む社会によってずいぶん異なるのである。同じimpairmentを背負っていても，障害者福祉が進んでいる社会では進んでいない社会よりも，disabilityは格段に軽減されるであろう。その意味で，障害はすぐれて社会的な現象なのであり，社会的不利（social handicap）としてとらえるべきであるとしたのである。したがって今後，各国は障害者の社会的不利を解消もしくは軽減する努力を要請されるのである。

(2)　カナダモデルによる定義

　このWHOの定義に対してはいくつかの批判があり，佐藤久夫はいわゆるカナダモデルを紹介している。佐藤はWHOの定義に関して，①病気とimpairmentの区別が曖昧である，②impairmentとdisabilityの関係が曖昧である，③disabilityの定義が曖昧である，④handicapの定義が曖昧であるとして，impairment・disability・handicapの三つのレベルを構造的に示すとともに，環境因子を組み込み，handicapは環境因子・障害と生活・社会活動との相互作用に発生すると説明している。

図8-8 カナダモデルの概念図

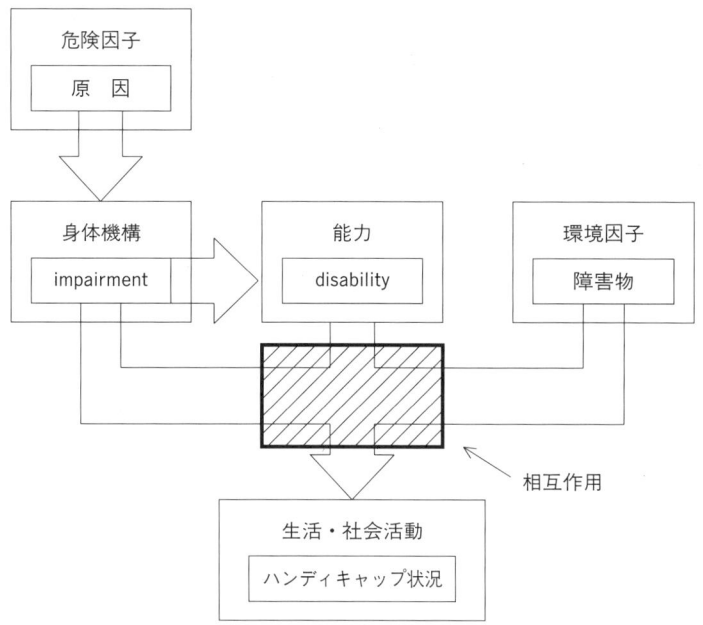

```
危険因子
 原 因
   ↓
身体機構 → 能力    環境因子
impairment  disability  障害物
         ↓
      （相互作用）
         ↓
     生活・社会活動
     ハンディキャップ状況
```

資料：佐藤久夫「WHO国際障害分類試案への批判と修正動向」『リハビリテーション研究』(財)日本障害者リハビリテーション協会，1992年10月（第73号），一部改変。

(3) 国際生活機能分類（ICF）

2001年5月，WHO総会において上記の国連による障害の分類が見直されたが，その詳細は第7章で説明されているとおりである。

3 障害者福祉施策のこれまでの取り組み

障害者の「完全参加と平等」のテーマが掲げられた1981（昭和56）年の国連の国際障害者年を契機にわが国では，障害者の地域生活の実現に向け，障害基礎年金，特別障害者手当の創設による経済的自立のほか，障害者の雇用安定を目指した「障害者の雇用の促進等に関する法律」の改正など職業的自立を図るためのさまざまな施策が展開されてきた。さらに，1993（平成5）年の障害者基本法の成立によって完全参加と平等が明文化され，自立と社会参加の促進に向けた地域における支援のための基盤が整備された。そして，1995（平成7）年の「障害者プラン～ノーマライゼーション7か年戦略～」の策定を踏まえ，現在も関係省庁一体となった取り組みにより，障害者の生活全般にわたる施策が総合的に行われている。

以下に障害者施策の基本となる障害者プランの概要を示すほか，最近の障害者施策の動向についてまとめる。

障害者プラン～ノーマライゼーション7か年戦略～

1995（平成7）年12月には「障害者プラン～ノーマライゼーション7か年戦略～」が策定された。全人間的復権をめざすリハビリテーションの理念と，障害者が障害のない者と同等に生活し，活動する社会をめざすノーマライゼーションの理念をふまえている。

障害者プランの視点を，①地域で共に生活するために，②社会的自立を促進するために，③バリアフリー化を促進するために，④生活の質（QOL）の向上を目指して，⑤安全な暮らしを確保するために，⑥心のバリアを取り除くために，⑦我が国にふさわしい国際協力・国際交流を，においている。

具体的には，表8-1のとおり，数値目標が掲げられ，1995（平成7）年度から2002（平成14）年度の7年間をかけてその充実が図られているところである。

表8-1　緊急整備目標（平成14年度末の目標）

			（現状）		（目標）
1 住まいや働く場・活動の場の確保	(1) グループホーム・福祉ホーム (2) 授産施設・福祉工場 (3) 新たに整備する全ての公共賃貸住宅は，身体機能の低下に配慮した仕様とする。 (4) 小規模作業所について，助成措置の充実を図る。		5千人分 4万人分	→ →	2万人分 6.8万人分
2 地域における自立の支援	(1) 障害児の地域療育体制の整備 　重症心身障害児(者)等の通園事業 　全都道府県域において，障害児療育の拠点となる施設の機能を充実する。 (2) 精神障害者の社会復帰の促進 　精神障害者生活訓練施設（援護寮） 　精神障害者社会適応訓練事業 　精神科デイケア施設 (3) 障害児の療育，精神障害者の社会復帰，障害者の総合的な相談・生活支援を地域で支える事業を，概ね人口30万人当たり，それぞれ2か所ずつ実施する。 (4) 障害者の社会参加を促進する事業を，概ね人口5万人規模を単位として実施する。		300か所 1.5千人分 3.5千人分 370か所	→ → → →	1.3千か所 6千人分 5千人分 1千か所
3 介護サービスの充実	(1) 在宅サービス	訪問介護員 短期入所 日帰り介護	 1千人分 500か所	 → →	4.5万人上乗せ 4.5千人分 1千か所
	(2) 施設サービス	身体障害者療護施設 知的障害者更生施設	1.7万人分 8.5万人分	→ →	2.5万人分 9.5万人分
4 障害者雇用の促進	第3セクターによる重度障害者雇用企業等の，全都道府県域への設置を促進する。				
5 バリアフリー化の促進等	(1) 21世紀初頭までに幅の広い歩道（幅員3m以上）が約13万kmとなるよう整備する。 (2) 新設・大改良駅及び段差5m以上，1日の乗降客5千人以上の既設駅について，エレベーター等の設置を計画的に整備するよう指導する。 (3) 新たに設置する窓口業務を持つ官庁施設等は全てバリアフリーのものとする。 (4) 高速道路等のSA・PAや主要な幹線道路の「道の駅」には，全て障害者用トイレや障害者用駐車スペースを整備する。 (5) 緊急通報を受理するファックス110番を全都道府県警察に整備する。				

身体障害者福祉法の改正

　2000（平成12）年の「社会福祉の増進のための社会福祉事業法等の一部を改正する等の法律」により，身体障害者福祉法も改正された。身体障害者の地域生活を支援する事業として，次の新規事業が追加された。介護を必要とする者に対して援助を行う身体障害者相談支援事業と，手話通訳事業である。また，視聴覚障害者情報提供施設の機能が追加された。市町村は身体障害者等に対する相談および指導を事業者に委託できるようになった。また，福祉に関する必要な情報提供，相談および指導等を行わなければならないなど，「市町村の役割」が規定された。

　さらに，社会参加の促進が図られ，身体障害者の社会，経済，文化その他あらゆる分野の活動への参加を促進する事業の実施に努めることが，地方公共団体の責務とされた。措置制度から支援費支給方式に変更して，障害者福祉サービスの利用制度化が図られたものである。身体障害者居宅支援および身体障害者施設支援については，利用者が福祉サービスの提供者と直接契約し，市町村が利用者に対して支援費を支給する方式（支援費支給方式）に改められた。

　平成15年4月1日より実施されることとなる。

知的障害者福祉法の改正

　2000（平成12）年の「社会福祉の増進のための社会福祉事業法等の一部を改正する等の法律」により，知的障害者福祉法も改正された。知的障害者の自立と社会経済活動への参加の促進が法律の目的として明示されるとともに，知的障害者の自立への努力について定められ，また，すべての知的障害者は社会，経済，文化その他あらゆる分野の活動に参加する機会を与えられるものとされた。

　地域福祉の展開として，知的障害者の地域生活を支援する事業が新たに規定された。地域で生活する知的障害者の自立と社会経済活動への参加を支援するため，知的障害者相談支援事業，知的障害者デイサービスセンターの事業が，新たに知的障害者福祉法上の事業および施設として追加された。また，知的障害者等に対する相談および指導を都道府県から事業者に委託できるようになった。

　知的障害者福祉法上のサービスであった措置制度により提供されているもののうち，知的障害者居宅支援および知的障害者施設支援について，利用者が福祉サービスの提供者と直接契約し，市町村が利用者

に対し支援費を支給する方式（支援費支給方式）に改められ，身体障害者，障害児同様2003（平成15）年4月1日施行となった。

精神保健及び精神障害者福祉に関する法律の改正

　精神保健福祉施策については，1993（平成5）年の障害者基本法の成立により精神障害者が基本法の対象として位置づけられたことをふまえ，1995（平成7）年の改正において，精神保健法は「精神保健及び精神障害者福祉に関する法律」に名称が変わり，これまでの保健医療施策に加え，福祉施策の充実を図られることとなった。また，1999（平成11）年には，精神障害者の人権に配慮した医療の確保に関する事項を強化し，また緊急に入院が必要となる精神障害者の移送制度を創設，その他に在宅福祉事業としてこれまでの精神障害者地域生活援助事業（グループホーム）に加え，居宅介護等事業（ホームヘルプサービス），短期入所事業（ショートステイ）を追加するなど精神障害者の保健福祉の充実が図られた。

第4節　諸制度を推進する介護福祉士の役割

長寿・福祉社会を求めて

（1）諸プラン・報告書にみる理念・目標の実現

　諸プラン等にみる21世紀の社会の姿を時系列でみると，「豊かな活力ある社会」から「豊かな長寿社会」へ，そして「健やかな長寿・福祉社会」から「明るい活力のある長寿・福祉社会」・「幸福を実感できる福祉社会」へと変化をみせている。さらに介護保険法成立の過程で「自立した質の高い生活」が強調され，社会福祉基礎構造改革の中間まとめにおいて，「尊厳と生きがいを持ってその人らしい自立した生活が送れるような社会」を掲げ，ゴールドプラン21においての「健康・生きがいをもって社会参加できる社会」に至る。

　これらの福祉社会の実現のためにさまざまな施策がとられたが，その過程で社会福祉従事者や医療従事者等の介護関係人材に求められた理念や目標は，①自立支援・利用者本位・自己責任，②家族への支援（家庭での介護機能の強化），③ニーズへの即応，④地域の相互扶助機能の活性化（地域福祉・在宅福祉），⑤自己決定の支援（福祉情報提供体制），⑥保健・医療・福祉の連携，統合によるサービスの総合的・一体的・効率的な提供，⑦予防・リハビリテーションによる機能維持，⑧在宅介護の重視，⑨社会連帯の精神に立脚した地域社会の形成，⑩社会的自立・社会参加の促進，⑪生活の質の向上，⑫福祉文化の創造，⑬生きがい・自己実現・その人らしい生活への支援，⑭共生，ふれあい，対等な関係（支え合い）等であり，国民の一人ひとりが，人生の主人公として生きることのできる豊かな地域社会を築くことにある。

　介護福祉士はこれらの理念や目標を具体的な介護活動で示し，利用者や家族，地域住民に満足と信頼，安心を提供しなければならない。

（2） ボランタリズムの育成

　私たちは，長寿を喜べる社会，安心して子どもを産み育てることのできる社会，誰もがともに生きられる社会を望んでいる。自分以外の人とともに生き，手をさしのべ支え合う社会，一人ひとりがかけがえのない個人として尊重される社会，誰もが自立の心と社会保障の心（連帯），思いやりの心の重要性を理解し，それぞれの能力を生かして，各人にふさわしい生き方が選択できる社会を求めている。

　ケアを必要とする人々が，地域で安心して暮らし続けることができるような，そしてまた，地域のなかで自分らしく生き抜くことができるような「居場所」はその鍵を握っている。

　私たちは，保健・医療・福祉の専門職や地域住民と共同して，優しさにあふれた豊かなまち（福祉社会）を築きたいと願う。介護福祉士が，地域に幸せ（喜び）を運び続けることができるように，そしてまた他者の人生にかかわる責任を自覚し，他者の喜びや哀しみに共感できる人であってほしいと願っている。

　介護福祉士は地域住民（利用者・家族）が介護に夢や希望を見いだし，地域で暮らすことに安心と信頼がもてるように，そしてまた，ホームヘルパー，利用者や家族が自信をもって主体的に課題に取り組めるように，彼らの自立を支援する存在でありたい。

　人との心のふれあいは，人を育み生きる意欲を引き出すものである。政治や経済では解決ができないものであり，ここに，心の「共感」によるボランタリズムの重要性がある。みんなが，少しずつみんなのためになることをする相互扶助と，それに基づく心のふれあいは喜びであり，自己の存在を肯定させてくれるものである。この営みは人間にとって最も基本的な活動に他ならない。

　介護福祉士は介護を通して利用者や家族とともに在ることを伝え，地域住民の力を借りながら豊かな関係を築いていく必要がある。そして，お互いが必要な存在であることを実感できる体験を積み重ねていくことが大切である。

（3） 自立を支援する

　病気や老化による障害に悩む人々は，働けなくなった自分，役割を果たせなくなった自分に存在感をなくしたり，生きる意欲を低下させ

てしまうことがある。子どもには迷惑をかけたくないと願いながらも、家族に依存せざるを得ない自分に絶望したり、他人の世話を受けるのは恥だといった意識からサービスを拒否することもある。介護を必要とする人々が主人公として最期まで自分らしく生きるには、本人の心情を理解しサポートする人々が必要である。

　要介護者の限りない可能性を信頼し、わずかな成長にも喜び、自信をもたせてくれる人々、かけがえのない個人として尊重し、心のこもった関心を示す人々、努力を正当に評価し、さらに必要な課題に気づかせてくれる人々、要介護者や家族の立場で考え一緒に寄り添ってくれる人々、このような介護福祉士や地域住民が身近に居たら、介護を必要とする人々は自分らしく居られる場所（居場所）を見いだせるはずである。たとえ弱くて情けない自分自身であっても、自己を受け入れ、よさを求めて努力し、自信を取り戻すことができるかもしれない。

　介護福祉士は人生に自信と誇りがもてるように、自立を助ける者である。介護実践を通して、人間の限りない可能性を引き出し自尊感情を高める人々である。さらには問題や課題を解決する力を強化し、主体的に生きる力、自分らしく力強く生きる力を高め、要介護者が成長すること、自己実現することを助ける人々だといえる。

　最近は自立と依存の共存が大切だと言われるようになった。人間が自立していくためには、それにふさわしい依存を体験する必要があると指摘されている。人間は誰でも、よりよく生きることを願い、より成長していこうとする潜在力をもっているが、それが発揮されるためには、心から休める場所と、自由が許される環境、そして温かい目で常に見守っている人がそこに存在する場が必要となる。

　要介護者が「頑張って生活する自分」を実感し、自信を取り戻すことができるように、生活に役立つ多様な体験の場を準備する必要がある。自分らしさを表現できる場をいかにしてつくり出していくかが自立支援の鍵になっている。

（4）　介護者の自己実現

　介護者の心身の負担に対して、他の介護者と比較をし「あなたよりももっと大変な状況におかれながら頑張っている人がいる」と励ます人がいる。しかし、どの人にとっても自分の問題が最も重要なのである。その人にとっては精一杯努力した結果としての今があることを心

しておきたいものである。

　介護者の力量を指摘するのではなく，介護者とふれあい，苦しみを理解し，介護者を信頼し，その能力を引き出し，介護者とともに課題解決にあたる姿勢が必要なのである。誰かの助けを必要とするとき，そばにいて温かく見守り，必要な手助けをしてくれる人がいれば，介護者もまたゆとりを取り戻し，難題に挑戦するのではないだろうか。

　しかし介護者が自分らしく生きられる場所（居場所）がなければ，介護者の自己実現は望めない。さらにまた介護者の幸せなくしては，要介護者の自立や幸せは望めない。要介護者の幸せや人格的な成長，自立の鍵を握るのは介護者である。介護者の「ゆとり」が，要介護者の自己決定を豊かなものにするのであり，介護を社会化する意義そのものであると言える。

（5）　利用者の尊厳を守る

　介護保険制度創設の最大のねらいは，介護を必要とする人々が，自分の能力を活用しながら自分らしく尊厳をもって生きられるように，社会的に支援するというものだった。厚生労働省はその具現化の一つとして身体拘束ゼロ作戦を打ち出し4月には「身体拘束ゼロへの手引き」を公表した。

　身体拘束は身体を著しく傷つけ無惨な死をもたらすことや，その効果に科学的裏付けがないこと，むしろ大きな事故につながること，スタッフの数は拘束の理由にならない等の研究報告は「身体拘束」を否定するのに十分なものである。

　人間としての尊厳を冒す行為は，決して許されるものではない。利用者や家族の人生に対して，責任をもってかかわりたいと願いながら「利用者を守る」という理由で身体拘束をしている矛盾を痛く受け止める必要がある。

　拘束しない方法を知らなかったために介護従事者自身が加害者になっている現実，疑問を抱きながらも身体拘束せざるを得ないスタッフの苦悩や職業人としての誇りの喪失，そしてまたそれらの弊害すらも気づかない専門職集団や施設に対する国民の不信に対して，早急な対応が迫られている。身体拘束という従来の失礼なケアを反省し，人生の主人公として生きるにふさわしい環境を整える大切な機会として今を逃してはいけない。まさに介護の質に挑戦し，信頼に足る介護を

提供するときを迎えたのだ。

　だが身体拘束禁止に主体的に取り組まない施設はまだある。未知なるものへの挑戦は恐いことだ。しかし，身体拘束ゼロの実践例はたくさん寄せられている。家族との信頼関係を築きながら，リスクに責任をもってかかわる決意は，自立した専門職の姿そのものでもある。明らかにされた身体拘束をしない介護の方法とその根拠，生き生きとした利用者や家族の変化は，介護の喜びを実感させ，身体拘束禁止に主体的に向き合う強い意志を形成している。さらに高い理念を掲げ，施設が一丸となって創造的な介護の開発に取り組む楽しさは，組織への帰属意識を高め，豊かな人間関係を築く土台になっている。結果として利用者にとっても居心地のよい支持的な環境が提供されることになる。このように，身体拘束廃止に向けた挑戦は，質の高いサービスで利用者の自立を支援するばかりではなく，利用者の人生に責任をもってかかわる自分を育てることに他ならない。

（6）　医療ケアと介護福祉士の役割

　社会福祉分野においては，常時医師や看護師がいるわけではなく，介護従事者が医行為や療養上の世話業務を必要としている人々にかかわる機会は多い。利用者や家族は，多少なりともそのような状況に不安をもっているので，介護福祉士は医療や看護が最良の状態で利用者に提供され，しかも継続されるように見守り，励ましながら日々の暮らしを支えなければならない。

　医師法（1948（昭和23）年）では，「医師でなければ，医業をなしてはならない」（業務独占）と規定しており，これに違反すれば3年以下の懲役または100万円以下の罰金に処せられる。

　ここでいう医業とは「医行為を業として行うこと」であり，「業」とは「反復継続」を意図した行為を，不特定多数の者を対象として行うことであると考えられている。そのため緊急避難的行為や偶然反復継続された行為および自己に対する行為は，「業」から除外され，家族に対する行為も自己に対する場合と同様に扱われることがある。

　保健師助産師看護師法第5条は，「この法律において，『看護師』とは，厚生労働大臣の免許を受けて，傷病者若しくはじょく婦に対する療養上の世話又は診療の補助をなすことを業とする者をいう」と定義している。また看護師（保健師，助産師，准看護師）でない者は，第

5条に規定する業をしてはならない(業務独占)としている(第31条)。

したがって介護福祉士は,看護師の業務独占の範囲内にある療養上の世話や診療の補助業務を行ってはならないことになる。

医行為や療養上の世話業務は専門的な知識,技能を必要とする。そのために免許制度を採り入れ社会の秩序を維持しているが,この療養上の世話業務や医行為について医療事故が生じた場合,指示をした医師や看護師が民事上の責任を負うことになる。しかし,刑事上の責任においては,あくまでも過失をおかした「本人」が当事者責任を負うことになる。

在宅においての医療や看護は医療施設内に比較して,緊急時における対応の体制が不十分であり,利用者のおかれている危険性は高い。常時医師や看護師がいるわけではなく,緊急事態が発生した場合の対応の不安を抱えながら介護をしている状況がある。

それだけに,介護福祉士の行為によって,利用者に不利益な状況が生じるおそれがあることを予測し,その結果の発生を避けるようにしなければならない。ただし,緊急避難的行為は「業」から除外されるため,人工呼吸や心マッサージ,窒息を改善する吸引,出血時の止血等,全職員が利用者の生命を守る行動をとらなければならない。

医療処置を介護福祉士が行うことはできないが,異常を察知し,医師や看護師に報告する能力,医療機器の安全使用確認の方法を理解していなければならない。どのような環境や状況にあろうとも,利用者に必要な医療処置が,医師や看護師によって確実に提供される体制を整備していかなければ,利用者の安全と安心して暮らせる生活を保障することにはならない。介護福祉士は社会福祉分野の専門職として諸資源を開発し,保健・医療との十分な連携を図り,役割分担や責任の所在を明確にしながら,介護業務に専念しなければならない。

利用者や家族に頼まれて断りきれない,無資格の利用者や家族が行っている,看護師が忙しくて対応できない等の安易な判断や親切心で,法に抵触することのないように注意を図りたい。

(7) 情報の共有

ケアマネジメントのように利用者を中心とした保健・医療・福祉のネットワークで支援していく場合,「情報の共有」はその要となる。これは利用者の反応を含む相互のコミュニケーションによって促進され

る。円滑な「情報の共有」は，ケアマネジメントの質に反映されることになる。

「情報の共有」に関して重要な要素は，クイック・レスポンスである。情報発信の準備に時間をとるのでなく，プロセス・レコードそのものが発信情報となる工夫（電子メールなどのメディア化等）が大切である。また，カンファレンスや会議のために一堂に会する必要は必ずしもない。会議や会話は一次元的であり，多数の人の時間を占有する欠点がある。

それに対して，同報メールのような手段であれば，二次元的に（斜め読み）処理できるため情報共有に要する時間を桁違いに減らすことができる。その結果，従来ではとても不可能と言われていたケアマネジメントや介護サービス計画作成に要する時間が，現実的なものとなり，対人サービスに費やすことが可能となる。情報メディアの活用は介護福祉士にとって不可欠なものとなっている。

また，「体験の情報共有」は，コミュニティの一体感の醸成にも重要な役割を果たすと考えられる。ある集団が理念や目標を共有しまとまりのある信頼感にたるものとなるためには，共通の成功体験の蓄積がキーとなる。一緒に苦労し頑張った結果として，利用者の状態の好転や感謝の言葉が得られた経験はケアをする者を力づける。そのような体験の情報が共有されることにより，そのケアのネットワークは相互信頼に値するコミュニティへと成長していく。

市町村，専門職，関係する機関，そして住民等との連携を強め，多様なネットワークを広げながら，質の高い介護サービスを提供し続けることは，介護福祉士の責務である。

介護福祉士は，介護実践を通して，人間の限りない可能性を引き出し自尊感情を高める専門職である。さらには問題や課題を解決する力を強化し，主体的に生きる力，自分らしく力強く生きる力を高め，その人が成長すること，自己実現することを助ける人々だといえる。そしてまた介護の本質である「可能性に対する信頼と支え合いによる自立支援」は，要介護者ばかりではなく，家族や地域，介護福祉士自身が「自立＝主人公」として生きることの取り組みに他ならない。

参考文献

堀田力『共生社会への道――超高齢化日本のボランティア――』(NHK人間大学)，日本放送出版協会，1997年。

広井良典『ケアを問いなおす――＜深層の時間＞と高齢化社会――』筑摩書房，1997年。

グリフィス，R.著，小田兼三訳『コミュニティ・ケア：行動のための指針――グリフィス報告――』海声社，1989年。

小田兼三監訳『英国コミュニティ・ケア白書――コミュニティ・ケア改革と日本の保健医療福祉への示唆――』中央法規出版，1991年。

金子郁容『コミュニティ・ソリューション――ボランタリーな問題解決にむけて――』岩波書店，1999年。

森岡正博『ささえあいの人間学』法藏館，1993年。

竹内孝仁「サービスの質をめぐって」『月刊総合ケア』Vol.8, No.12, 1998年。

阿部志郎・土肥隆一・河幹夫『新しい社会福祉と理念――社会福祉の基礎構造改革とは何か――』中央法規出版，2001年。

岡本祐三『介護保険の教室――「自立」と「支え合い」の新秩序――』PHP研究所，2000年。

厚生労働省監『平成13年版　厚生労働白書』ぎょうせい，2001年。

社会福祉法研究会編『わかりやすい社会福祉法』中央法規出版，2001年。

佐藤久夫『障害構造論入門――ハンディキャップ克服のために――』青木書店，1992年。

第 9 章

海外における介護福祉の動向

はじめに

　人口の高齢化は全世界的に進行しており，特に先進地域では急速に伸展することが予測されている。各国は，それぞれの国の経済・社会の動向に大きく影響を受けながら独自の高齢化対策に取り組んでいる。特に重視されているのは，高齢化に対する介護問題への対応である。増大する介護福祉ニーズと制限された予算のなかでニーズに対応したサービスの提供は不可欠であり，社会資源の効率化を図るケアマネジメントの推進は有効であるとされている。本章では，先進国のなかでドイツ，イギリス，スウェーデン，アメリカ，カナダの介護福祉の取り組みと動向を紹介する。

第1節 ドイツ

1 ドイツの高齢者福祉

　ドイツは連邦国家であり，市民の自助努力と相互扶助というドイツの伝統のもとに，それを国が支援するという福祉国家である。民間社会事業が社会福祉の主体であり，費用は行政の責任で民間社会福祉団体に支払われる。

　ドイツの高齢化率は15.9％（2000年現在）であり，2025年には21.8％に達すると予想されている。1997年現在，65歳以上の38％に当たる約340万人が一人暮らしであり，この割合は増加傾向にある。社会の高齢化・少子化（合計特殊出生率1.4，1997年）に対応して，1989年の医療保険構造改革法による高齢者保健および訪問看護給付が新設された。さらに介護問題がより深刻になると，介護費用のための財源確保が強く要求され，1994年公的介護保険が創設された。1990年に東西ドイツが統一され，東西の生活状況や社会福祉サービスの格差が明らかにされたが，現在ゆっくり確実に両者の格差は小さくなっている。

2 ドイツの介護福祉の動向

（1） 公的介護保険の概要

　ドイツは長期ケアへの対応として，世界最初に公的介護保険を導入した国である。1995年1月から保険料徴収（労使折半），同年4月から在宅ケアの保険給付が，1996年7月に施設給付が行われた。保険給付として現物給付の他に現金給付および現物・現金給付を認めている。

制度発足時には現金給付の選択がドイツ全体で70％を占めたが，1999年には60％台になっている。現在ドイツでは，人口の99％に当たる8000万人が介護保険に加入し，介護給付を受けているのは186万人で，70％は在宅介護，30％は施設介護である。[1]

① 保険者，被保険者

保険者は「介護金庫」（医療保険の保険者である「疾病金庫」）であり，統一的に運営にあたっている。被保険者は18歳以上の全国民であり強制加入である。

② 要介護認定

介護給付を受けるためには要介護認定を必要とする。調査員による第一次判定（医療関係の項目については医師と協議して書くことが義務づけされている）を基に専門家（医師，看護婦（士），老人介護士等）による第二次判定によって認定を行う。認定審査は疾病金庫に設置されている「医療サービス機構（MDK）」が行っている（図9-1）。

図9-1　介護保険の手続き図

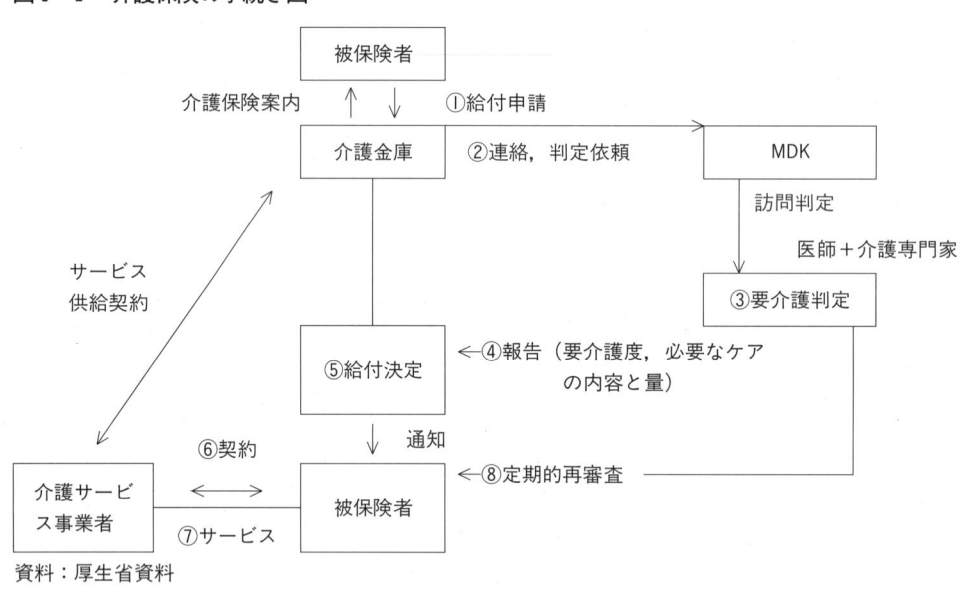

資料：厚生省資料

[1] 小梛治宣「ドイツ介護保険の新たな動き——実施後5年の成果と課題——」『週刊社会保障』No. 2139, 24〜27頁, 2001年。

（2） 介護福祉サービス

65歳以上の人口の約93％は一般住宅に居住しており，約7％が老人ホームや老人介護ホームなどの入所施設や高齢者アパートなどの社会福祉施設に入所している。老人介護ホームには65歳以上の人口の3％の37万5000人が入所している。在宅サービスは主にソーシャルステーションが，訪問看護，在宅介護，家事援助，相談等の保健・医療・福祉にわたり総合的に提供している。

（3） ドイツのケアマネジメント

ドイツの介護保険ではケアマネジメントは経済上の観点から制度としては確立されていない。しかし在宅ケアを推進するうえでの専門家によるニーズアセスメントやケアプランに基づくサービスが実態的に提供されている。従来からソーシャルステーションが行ってきたケアプラン作成は，保険給付の対象としている。[2] 日本の要介護認定のしくみはケアマネジメントから独立したものであるが，ドイツの要介護認定の過程はケアマネジメントにおけるケアプラン作成の過程と近似しており，しかもその過程のなかで介護の必要性も指摘できるようになっている。[3] サービスの質の向上を図るものとしてドイツではケアマネジメントよりもサービスの質の評価に重点的に取り組んでいる。1997年以降，介護認定審査会（各介護金庫がMDKに委託）がサービスの質の評価を第三者評価として実施しており，サービス事業者の運営構造，サービス過程，サービス結果について質の詳細な評価がなされている。

老人ホーム，老人介護ホーム
老人ホーム，老人介護ホームは，日本の養護老人ホーム，特別養護老人ホームにあたる。

高齢者アパート
高齢者アパートは，高齢者の自立生活に配慮した設備のある独立の住居の集合体であり，必要時には身のまわりの世話や食事サービスが施設側から提供される。

ソーシャルステーション
訪問介護の拠点として，市民の相談を受け，在宅サービスを提供している。日本では，在宅介護支援センターが同様の役目を担っている。

---

[2] 本沢巳代子『公的介護保険──ドイツの先例に学ぶ──』日本評論社，164頁，1996年。

[3] 内藤佳津雄「ドイツ介護保険制度の要介護認定とサービスの質」『要介護高齢者の在宅ケアマネジメントシステム等に関する国際比較研究』日本社会事業大学，119～126頁，1998年。

3 介護福祉の専門職

　ドイツでは高齢者の介護は家族が行うものと伝統的に考えられ，介護者は娘と妻が最も多くそれぞれ25％程度を占めている。しかし家族介護の限界や従来病院や施設で介護にあたっていたキリスト教の修道女の減少にともない，1960年代から高齢者介護の専門家養成が始まっている。1969年には日本の介護福祉士にあたる老人介護士が国家資格として認められた。現在サービスの中心となる専門スタッフは看護婦（士）と老人介護士である。

図9-2　ドイツの介護施設のスタッフの構成

	在宅介護施設	部分入所施設	完全入所施設
▶その他	2	7	6
▶兵役拒否者など	11	14	17
▶事務職・管理職	5	8	9
▶ヘルパー	7	19	21
▶訓練生・実習生	2	5	3
▶その他の介護職	29	19	17
▶老人介護士	8	12	12
▶看護職	36	16	15

注　数字は％（独地区疾病金庫連研究所資料による。1997年現在）
資料：2000年5月31日付『読売新聞』

老人介護士制度

　わが国の介護福祉士資格制度がモデルにしたと言われるドイツの老人介護士資格制度はすべての州で独自の規則が制定され，国家資格として認められている。しかし東西統一もあり，各州の間で教育内容の格差は拡大している。介護需要がますます高まっていくなか，介護の質の確保のために1999年に「老人介護法案」が提出された。法案によると，老人介護士養成課程受講の要件を，17歳以上の実科学校卒業生，または一定期間老人介護分野の授業を受けていた場合に限り基幹学校卒業生であることとしている。通常の養成期間は2年間で，看護婦（士）等介護関係職の経験のある場合には，これを短縮することができるとしている。養成校の教育カリキュラムは表9-1のとおりである。

表9-1 ドイツにおける老人介護士養成教育カリキュラム

一般教養	専門科目Ⅰ	専門科目Ⅱ
国　　　語	表現方法	医学的基礎（解剖学，生理学，生物学）
宗　　　教	心理学	薬剤について
法　　　律	社会学	老人と病人の介護
職　　　業	教授法	老人神経医学
社　会　権	運動，制作及び工作	老人精神医学
政　　　治	高齢者の日常生活の問題	衛生学
		栄養士

資料：三原博光『介護福祉学入門』中央法規出版，51頁，2000年。

　ドイツでは老人介護士は，医療的介護と福祉的介護の両方の専門的知識を備えた専門家であると考えられており，医学的知識に重点をおいた高齢者介護が重視されているようである。今後，養成課程や国家試験についても法規に基づく命令で定めていくことになる。また老人介護士補の養成についても，各州に義務化を求めていくことになる。▶4

4　今後の課題

　今後急増する要介護者に対する対策として，介護保険の見直しは最重要課題である。痴呆性高齢者への対応や施設介護者の不足，そこからくる介護の質の低下，そのチェック機能の不備，介護保険財政の不安定化等が問題点として指摘されている。介護マンパワーの継続的育成と介護供給の質の確保も早急に取り組むべき課題である。

▶4　田中智子「ドイツ老人介護士養成の連邦規定案」『月刊福祉』8月号，全国社会福祉協議会，123頁，1999年。

第2節 イギリス

1 イギリスの高齢者福祉

イギリスの高齢者の保健福祉サービスは，保健医療サービスは1948年に制定された「国民保健サービス法（NHS）」として，福祉サービスについては地方公共団体を中心に対人社会サービスとして提供されている。いずれも税方式で提供されている。

戦後，福祉国家として出発したイギリスであったが，1970年代から1980年代にかけて保健医療と福祉の調整・連携の不十分さ，サービス提供システムの硬直性等の問題が明らかになった。1979年に誕生したサッチャー政権は市場機構を重視し，伝統的な福祉国家行政からの大きな転換を行った。1988年の「グリフィス報告」は，ケア供給の市場化とケアマネジメントを導入して在宅ケアを積極的に推進するものであった。しかし民間施設に入所する高齢者が急増し，1990年「国民保健サービスおよびコミュニティケア法」が成立した。この法により社会福祉サービスの自治体責任を強化し，高齢者は可能な限り在宅または家庭的環境のなかで生活することを支援する方向が出された。1997年に成立した労働党のブレア政権は，かつての福祉国家モデルではなく「第三の道」を求め，「公共サービスの現代化」施策を推し進め，社会保障体系全体の見直しに乗り出している。

国民保健サービス法（NHS）
1948年に創設され，すべての国民に疾病予防やリハビリテーションを含めた包括的な医療を原則無料で提供している。1990年にはNHS法により，75歳以上の高齢者は年1回訪問診療を無料で受ける権利が与えられた。

グリフィス報告
1988年，サッチャー政権時のコミュニティケア政策の検討報告。内容は，コミュニティケアの目的は施設や病院でなく在宅においてケアすることであるとし，サービスの供給にあたっては，費用に見合った価値と社会資源の統合化を強調している。

国民保健サービスおよびコミュニティケア法
高齢者ができるだけ在宅あるいは家庭的な環境のなかで生活できるように支援することを目標に成立。この法律のポイントは，①医療サービスの改善，②コミュニティケアの改革，③国民保健サービスへの開業医の参画，④患者憲章の四つである。

2 イギリスの介護福祉の動向

イギリスの高齢化は，2000年に16.03％，2010年に17.43％，2030年には23.07％と推計されている。高齢者の介護では他のヨーロッパ諸国と同様に，早くから老人ホームの利用が一般化してきたが，劣悪

な収容内容が問題となり，その後老人ホームに代わって地域にシェルタードハウジング（高齢者住宅：Sheltered Housing）が普及した。在宅を希望する後期高齢者の増加，虚弱高齢者や痴呆性高齢者への対応の必要性，また1993年からの国民保健サービスおよびコミュニティケア法の完全施行によりケアマネジメントシステムが導入されて，要介護者のニーズに合った地域介護サービスを提供する体制づくりが急速に進んでいる。

> **シェルタードハウジング**
> 在宅と施設との中間の住居形態であり，次の四つの要件を備えている。①設備（キッチン，バス，トイレ等）専用の集合住宅である，②高齢者にふさわしい安全性，③管理人による24時間の見守り態勢，④緊急連絡通報態勢

（1） イギリスのケアマネジメント

イギリスのケアマネジメントは，自治体の社会サービス部が実施している。システム指向モデルに基づき，効率性を重視するコミュニティケア推進のためにケアマネジャー（原則としてソーシャルワーカーが担当）に，ケアサービスの有効配分のためのマネジメント役割を強く求めている。自治体のケアマネジャーは，コミュニティケア全体に対する主たる責任と予算執行の権限を与えられており，予算制限下におけるサービス配分は利用者の希望するサービス利用の制限につながる危険性をもっている。ただしイギリスのケアマネジメントは，利用者への情報公開制度や不服申立制度[5]，アセスメントやケアマネジメント過程への利用者参加の制度等を採用して，利用者の自己決定権保障のしくみの確立を自治体に要請している[6]。

> **情報公開制度**
> 地方自治体に公開が要請されている情報として，①機関が担当するニーズの範囲，②機関の目的，優先順位，対象，③利用できるサービスの種類，④社会資源の選択基準，⑤送致，アセスメント，再検討の方法等である。また情報提供のあり方にも細かい配慮を求めている。

（2） 介護福祉サービス

入所・通所施設部門ならびに在宅支援部門の責任は地方自治体社会サービス部がもっている。在宅サービスは，ホームヘルプを中核とした組み合わせ（Package of Care）効果が注目され，保健・福祉サービスがケアプランに従って連携して提供されている。NHSの早期退院計画の推進により，ホームヘルプは家事援助のみでなく身辺介護や家庭管理サービスを含むホームケアである必要が強調された。特に最近は重度の身体介護サービスが中心になっている。

> **不服申立制度**
> 利用者からの不服申立てに対する苦情対応の実施責任は地方自治体にあり，各自治体は担当窓口を設置している。対応内容は，住民へのサービスの情報提供，不服申立ての受理，調査，問題解決への諸手続き，関係機関との調整等である。

▶5　村川浩一「イギリスにおける介護サービスの質的向上と苦情システム——地方自治体の取り組みを軸として——」『介護サービスの質の向上・苦情解決等に関する国際比較研究』日本社会事業大学，1～15頁，2000年。

▶6　副田あけみ「イギリスにおけるケアマネジメント」『在宅介護支援センターのケアマネジメント』中央法規出版，42～51頁，1997年。

表9-2　英国における高齢者ケアおよびサービスの枠組み

サービスのタイプ	サービス／給付	提供主体
医療サービス：		
病院	入院／通院／デイサービス	病院レストランおよび地域
コミュニティ	訪問看護／足手当／理学療法	医療当局
プライマリーケア	一般医／グループ治療／看護／歯科／眼科／足治療／薬局	一般医，地域看護婦など
ナーシングホーム	入居サービス	民間業者／NPO
対人社会サービス：		
入居ホーム	長期入居／短期入居／レスパイト	地方自治体／民間業者／NPO
デイサービス	デイセンター／ランチクラブ	地方自治体／NPO
在宅ケア	ソーシャルワーク／ホームヘルプ／配食／洗濯／作業療法／住宅改造／就職サービス	地方自治体／民間業者／NPO
住宅サービス：	ケア付き住宅／一般住宅／住宅改造助成など	地方自治体／民間業者／NPO
社会保障（現金給付）：	年金／所得補助／障害者手当／付添手当など	国（社会保障省）

資料：「各国の高齢化の状況と高齢社会対策」総務庁長官官房高齢社会対策室，88頁，2000年。

ナーシングホーム
常時看護を必要とする要介護度の高い者のための入所施設であり，看護婦による24時間の看護サービスを特徴とする。大部分が民間経営である。

ケアハウス
高齢者入所施設（老人ホーム）である。施設ケアとして「住宅」と「ケア」をともに提供する社会的ケアが評価され需要は高い。「生活の質」「ケアの質」「ケアマネジメント」に重点をおいたサービス提供が強調されている。

グループリビング
利用者の高齢化が進むとともにシェルタードハウジングに食事や一部のサービスを付加した「ケア付き型」が必要となり，「居住」と「生活支援サービス」が統合化されたグループリビングの整備が強調されている。

イギリスでは在宅福祉を推進する一方で，入所ケアの見直しも新たな主張となっている。高齢者ホームにはナーシングホーム（Nursing Home）およびケアハウス（Residential Home）がある。1995年の入所者数推計では，二つのタイプのホームを合わせて高齢者の4.8％が入所しており，85歳以上では病院も含めて4人に1人が施設に入居している。最近，普通の住宅に24時間見守り体制を加えたシェルタードハウジングという集合住宅が評価されている。今後イギリスでは居住と生活支援サービスが統合されたグループリビングの効果と意義を認め，積極的に保障していく必要を強調している。

3　介護福祉の専門職

(1)　ケアワークの資格

　イギリスは福祉の専門職として，ソーシャルワークが長い伝統の上に資格・教育・訓練の独自のシステムを充実させてきたが，ケアワークについては政策的な検討の対象となったのは1970年以降のことである。中央ソーシャルワーク教育研修協議会（Central Council for Education and Training in Social Work：CCETSW）は，1974年

施設職員の資格であるソーシャルサービス資格（The Centificate in Social Service：CSS）を創設した。しかし1986年の調査では，職員のCSS保有率は成人施設でわずか7.5％であり，大部分の職員は無資格であるとされている。[7]

（2） ケアワークの教育・訓練

1980年にはケアワークのための教育・訓練コースがCCETSWの認定のもとでスタートした。現任ソーシャルケアコース（In-Serve Course in Social Care：ICSC）は現任ケアワーカーのための訓練コースで，実習を含めて最低240時間のプログラムを整備することが認定の条件とされている。もう一つは初級ソーシャルケア資格（Preliminary Certificate in Social Care：PCSC）であり，義務教育終了後（16歳以上）の2年間のカリキュラムで110日の実習を含んだ初歩的な社会福祉教育である。その後，コミュニティケア改革のもとに実施されたソーシャルワーク資格と国家職業資格（National Vocational Qualification：NVQ）との整理で，従来のICSC，PCSCのコースはNVQコースのレベル2（ケアワークの基礎コース），レベル3（上級のコース）に分類された。ケアワークの資格がNVQ資格のなかに位置づけられたことでイギリスのケアワークとソーシャワークは一つの連続性のもとに位置づけられたといえる。1998年12月に出された「公共サービスの現代化」政策において，CCETSWに代わって国立訓練機関（the National Training Organization）がソーシャルケアスタッフの養成訓練を行うことと提案している。[8]

4　今後の課題

イギリスではサービスの供給と効率性の改善やサービスの質の向上を図るための対策が重視されており今後の課題である。前者は「ベスト・バリュー原則」に基づく業績指標によって自治体の社会サービス部の業績を公開する「対人社会サービス業績フレームワーク（Per-

> **ベスト・バリュー（Best Value）原則**
> 公共サービスの水準（コストおよび質）を向上させるため，1998年「公共サービスの現代化」白書に掲げられる。利用者にとってベストのサービスを効率的に実現するため，サービス業績評価指導を設定し，サービス改善を継続的に追求することを求めている。

---

[7] 伊藤淑子「イギリスの社会福祉」仲村優一・一番ヶ瀬康子編『世界の社会福祉4　イギリス』旬報社，198頁，1999年。
[8] 前掲書[7]に同じ，200～203頁。

表9-3 NVQ資格取得コース（レベル2，レベル3）の概要

	レベル2	レベル3
児童福祉	乳児保育 他者への援助 幼児のグループ 地域における幼児グループ	集団のケアと教育 家族のデイケア 幼児教育(Pre School Provision)
ケア	発達のケア 直接的ケア 在宅における支援 施設・病院における支援 特別なケアニーズ	自立支援 生活支援(Supported Living) リハビリテーション・ケア 継続ケア(Continuing Care) 長期ケアの支援 ターミナル・ケア 薬物使用 支援と保護(Support and Protection) 自己管理と環境管理の技術 精神保健のケア 運動と移動の援助

資料：仲村優一・一番ヶ瀬康子編『世界の社会福祉4　イギリス』旬報社，202頁，1999年。
原典：Central Council for Education and Training in Social Work-Annual Report 1991-1992, p. 84.

sonal Social Service Performance Accessment Framework：PAF)」の導入が進んでいる。[9]後者はサービスの地域間格差をなくすことで「全国サービスフレームワーク (National Service Framework：NSF)」という全国サービス基準を2000年4月から導入させ，チェック機関として「ケア標準委員会 (CCS)」という第三者機関を全国8か所に設置している。今後イギリスは福祉の民営化を進めていくが，そのなかで市民性や公益性を保障するシステムとしてのNPOを行政と民間の中間役割として期待している。

ケア標準委員会
Commissions for Care Standards。地方自治体では，全国サービス基準に照らしてサービスを自己評価した報告書をCCSに提出し，改善が進まない自治体には国が介入する措置がとられることになる。

[9] DH, "The Personal Social Services Performance Accessment Framework", Details for the indicaters for 1999, feedback from the consultation on the framework", July 1999.

第3節 スウェーデン

1 スウェーデンの高齢者福祉

　スウェーデンはOECD諸国内においても，早くから高齢化が進み（1999年末，17.3％），2010年には19.3％，2030年には24.2％と予想されている。福祉国家としてのスウェーデンは国民の高福祉のための高負担を受け入れる連帯意識と，個人の自立性の強さ等を背景に，福祉サービス行政はコミューン（Kommun：市町村，全国に289）が担当し，保健・医療の整備運営は県（Landsting：全国に23）が責任を担っている。高齢者福祉が本格的に発達し，政策体系が立てられたのは1960年代である。以降高齢者福祉ニーズが増大していくなかで，いくつかの福祉改革を重ねて発展してきている。

コミューン
日本の市町村に相当する基礎的自治体。コミューンは教育や社会福祉サービス等の分野についての責任を負う。

（1） 社会サービス法

　スウェーデンの高齢者福祉の基本的な原則は，1982年施行の社会サービス法に明文化されている。それは，
① 通常生活の継続（Normalization）
② ニーズの総合的把握
③ 自己決定
④ 社会参加
⑤ 日常生活の活性化
である。1997年6月に社会サービス法の一部改正が可決されたが，政府は引き続き「住み慣れた自宅における生活保障」を高齢者ケアの原則としている。

（２） エーデル改革

　増大し多様化する個人のニーズに総合的に応えるため，保健・医療と福祉の両分野の資源の有効利用をはかることを目的に1992年1月，エーデル改革が実施された。この改革により，高齢者の長期介護および健康管理の権限・責任がすべて県からコミューンに一元化された。その結果，全体的に在宅ケアにかかわる施設，サービスの拡充が相当促進されたと言われている。1996年，実施後5年間にわたる改革成果の総合的評価の最終報告が社会福祉庁から発表された。それによると，①社会的入院患者の減少，②高齢者のための特別住宅（大部分がグループ住宅）の増加，③コミューンにおける有資格の看護職員の増加等が報告されている。

2　スウェーデンの介護福祉の動向

　スウェーデンは平均寿命も女性81.9歳，男性77.1歳（1999年現在）と，世界でも最高レベルの長寿社会を誇っている。高齢者のなかで80歳以上の占める割合は，1997年の17.7％から2030年には33.3％へ増大すると予想される。また80歳以上の女性の半数近くが単身世帯になってきている。近年のスウェーデンの高齢者福祉施策は在宅サービスに力を注いでいるが，健康状態の悪化が深刻となり自宅で生活できない高齢者の割合は増加している。施設ケアと在宅ケアの割合をみると，1980年以後ホームヘルプサービスを利用する高齢者は老人ホームの入所者のほぼ5倍に達している。これらの状況からスウェーデンでは在宅における高度なケアへの対応とケアの効率的な管理が強く求められている。

（１）　住宅政策

　スウェーデンの高齢者福祉政策の第一歩は，ノーマライゼーションの理念のもと安心して暮らすことのできる住宅政策にある。高齢者の約9割は一般住宅に住んでいるが，自宅での生活が困難になった人に対しては，サービスハウジング（サービスハウス），老人ホーム，ナーシングホーム（ケア住宅），グループホーム等の「特別住宅（Sárskit

図9-3 高齢者ケアの発展動向 1960-90年

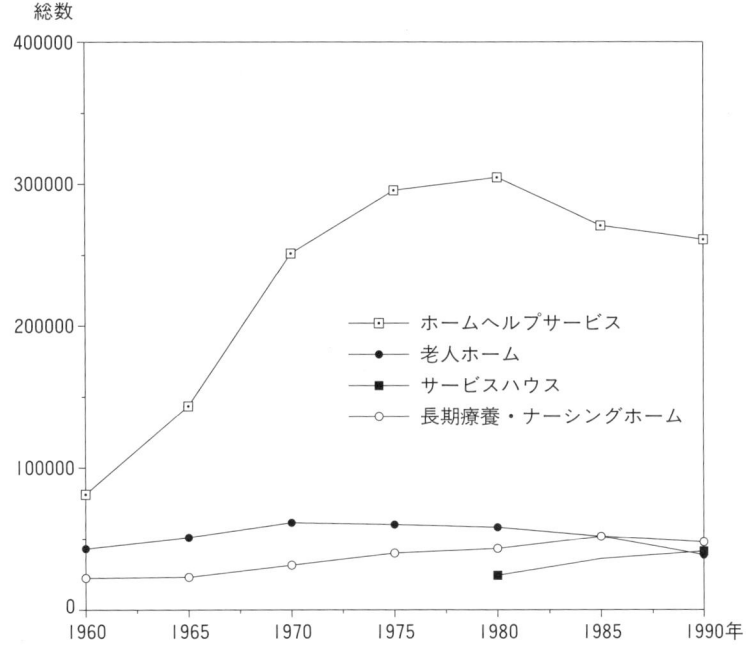

- ホームヘルプサービス
- 老人ホーム
- サービスハウス
- 長期療養・ナーシングホーム

資料:「各国の高齢化の状況と高齢社会対策」総務庁長官官房高齢社会対策室, 195頁, 2000年。

boende)」が, 社会サービス法に基づくニーズ認定によって提供される。ナーシングホームと老人ホームは24時間の介護を必要とする入所者が対象だが, 前者は慢性病などの医療ニーズの高い後期高齢者が中心となっている。エーデル改革以後, ナーシングホームや老人ホームは10人ほどのグループ・リビング式のケア住宅に転換してきている。サービスハウスは, ホームヘルプサービスやデイサービス, 食事サービス等の公共サービスの併設された年金者用集合住宅である。今日では, 高齢者のための特別住宅はもはや「施設」ではなく「住宅」であると認識されるようになっている。

(2) 在宅福祉サービス

1997年の統計によると, 援助を受ける在宅高齢者の割合は特別住宅に住む高齢者のそれと大きく変わらないことが指摘されている (65歳以上の約8.5%)。在宅福祉サービスの主な内容は, ①ホームヘルプサービス (24時間サービス, 身の回りの介護, 家事援助), ②緊急通報システム, ③住宅改造サービス, ④補助器具の貸与, ⑤デイセンター／デイケア, ⑥ショートステイ／代替介護サービス, ⑦配食サービス,

⑧送迎サービス，⑨訪問看護，⑩電話コンタクトサービス，等である。

在宅三本柱の一つであるホームヘルプサービスは，家事援助や身辺介護を担っており，ニードの判定は地区福祉事務所のケアマネジャーによって行われる。ホームヘルプ利用の際には，年金等の収入と援助の内容に応じて自己負担がある。

(3) スウェーデンのケアマネジメント

エーデル改革により，高齢者・障害者の介護福祉サービス給付決定システムとしてケアマネジメントが採用されている。地方自治体の財源をもとに，ケアマネジャー（主に自治体の職員，ホームヘルプアシスタントとも呼ばれている）が予算の執行権限と，サービス内容とサービス開始の決定を行う権限をももっていたが[10]，これでは予算の都合で認定される危険性があるため行政権の行使者と運営の責任者を分ける市が増えている。サービス申請から提供までの流れは図9-4のようになっている。介護福祉システムをより効果的に行うために，ケアマネジャーの養成は専門職養成制度として，県立の保健福祉大学における3年間の課程で行われている。カリキュラムは高齢者，身体障害者，知的障害者の社会的ケアに重心が置かれ，その他職員管理・スーパービジョンの講義や実習が実施されて，授業料の公費負担のもとに質の高いケアマネジャーの養成をめざしている。

3　介護福祉の準専門職

(1) ケアワーカーの資格と教育

1970年に初めて老人ホーム施設長およびヘルパー主任のための指導要綱が作成された。1977年からは施設長，ヘルパー主任は国立大学の社会介護コースで教育されており，教育期間は3年である。最近ではヘルパー主任はサービス運営上の責任者としてケアマネジャーとは役割分担されている。一般にケアワーカーとして高齢者を対象にして働くのは無資格でもよい。ホームヘルパーの約25％が基本的な5週間

---

[10] 武田宏「スウェーデンの社会福祉——介護福祉制度を中心として——」阿部志郎・井岡勉編『社会福祉の国際比較』有斐閣，189〜204頁，2000年。

図9-4 介護サービス決定の行政システム

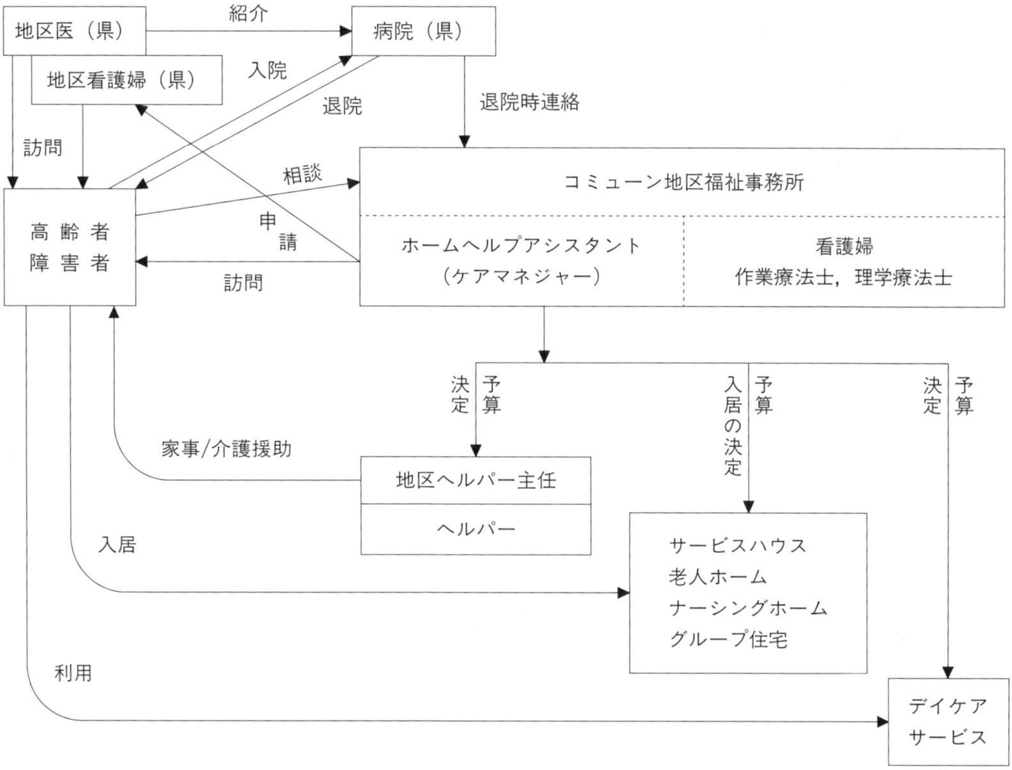

```
地区医（県） ──紹介──→ 病院（県）
地区看護婦（県）        入院
                      退院         退院時連絡
訪問         相談              ↓
高齢者 ←──申請──→ コミューン地区福祉事務所
障害者     訪問    ┌──────────────┬──────────────┐
                  │ホームヘルプアシスタント│    看護婦     │
                  │   （ケアマネジャー）  │作業療法士,理学療法士│
                  └──────────────┴──────────────┘
          家事/介護援助    決定 予算    入居の決定  決定 予算
                         ↓              ↓           ↓
                    地区ヘルパー主任   サービスハウス
                    ヘルパー         老人ホーム
入居                                 ナーシングホーム
                                    グループ住宅     デイケア
利用                                                サービス
```

出典：阿部志郎・井岡勉編『社会福祉の国際比較』有斐閣，192頁，2000年，原典を一部変更。
原典：奥村芳孝『スウェーデンの高齢者福祉最前線』筒井書房，53頁，1995年。

訓練を受け，ホームヘルパーの約30％が10週間訓練を受けている[11]。

（2） ケアワーカーの養成

　ケアワーカー（ホームヘルパーおよび准看護婦）の養成としては，高校3年制専門課程（ソーシャルサービス科）と成人学校で1年半のコースを終える方法がある。地方自治体ではきちんと教育を受けていないヘルパーに准看護婦資格修得のために数々の研修を行っている。ヘルプ業務が家事援助から身体介護に移行されつつある現状から，ヘルパーと准看護婦資格の統合化が図られている[12]。高校ソーシャルサービス科のカリキュラムは表9-4のとおりである。
　ケアワーカーの能力を高めるための現任者研修も各市で行ってい

---

[11] 佐藤進「スウェーデンの社会福祉行政と高齢者福祉」『世界の高齢者福祉政策』82〜88頁，信山社，1999年。
[12] 奥村芳孝『新スウェーデンの高齢者福祉最前線』筒井書房，79頁，2000年。

る。研修の形態は職場で数時間受けるものから長期研修制度で大学の単位を取れるものまであり，研修内容もケアと医療，精神的ケア，倫理学，労働環境問題など多岐にわたっている。

表9-4　高校ソーシャルサービス科のカリキュラム

科目	スウェーデン語	社会科	英語	体育	解剖学と生理学	児童青少年論	薬物学	家政学	保健学	細菌学と衛生学	ケア学	心理学	病気理論	社会サービス学	社会サービス実習	看護実習	コンピュータ数学	卒論	予備時間	合計時間
一年生	2	1	2	2	2	1	1	3	1	0	5	1	0	4	5	3	1	0	2	36
二年生	3	2	3	1	0	0	0	2	2	1	3	1	1	4	10	3	1	0	2	39
三年生	2	2	1	1	0	1	1	2	0	1	3	1	1	5	10	3	0	3	2	39

注：数字は1週間における時間
資料：馬場寛「スウェーデンの福祉現場で働く人々」『月刊福祉』4月号，89頁，1996年。

4　今後の課題

　スウェーデンは近年の福祉改革を経て，着実に福祉国家を発展させている。サービスの効率化と質の向上は社会的入院の解消やケア付き住宅の充実にその成果が表れている。今後も高齢化が進み介護費用が肥大化するなかで，税という限られた財源（資源）をどこにどれだけ投入していくかという資源配分の適正化とその効率的利用はいっそう強く求められてくるであろう。

第4節 アメリカ

1 アメリカの高齢者保健福祉

　アメリカの自己責任を重視する精神は，高齢者の保健福祉施策のあり方にも大きな影響を及ぼしている。アメリカは先進国中唯一国民皆医療保険制度が存在しておらず，またドイツや日本のような公的な介護保険制度も国民の抵抗感が強く存在していない。そのため高齢者においては，医療と医療の範疇に入る一部の介護サービスを保障する公的医療保険制度「メディケア」と，低所得者に医療扶助を行う公的医療扶助制度「メディケイド」が定められているにすぎない。また食事の宅配や入浴介助，デイケア，ショートステイ等の介護サービスについては，米国高齢者法（Older Americans Act：OAA）によって，一定のサービスに対する連邦政府等の補助が定められている。

　アメリカは比較的若い年齢層の移民等による人口流入や，比較的高い出生率（2.04：1998年）により先進国のなかでは高齢化が緩やかであったが，戦後のベビーブーム世代が高齢化しており，高齢化率は1998年に12.7％，2010年に13.2％，2030年には20％を超えると推定されている。そのうえ1984年の病院ケアにおける診療報酬制度の改正から，病院は患者を退院させる傾向にあり，在宅介護ニーズや長期ケアのニーズが急増している。そのため，メディケアや公的年金制度の財政破綻が懸念されている現状である。しかしクリントン前大統領は1999年初めに，民間介護保険の普及促進や家族介護支援（税控除，現金給付等）の政策を提言し，なお自助努力や家族介護を強調したものになっている。

メディケア
高齢者のみを対象にした医療保障制度。入院費の保険制度については高齢者自身は拠出しない。しかし入院期間やナーシングホームの入所期間に厳しい制限をつけている。

メディケイド
低所得者を対象にした公的医療扶助制度。入院や入所期間の制限がないため，自費以外で入院，入所している高齢者の大部分が利用している。日本の生活保護法の医療扶助と近い。

米国高齢者法（OAA）
1965年に制定され，現在まで11回改正されている。「地域での自立生活に困難を有する高齢者を主な対象として，在宅ケアサービスの確保とそのネットワーキングを図ること」を目的としている。

2 アメリカの介護福祉の動向

　高齢者の居住形態をみると，1998年現在，在宅の高齢者の67％が家族と同居しており，一人暮らし高齢者は31％となっている。要介護者数をみると，1990年で約700万人であり高齢者全体の約23％という高い数字である。今後要介護高齢者の数は急速に増加し，2020年には1400万人になると予測されている。要介護高齢者のうち在宅で介護を受ける者は約78％，ナーシングホーム等の施設に入居しているものは22％である。在宅介護を受ける者のうち，その多くは娘，妻といった家族や友人によるインフォーマルな介護に頼っている。アメリカの高齢者介護サービス体系は図9-5のようになっている。

図9-5　米国における高齢者介護サービス体系

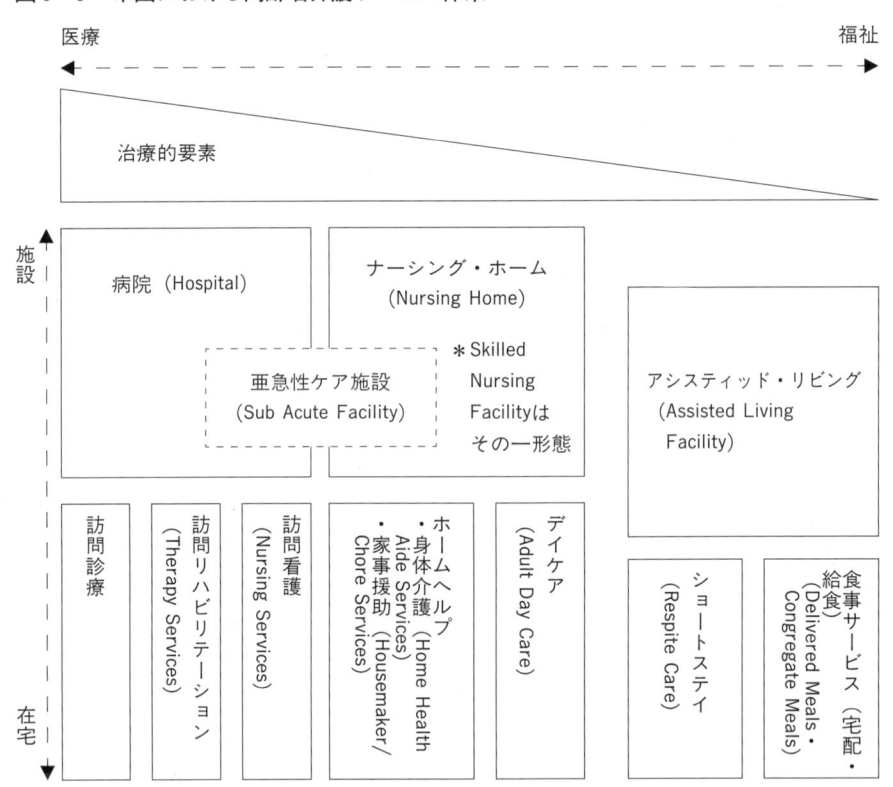

医療　←　　　　　　　　　　　　　　　　　→　福祉

治療的要素

施設↑
　病院（Hospital）
　ナーシング・ホーム（Nursing Home）
　亜急性ケア施設（Sub Acute Facility）
　＊Skilled Nursing Facilityはその一形態
　アシスティッド・リビング（Assisted Living Facility）
　訪問診療
　訪問リハビリテーション（Therapy Services）
　訪問看護（Nursing Services）
　ホームヘルプ・身体介護（Home Health Aide Services）・家事援助（Housemaker/Chore Services）
　デイケア（Adult Day Care）
　ショートステイ（Respite Care）
　食事サービス（宅配・給食）（Delivered Meals・Congregate Meals）
在宅↓

資料：住居広士編訳，アンドル・アッカンバウム・MMPG総研・伊原和人著『アメリカ社会保障の光と陰——マネジドケアから介護まで——』大学教育出版，136頁，2000年。

（1）施設サービス

　アメリカの高齢者の長期ケア施設入所者の比率は，日本よりもはるかに高く1990年の時点で約5％である（日本は約1％）。65歳～74歳

の人の入所ケア率は約1％であるが，85歳以上の人の入所ケア率は24％にも達している。

アメリカのナーシングホームは看護サービスを主体とする医療施設として位置づけされており，州の認可や監査等のシステムが組み込まれている。24時間の看護・介護サービスを必要としない虚弱高齢者は，高齢者専用集合住宅(Congregate Housing)，ケア付き住宅(Assisted Living Facility)，老人ホーム (Board and Care Homes)，養護委託 (Foster Care)等の居住施設に入所することになる。老人ホームは公的な許可や償還を受けない施設がほとんどであることから，その実態の把握は十分にされていない。

アメリカの高齢者のための住宅政策は進んでおり，日本では軽費老人ホームや養護老人ホームに入れるような人でも，在宅生活が可能になっている。

高齢者専用集合住宅
低所得で，比較的自立度の高い高齢者の低家賃のアパート。食事や移送などの支援的サービスを提供している。

ケア付き住宅
新しいタイプの介護型高齢者専用住宅。ADLに一部介助を要する高齢者に，家事や身辺ケア等の支援サービスをパッケージ化して提供している。

養護委託
1970年から開始された事業で，低所得の高齢者を別の家族が自宅で養護するサービスであるが，あまり普及していない。

（2） 居宅サービス (in-home-service)

居宅サービスは，①医師の処方に基づく高度熟練介護，②病状安定期における身辺介護，③家事援助の三つに類型化される。しかし，メディケア，メディケイドは介護サービスにしか償還を認めていない等，入院・入所サービスに比べて，居宅サービスへの保障は必ずしも十分ではない。上記三つの類型のうち身辺介護と家事援助は，ナースエイド（所属する機関によりホームメーカー，ホームヘルスエイド等名称は異なる）が行っており，その仕事は家事全般，身の回りの介護から脈拍記録，身体の運動訓練の援助，服薬の援助までを行っている。

（3） アメリカのケアマネジメント

アメリカでは1970年代に精神障害者に対するケアマネジメントが発達し，公的福祉の領域で最も長い歴史をもっている。[13] 1990年代中頃には高齢者，児童等の公的サービス提供にはケアマネジメントの実施が義務づけられるようになった。高齢者のケアマネジメントモデルは，利用者のニーズに合ったサービス提供と利用者の満足度に重点をおくクライエント中心モデルと，サービス提供側の効率化や費用効果に重

---

[13] 多々良紀夫編『アメリカのケアマネジメント実務基準と資格認定』筒井書房，11～18頁，2000年。

点をおくシステム中心モデルとの混合型が使われることが多い。ケアマネジャーは看護職者と福祉職者が中心であり，主にヘルスケアの領域でかなり前から活躍している。アメリカのケアマネジメントの専門性は非常に高く，現在ケアマネジメントの標準化の議論がなされている。また全米ケースマネジメント協会（Case Management Society of America：CMSA）や全米ケアマネジャー資格アカデミー（The National Academy of Certified Care Managers：NACCM）では，ケアマネジメントの体系的な教育カリキュラム編成の必要性や幅広い資格認定を検討している。

3 介護福祉の準専門職

アメリカで日本における介護福祉士に相当する仕事を担っているのが，準専門職（ナースエイド）といわれる人たちであり，直接ケアの約9割を占めている。1987年にケアの質を保障するため総括的予算調整法（Omnibus Budget Reconciliation Act：OBRA）が改正され，ナーシングホームのスタッフの教育プログラム開発等を明確化する内容が盛り込まれた。しかし準専門職者においては日本のような国家資格やそれに付随する教育・訓練は確立されていない。しかし1990年の秋以降，新たに雇用された準専門職については雇用後4か月以内に75時間の教育訓練をしなければならないことになっている。アメリカの社会福祉サービスは，連邦政府・州政府・地方自治体の公的責任分担とネットワークが確立しており，準専門職者の教育は最近いくつかの州が独自の教育・資格認可制度・運営管理ガイドラインを設けている現状である[14]（表9-5）。

現在アメリカの平均的なナースエイドは，①20～40歳の女性，②少数民族出身，③移民の民族社会経済層に属している，④中卒またはそれ以下の教育レベルであり，労働内容・労働条件の劣悪さや最低賃金の報酬など社会的認知は低い[15]。

---

[14] Professional and Occupational Licensing Directory; A Descritive Guide to State and Federal Licensing, Registration, and Certification Requirement. Second Edition, David P. Bianco, Editor Gale Research, U.S.A. 1996.

[15] 岡本千秋・小田兼三・大塚保信・西尾祐吾編著『介護福祉学入門』中央法規出版，76～77頁，2000年。

表9-5 ナースエイドの資格認可制度

州　名	資格の要件	資格試験
アラスカ州	ナースエイド教育プログラム修了と試験での認定	記述・口頭，技能試験
コネチカット州	ケアの現場教育修了	なし
アイオワ州	16歳以上，コミュニティカレッジにおける75時間の教育，ナースエイド登録をすること	記述，技能試験
カンザス州	ケアの現場教育修了，他州のナースエイド登録者も受験資格あり	記述試験
マサチューセッツ州	人格良好，75時間の教育修了，更新（2年毎）のための15時間の教育あり	記述，臨床試験
ニューハンプシャー州	ナースエイドの教育プログラム修了者または同等の能力のある者	あり
ニュージャージー州	長期ケア施設の看護助手のために保健局が認めたカリキュラムの修了生	記述，口頭試験
ロードアイランド州	人格良好，州認可の教育プログラム修了者	NATCEPの能力試験
テキサス州	最低75時間の教育修了者（51時間の知識・技術教育と資格看護婦の指導のもとでの24時間の臨床実技）	記述・口頭，技能試験
バージニア州	人格良好，教育，訓練の認可プログラム修了者	臨床能力の記述または口頭試験
ワシントン州	エイズ教育と訓練プログラムの修了者	あり

注：Professional and Occupational Licensing Directory; A Descritive Guide to State and Federal Licensing, Registration, and Certification Requirement. Second Edition, David P. Bianco, Editor Gale Research, U. S. A. 1996. より筆者作成。

4　今後の課題

　アメリカは政府による認可や監査といった公的な規則が不在なため，介護福祉サービスの実態の把握が難しい。またケアやサービスの質については不透明な部分が大きく，ケアの質の確保は大きな課題である。しかし，第三者機関(保健医療機関合同認定委員会，Joint Commission on Accreditation of Healthcare Organizations : JCAHO)等による，老人ホームや在宅サービス事業者の評価・認定が広く行われており，日本の第三者評価事業のモデルになっている。また老人ホームでは虐待や放置といった事件が跡を絶たなかったが，介護オンブズマン制度が米国高齢者法ですべての州に設けられてからは，介護の質の確保に大きく貢献している。各州・各市の高齢者の人権を守るための権利擁護の取り組みはこれからの介護福祉の課題である。

　これらのアメリカの先駆的取り組みは，世界の高齢者福祉に強い影響力を与えていくと考える。

第5節 カナダ

1 カナダの高齢者福祉

　カナダは連邦制国家であり，政府は各州に大きな自治権を認めている。医療保健・福祉・教育は憲法により州政府の管轄と定められている。カナダは他の先進国と比較すると若い国で，高齢化率は1991年に11.6％，2011年に16％，2031年には22.7％と予想されている。特に75歳以上の増加が著しく，高齢者の長期ケアの問題が最も重要な政策的課題であり，その方法として在宅サービスにシフトしている。

　高齢者の福祉サービスは1966年に成立したカナダ扶助制度（Canada Assistance Plan：CAP）と，1977年に成立した制度財源調達法（Federal-Provincial Fiscal Arrengements and Established Programs Financing Act；EPF法）でカバーされている。1990年代にカナダ全国で医療保健制度の改革が行われ，公的地域ケアサービスの窓口の一本化によるケアマネジメントの導入（図9-6）や，在宅介護から施設入所までの継続的サービスの確立に力が入れられている。

> **カナダ扶助制度（CAP）**
> 社会福祉サービスの金銭給付，福祉施設，デイサービス，ホームメーカーのサービス，ボランティア活動の援助等地域福祉等広範囲の社会福祉サービスを規定し，費用分担をカバーしている。

2 カナダの介護福祉の動向

　カナダでは高齢身体障害者の85.3％，痴呆性高齢者の約半数が在宅で生活している。主介護者の75.4％は女性で，娘が30％，妻が24.1％であり，主介護者の92％には友人・親族等介護補助者がいる。そのうえ介護者の56％は，ホームメーカー，訪問介護，デイサービス等の在宅サービスを組み合わせて利用している。

図9-6 サービス窓口の一元化システム（ケベック州の場合）

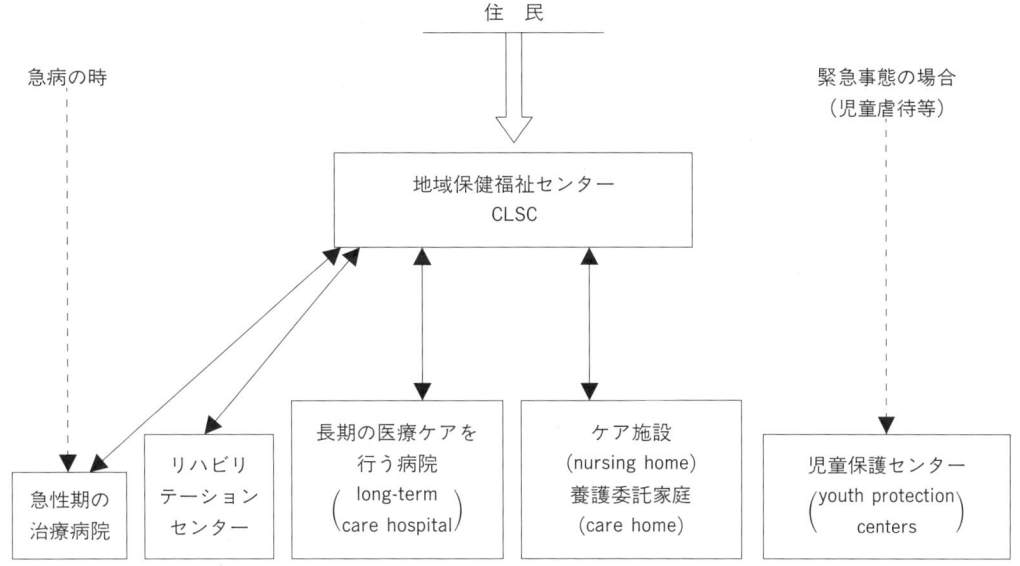

```
                              住　民
                                │
         急病の時                ▼              緊急事態の場合
                         ┌─────────────┐        （児童虐待等）
                         │地域保健福祉センター│
                         │    CLSC      │
                         └─────────────┘
         ↕  ↖    ↑       ↑       ↑            ↑
    ┌──┐ ┌──┐ ┌──────┐ ┌──────┐ ┌──────┐
    │急性期│ │リハビ│ │長期の医療│ │ケア施設  │ │児童保護  │
    │の   │ │リテー│ │ケアを   │ │(nursing │ │センター  │
    │治療 │ │ション│ │行う病院 │ │ home)  │ │(youth   │
    │病院 │ │センター│ │(long-term│ │養護委託 │ │protection│
    │    │ │    │ │care     │ │家庭     │ │centers) │
    │    │ │    │ │hospital)│ │(care    │ │         │
    │    │ │    │ │        │ │home)    │ │         │
    └──┘ └──┘ └──────┘ └──────┘ └──────┘
```

資料：仲村優一・一番ヶ瀬康子編『世界の社会福祉9　アメリカ／カナダ』旬報社，440頁，2000年。

（1） 施設サービス

　要介護高齢者の約16％が施設ケアを受けている。ナーシングホームはEPFを財源としており，看護婦（士）等による医療的ケアが行われている。より多くのケアを必要とする高齢者は高齢者福祉施設（高齢者の家，ロングターム施設など名称は州により異なる）に入所することになるが，現在では生活支援サービス付住宅への転換が試みられている。また一般家庭で虚弱高齢者や軽度の痴呆性高齢者の世話をするためのグループホームの一種である養護家庭（Foster Homes）があり，高齢者の貴重な社会資源になっている。

（2） 在宅サービス

　医療制度と結びついた短期間のサービスを中心としたホームメーカーサービスには，退院後のサービスを提供する在宅ケア（Home Care）と在宅生活支援サービス（Home Support Service）がある。内容は身の回りの世話，食事の用意，買い物，話し相手，看護等である。また家族介護者への金銭給付（Payment for Care）も，ほとんどの州が採用している。

養護家庭
一般家庭で虚弱や軽度の痴呆の高齢者の安全の監視，食事・洗濯等家事，簡単な世話をするためのグループホームの一種である。

在宅生活支援サービス
在宅の虚弱あるいは軽度の痴呆の高齢者へホームメーカーのサービスや配食サービス等を提供する。提供者は地域の営利または非営利団体と行政が契約しており，行政や利用者の負担によって賄われている。

（3） カナダのケアマネジメント

カナダでケアマネジメントが重視され始めたのは，1960年から1970年代にかけて精神障害者や身体障害者・知的障害者が施設収容から在宅介護に移行されるなかで，地域におけるサービスの連携が不可欠であることが明確になってきたからである。現在カナダではケアマネジメントは障害者福祉だけでなく，高齢者福祉，児童福祉，保護観察・矯正制度と幅広い分野で取り入れられている。特に長期ケアサービス提供の窓口一元化としてケアの門番（Gate keeper）が設置され，在宅サービス利用にあたってケアマネジメントを実施している。ケアマネジメントの実施は大部分が州政策によって進められており，各州によって方法は異なっている。たとえばマニトバ州のケアマネジメントは20年以上の歴史がある。ケアマネジメント機関である地域保健局を中心としてニーズ志向型の援助を行い，初期のアセスメントを綿密に行うことが強調され，個人や介護者の力を生かすエンパワメントやストレングスの視点を取り入れている。オンタリオ州ではサービス志向型援助を行っており，決められたサービス分配のなかで需給のギャップは，市場や家族，非営利団体が補っている。

> **ストレングスの視点**
> 対象者を従来の「〜が問題である」「〜が欠けている」と病理・欠陥的視点でみるのではなく，対象者個人の可能性，残された能力，才能等に焦点を合わせて，問題に対処できるように支援していく視点であり，エンパワメント視点の基盤となっている。

3　介護福祉の準専門職

カナダの継続プログラムで働いている専門職は看護婦（士），ソーシャルワーカーであり，準専門職としてホームメーカー，在宅ケアワーカーが存在している。ホームメーカーサービスを提供する機関は60％が非営利団体，30％は行政直営，10％弱が営利団体である。1985年の調査では約70％のホームメーカーがパートタイマーである。ホームメーカーの資格認可制度は，ほとんどの州で未確立である。現在ホームメーカーの大部分は中高年の女性であり，施設ケアの経験はもっているが，ホームメーカーとしての教育は受けていない。しかし採用後の研修を実施している州は多く，95％の州は職場または専門学校での研修を行っている。たとえばケベック州では，採用時・採用後にチームのスーパービジョン体制をしき820時間の研修を必須としており，

> **ホームメーカー**
> カナダのホームメーカーサービスが始まったのは1920年であり，1950年頃から高齢者の利用が主となっている。ホームメーカーの役割は，家事一般，食事の準備，身の回りの世話，買い物，話し相手，看護等である。

▶16　社会保障研究所編『カナダの社会保障』東京大学出版会，223〜225頁，1989年。

ニューファンドランド州では150時間の現場研修，75時間の授業と9時間の職場研修を実施している。またカナダ赤十字のホームメーカーは全員看護婦（士）の資格をもっており，採用後もスーパーバイザーのもとで6段階にわたる厳しい訓練を受けている。

4　今後の課題

　カナダは他の先進国と同様に，経済政策の変化による福祉の抑制と民営化に直面しており，病院・施設サービスから在宅サービスへの転換の方向で改革が進行中である。それらの継続的援助のために，サービスの窓口の一元化と質の高いケアマネジメントが求められているが，そこに伝統的に専門性を発揮してきた看護婦（士）やソーシャルワーカーだけでなく，自立性と専門性をもったケアワーカーの参加が期待されている。今後拡大していく長期ケアニーズや在宅ケアニーズに対応して，州政府はマンパワー政策のなかでホームメーカーの教育システムや資格認可制度の確立，さらに職務の専門性の検討が必要となるであろう。

参考文献

　土田武史「介護保険の課題と対応——日独比較の視点から——」『月刊福祉』10月号，全国社会福祉協議会，1999年。

　三原博光・横山正博「日本とドイツにおける介護福祉士養成校の学生達の介護意識の国際比較」『ソーシャルワーク研究』Vol.26, No.4, 2000年。

　総務庁長官官房高齢社会対策室『各国の高齢化の状況と高齢社会対策——高齢社会対策に関する海外動向把握調査報告書——』総務庁長官官房高齢社会対策室，2000年。

　三原博光「ドイツにおける老人介護士養成教育の取り組み——ローベルタールアルバイト養成校を例として——」『介護福祉教育』No.1, 24〜26頁，1995年。

　田中耕太郎「日本とドイツ——介護保険導入前後の模索の中で——」『介護福祉教育』No.2, 6〜9頁，1996年。

　厚生省監『平成12年版　厚生白書』ぎょうせい，2000年。

　北村彰「英国の高齢者福祉政策の現状と課題」『月刊福祉』10月号，34〜39頁，全国社会福祉協議会，1999年。

　「高齢者対策と介護，年金の動向——海外の動向との関連で——」三浦文夫編『図説高齢者白書1999』全国社会福祉協議会，1999年。

冷水豊・長澤紀美子「サービスの質の評価に関する政策的課題——英国の社会サービスをめぐる動向を素材として——」三浦文夫編『図説高齢者白書2000』全国社会福祉協議会，2000年。

小林大造「イギリスの高齢者介護システム」足立正樹編著『各国の介護保障』法律文化社，13～28頁，1998年。

奥村芳孝『新スウェーデンの高齢者福祉最前線』筒井書房，2000年。

猪熊律子・伊原和人「アメリカの高齢者福祉の現状と課題」『月刊福祉』10月号，全国社会福祉協議会，1999年。

足立正樹編『各国の介護保障』法律文化社，1998年。

佐藤進『世界の高齢者福祉施策』信山社，1999年。

社会保障研究所編『カナダの社会保障』東京大学出版会，1989年。

『老人保健医療福祉の国際比較』日本社会事業大学，1993年。

白澤政和『ケースマネージメントの理論と実際』中央法規出版，1992年。

白澤政和・竹内孝仁・橋本泰子監『ケアマネジメント講座③海外と日本のケアマネジメント』中央法規出版，2000年。

堺園子『世界の社会福祉と日本の介護保険』明石書店，2000年。

仲村優一・一番ヶ瀬康子編『世界の社会福祉1　スウェーデン／フィンランド』旬報社，1998年。

仲村優一・一番ヶ瀬康子編『世界の社会福祉4　イギリス』旬報社，1999年。

仲村優一・一番ヶ瀬康子編『世界の社会福祉8　ドイツ／オランダ』旬報社，2000年。

仲村優一・一番ヶ瀬康子編『世界の社会福祉9　アメリカ／カナダ』旬報社，2000年。

城戸喜子・塩野谷祐一編『先進諸国の社会保障3　カナダ』東京大学出版会，1999年。

古瀬徹・塩野谷祐一編『先進諸国の社会保障4　ドイツ』東京大学出版会，1999年。

丸尾直美・塩野谷祐一編『先進諸国の社会保障5　スウェーデン』東京大学出版会，1999年。

藤田伍一・塩野谷祐一編『先進諸国の社会保障7　アメリカ』東京大学出版会，2000年。

Fay Wright, "The Role of Family Care-givers for an Older Person Resident in a Care Home", *British Journal of Social Work*, Vol. 30, No. 5, October, 2000, OXFORD UNIVERSITY PRESS.

New York State Nurse Aide Certification Program Candidate Handbook, New York State Department Health Office of Health System Management, 1995.

CODE OF STATE REGULATIONS, State of Missouri; Title 13 Department of Social Services, Chapter 7 Service Standards, Chapter 91 Personal Care Program, 1995.

A Healthier Ontario; Progress in the '90s, Health Information Center, Ontario Ministry of Health, 1993.

第10章
介護福祉の今後の課題

第1節 介護福祉教育の展望

　介護の仕事には，介護に関係する者がどのような人間であるかということによって，実践の内容が決定されるというきわめて個人的な側面がある。介護従事者の人間性によって介護の質が左右されてしまうといった特質である。
　本来介護技術は他者への共感性と，人をいとおしむ心から生まれたものであり，要介護者の生活習慣や文化を尊重した介護が自然に提供されるきわめてヒューマンなものである。介護福祉士は，介護を必要とする高齢者や障害者に，機能障害やそれにともなう能力障害があっても，そのことによって社会的な不利益を被ることなく，人間として当たり前な生活を継続していけるように，その願いを介護技術を媒介として伝えなければならない。
　自立を支援することすなわち，要介護者が主人公として人生の最期まで自分らしく生きられるように支援するということは，多様な人々の生きざまに寄り添いながら，複雑・高度なニーズに応えることであり，きわめて専門性の高い活動といえる。この実現のための道具は自分自身であり，熟練された技と人間的な豊かさで，最も安全で効果的な介護を展開することが可能である。人間の夢や希望を託した介護技術で温かい心を伝え，自立の心を引き出し支える力量が求められる。
　阿部志郎は「優しさこそ，21世紀を豊かにするキーワードの一つに違いない。優しさを育て広げていくことが大切な課題だと思う。」と語っている。受容や共感，温かい関係は要介護者や家族の主体形成に欠かせないものであることを忘れてはいけない。介護福祉士は互いに信頼し合う「相互的な関係性」を育てていくなかで，利用者や家族が，①わかる（知的認識），②うまくなる（技術習得），③よくなる（道徳的態度），④楽しい（解放感），⑤認められる（承認），⑥役に立つ（貢献）といった実感が得られるように支援し続けられる専門職でなければならない。

1　主体性を育む介護教育

　介護福祉に問われている問題は山積みしているし，すぐにでも取り組むべき課題も少なくない。それらは次節で述べるとして，介護福祉に今最も求められているのは，介護を必要とする人々にいかに質の高い介護サービスを提供するかということである。そのためには，制度・施策の整備・拡充が必要であることは言うまでもないが，何より介護福祉サービスを担う介護福祉士の質の向上が必須の要件である。介護福祉士の養成教育についてはすでに本書で述べてきたが，介護福祉士が誕生してから15年が経った今，介護福祉教育に対してこれまでに提起されてきた問題，さらに目前に迫った超高齢社会に向けて，この節では新しい時代の介護福祉教育のあり方を模索し，展望してみたい。

学生の可能性を引き出す

　人間の可能性を信頼し，善さを見いだし，自尊感情をもたせてくれる介護従事者，個人を尊重し理解しようと努力し，心のこもった関心を示す実習指導者，努力を正当に評価し，さらに必要な課題に気づかせてくれる介護教員。このような人たちが身近で教育・指導してくれたら，多くの学生は自分らしく生きられる場所（居場所）を見いだせるであろう。自分自身を振り返り自信を取り戻すことができるかもしれない。人に支えられる喜びを体験し，誰かの役に立つ自分を育てたいと願う。

　介護福祉教育とは，介護実践を通してこのようなかかわりを実感できる可能性に満ちたものである。

　介護福祉士の養成校に入学する学生のなかには，いじめや虐待を体験してつらい時期を過ごした事実から，自尊心を低下させていたり自信をなくしている者も多い。また試験や学力テストもなく入学したという事実は，学生の有能感を低めることになる。あるいは今までの学力競争の犠牲になり，傷ついてその癒しを必要とする場合もある。これらの学生に対して，養成校はその学生の自立支援と自信回復の場として機能する必要がある。

　介護福祉士の養成課程そのものが，教育の場にふさわしく人を育て人を大切にする環境であるべきである。しかし，可能性の芽を摘んでしまっている場合が往々にしてある。学生の資質には問題がないとは

言えないが，介護福祉の現場は，競争原理よりも共生や支持的風土に満ちている。

　介護を必要とする人々の役に立ちたいと願っている学生は，介護の基礎知識を得，安全性や自立性，個別性等を配慮した介護技術の基本をトレーニングすることによって，人々を共感的に理解したいと願うようになる。さらに，介護を必要とする人の生命や人権を尊重した介護技術の向上を求めるようになる。

　そして，介護を行うに必要な専門的知識や技術を実習等で生かすことで，学生は誰かの役に立つことのできる自分を実感することになる。この体験は学習の楽しさや喜び，学ぶ自分自身への信頼に変化していくことになる。

総合能力の育成

　介護福祉士養成教育課程の見直しにあたって，期待される介護福祉士像が明示された。感性豊かな人間性と幅広い教養を身につけ，人の心を共感的に理解できること，意志疎通をうまく行って介護を必要とする人との信頼関係を築くこと，要介護者や家族の状況を洞察し，個別的な介護の計画を立案・実践すること，その結果を客観的に評価し，修正する能力，介護を必要とする人の生命や人権を尊重し，自立支援の観点から介護を展開する実践家が求められている。さらに，保健・医療・福祉従事者等と連携・協働し，介護サービスを総合的・一体的に提供する力量も必要とされている。

　これらの資質・能力は，専門的な知識や技術の習得だけでは得られないものであり，「総合能力」としての態度面も強化されなければならない。総合能力には，①正しくものを見る（知覚学習），②練習を重ねる（運動学習），③知識をためる（記憶学習），④推理判断する（思考学習），⑤自分を意欲づける（欲求・意欲学習），⑥経験を通して学ぶ（感情学習），⑦コンピタンスの中核（社会に対するかかわり合い方の学習），⑧総合能力で生活する（問題解決学習）というものがある。介護福祉教育においては，この総合的な能力をいかに向上させるかが課題となる。

生涯学習者の育成

　社会の変化は激しく，生涯にわたる自己教育が求められるようになってきた。これからの社会では，学校で学んだことがたちまち役に

立たなくなってしまうほどに変化が激しく，社会に出てからも学び続けなければならない。つまり，生涯学習の時代へと移行していく。

　介護福祉士としての実践能力を身につけるには，養成期間中の学習を基に，長い期間の卒後教育が必要である。対人サービスの仕事は人間についての深い洞察や理解が必要である。人間，特に高齢者の場合は障害や病気の現れ方も多種多様である。また一人ひとり異なった生活歴を背負った人々に対して，それぞれの生き方を尊重する理解が必要である。日々の体験を積み重ねて利用者に対してあるレベルの洞察力を得るようになるには，かなりの年月の生涯学習を必要とする。

　自己教育を続ける力を学校において育成し，その力によって生涯学習が可能になるように，自ら学ぶ意欲，態度，能力を育て，社会の変化に主体的に対応できるようにしておかなければならない。

　人生80年時代の高齢社会と，急激に変化する高度情報社会のもとで，どのように生きるかは，これまで人類が直面しなかった課題であり，介護福祉士はこの人間の生涯発達を統合的に援助する必要から生まれたものである。したがって介護福祉実践者の教育の目標の一つは「自己教育力」を育成する学習環境と，主体的な学習者を育てることだと言える。

自己教育力の形成・自立支援と支持的風土

　総合能力（コンピタンス）育成の鍵になるのが自己教育力だといわれている。生涯にわたって主体的に学ぶ自己を育てるためには，介護福祉教育を通して，①介護福祉実践に必要な専門的知識・技術の習得，課題解決能力，②職業に対する意欲や，困難な課題に挑戦する強い意志の形成，③自己評価能力を高め（他者評価を受ける）自律的な自己を形成する能力が必要である。さらにこれらの能力を高めるために支持的（受容的）な風土が欠かせない。具体的には，表10-1に表すような学習がこれからの介護福祉士には必要となるであろう。

　特に自己決定の場を与えること，自己存在感を与えること，教員・指導者等との人間的なふれあいを経験すること，①ごめんなさい，②ありがとう，③よかったね，④おいで，一緒にやろうという言葉が行き交う支持的な風土を，教室（学習の場）のなかにつくりだしていくことが課題となる。

　学生が自信と誇りをもって主体的に介護に挑戦できるようになるためには，学生自らが支持的風土の重要性を実感しなければならない。

表10-1　今後介護福祉士に必要な学習内容

①　よりよい人間関係の形成
・人間同士がふれあうことの重要さ
・利用者との人間関係づくりにおいて必要な技術・知識に対する訓練
・職員と入所者との関係，家族等の信頼関係の築き方等
・利用者に対する言葉遣い，行儀作法・接遇
②　介護福祉実践者としての自己評価
・援助者としての自己理解や自己覚知の方法
・人間の理解，人間としての道徳教育
・介護職としての責任感
・介護者の価値感・倫理観（人権尊重，プライバシーの保護）
③　問題解決方法の理解
・カンファレンスの充実（事例検討）
・観察力・洞察力をつける
・ケアマネジメントの方法，サービスの供給，サービスの評価方法
・利用者の自立（課題）のための研究
・問題解決過程の理解
・心理面のケア，ケアの一貫性・計画性，ケアの個別性
④　支持的（受容的）風土の形成
・利用者に対して傾聴する――カウンセリング技術，スーパービジョン
・利用者への共感，受容，自己決定
・介護行為のロールプレイによる他者理解
・介護されることに対する疑似体験，感受性訓練
⑤　専門的知識・技術の習得
・基礎知識の反復演習
・介護に必要な身体の理解・疾病の理解
・介護技術に関する研修
・「死」の準備教育
・精神障害，痴呆症状等への実践的な対応と研究方法
・集団援助・個別援助
・レクリエーション指導者としての技能
・日本の文化

　この体験は利用者の「自立支援」に通じるものであり，自己教育力を高める努力は，利用者を主体とした自立支援の介護に必要なものを明らかにするプロセスでもある。

体験学習の効用

　前記の課題を達成する有効な教育手法として，介護実習や介護技術，形態別介護技術等の演習科目があげられる。介護実習や演習を総合能力を獲得する絶好の機会とするためには，①カリキュラムを構造化し，創造的な内容とするための教師・講師の一貫性のあるかかわり，②学際的な教授案の作成，③創造的な授業展開のための教育方法，④支持的な実習環境にすべく実習施設との連携，協同，⑤教育評価（学生・教員・学校）が欠かせない。有能感を求める欲求，交流欲求，自己決

定への欲求等が満たされる学習活動や場を保障し，主体的に介護に挑戦する介護福祉士を誕生させるべく責任をもちたい。

介護実習を重視する

現行の介護福祉士の養成制度で特に問題なのは実習教育であろう。介護実習は主体的な学習者を育てる貴重な体験の場である。専任教員や実習指導者は学生の成長の可能性を信頼し，時間を共有する過程のなかでその基盤をつくり，実感としてわかるものを積み重ねていく必要がある。

養成校はカリキュラムに膨らみと関連性をもたせ，多様な体験を準備し，実習の場において知識・技術の統合化を図らなければならない。自己の可能性に挑戦し，自信を積み重ねていくことのできる人的，物的環境を準備しなければならない。

学生が日々の学習の積み重ね，仲間との切磋琢磨によって視野を広げることができるように学習活動を工夫したり，自己評価や他者評価によって自分を客観的に評価する能力を高め，自信をもって介護に挑戦し続ける自分を育てることができるように，多様な学習の機会を準備しなければならない。

特に，以下を強調する必要がある。

① 介護は人間の幸せになる可能性を，最後まで追い求める社会福祉の一分野として，その役割を果たすものであること
② 介護の役割は，「自立した生活」を支援すること，すなわち介護を必要とする人々が，人生の主人公として自分らしく尊厳をもって生きられるように，介護技術を駆使して支援するものであること
③ 介護技術は，介護を必要とする人々（家族を含む）の自立を支援するために必要な能力や技術を付与するものであり，共感性を基盤としたものであること
④ 生活の質を向上させるためには，地域住民による支えあいが不可欠である。そのため，専門職との連携ばかりでなく，非専門職との連携を重視すること。さらに介護を通して豊かな地域，福祉文化の醸成を図り，福祉社会を築く原動力になること
⑤ 介護従事者としての行動に，一貫性をもたせるためには，高い職業観（倫理・理念）を育てなければならないこと。そのためには体験学習に意味を見いだす力量が必要であり，積極的に他者からの援助を受ける必要があること

⑥ 学生自身も介護を必要とする人々の役に立つ存在になれること，そのためには，介護に関する基礎的な知識の習得と介護技術の習熟に努めること，学生自身も自立のプロセスを体験し，その意味を実感すること

　介護福祉士の制度ができてようやく15年が経過した現在であるが，実習現場では介護福祉や社会福祉の専門教育をうけた指導者は少ない。養成施設側（養成校や大学等）の実習担当者も，現場の多様性に十分には対応できていない。実習担当者には長い経験を基にした実践能力と教育者としての力量が要請される。
　しかし，指導者の養成はきわめて不十分な状況である，座学のカリキュラムの問題は比較的軽微である。極端に言えば，独りでも学べるし，最近のニューメディア教育のツールを活用すれば，学生の個性や特性に合った個別教育が可能であろう。マスプロの集合教育よりも，もっと効果と深化が期待できる。
　しかし，人間を対象とする対人サービスの実習で，人間の多様性を学ぶには経験豊かで有能な指導者の存在が不可欠である。

2　介護福祉教育課程の改正

介護福祉士養成教育の見直しの必要性

　1998（平成10）年6月，中央社会福祉審議会社会福祉構造改革分科会による「社会福祉基礎構造改革について（中間まとめ）」の中間報告において介護福祉士の養成教育に求められたことは，サービスの質と効率性の確保に責任をもってかかわる介護福祉士の養成であり，
① 幅広い分野からの優秀な人材の参入を促すためには，働きながら資格が取れるようなしくみとする。
② 福祉サービスに必要な専門的な知識や技術の取得だけでなく，権利擁護に関する高い意識を持ち，豊かな感性を備えて人の心を理解し，意志疎通をうまく行い，相手から信頼される人の育成を目標にする。
③ 保健・医療との連携の必要性，介護支援サービス（ケアマネジメント）の実施等に対応したカリキュラムの見直しをする。
④ 実習教育や研究の充実を図る。

⑤　共通卒業試験，教員研修などの自主的な取り組みの促進等により，養成の質の確保，向上を図る。

等の課題を示した。

　また養成施設の卒業生の就業先が，老人保健施設や療養病床等の医療施設に拡大していること，介護保険制度導入にともない，保健医療福祉従事者とのいっそうの連携やケアマネジメントを推進する役割が求められること，在宅ケア重視の観点から，在宅福祉サービスに従事する専門職としての役割が期待されていること，しかし反面養成校卒業生の質の格差が大きいこと等から，介護福祉士養成教育の見直しを求める声が上がっている。

　介護福祉士養成教育課程の見直しをするにあたって，期待される介護福祉士像が明示された。感性豊かな人間性と幅広い教養を身につけ，人の心を共感的に理解することのできる介護福祉士，意志疎通をうまく行って介護を必要とする人との信頼関係を築くことのできる資質・能力は，介護福祉士として最も基本的なものである。

　また，要介護者や家族の状況を洞察し，個別的な介護の計画を立案・実践すること，その結果を客観的に評価し，修正する能力は専門職として不可欠なものである。介護を必要とする人の生命や人権を尊重し，自立支援の観点から介護を展開することのできる実践家が求められている。

　さらに，増大・多様化する福祉需要に適切に対応するために，保健・医療・福祉従事者等と連携・協働し，介護サービスを総合的・一体的に提供するとともに，非専門職の人々とも連携し，地域のなかで安心して生活できるよう支援する力量も求められる。これらの資質の向上を図るためには，生涯学習者として自己を研鑽することが必要であるが，加えて，後進の育成を通して介護水準の向上に努めることのできる介護福祉士が期待されている。

カリキュラム改正の概要

・教育課程

　今回の改正で強調されたのは，①人権尊重，自立支援，地域福祉の確立等の社会福祉理念を，一般教養科目や専門科目のなかで強化する必要があること，②介護保険制度導入にともない，新たに介護保険制度やケアマネジメントに関する内容を追加すること，③保健医療福祉従事者との連携に必要な医学知識を強化すること，④在宅

介護推進の流れのなかで，訪問介護に従事することが求められており，その技術を演習や介護実習等で強化すること，⑤生活を総合的に理解し支援するために必要な家政系科目の内容を強化すること，⑥高齢者や身体障害者だけでなく，障害児，知的障害者，精神障害者への介護等も強化する必要があること，⑦介護福祉士の資質の向上，専門性の向上のために問題解決能力を高め，研究的な姿勢を涵養させる必要があること等である。表10-2にその概要を示した。

・総時間数・単位制

　上記の見直しに対応して，総時間数，各科目の時間数の検討がなされた。日本介護福祉士養成施設協会の実態調査等からみて1700時間～1800時間を最低限に設定することも考えられた。しかし各養成校が独自性のある教育，ゆとりある教育を展開するためには，規制を緩和し教育の質で競えるようにしたほうがよいとの見解もあり，総時間数や科目の大幅な改定にはなっていない。

　また単位制を導入し，時間数と併記することになったが，これは専修学校から4年制大学等への編入学が容易になるよう配慮されたものである。

・教員要件・実習指導者の要件

　介護系教員等のうち1人以上は介護福祉士であること。実習指導者は原則介護福祉士であることが示された。介護福祉士の養成教育は介護福祉士が中心になって行うことを期待したものである。介護系教員の多くは，教授法等の知識・技術が不十分であると感じており，そのための研修も重要視している。

　実習指導についても，実習指導者の力量に任されたままに臨床教育が行われることには問題があり，その研修も必要視されている。

　また社会福祉援助技術等を担当する福祉系教員も，介護実習の担当者としてカウントされ，巡回指導ができることになった。これは社会福祉援助技術を活用した介護の展開に配慮された結果でもある。

・養成施設における設備の整備

　訪問介護の重視や自立支援の観点から，生活環境を配慮した実習室という視点で設備や教材を見直す必要がある。さらに訪問介護実

表10-2　介護福祉士養成教育カリキュラムの概要

	教育内容	時間数	備考
基礎分野	人間とその生活の理解	120	専門分野の基礎となる教育内容とし，人権尊重に関することを含むこと。
専門分野	社会福祉概論（講義）	60	年金，医療保険，公的扶助および介護保険制度の概論を含むこと。
	老人福祉論（講義）	60	介護保険制度に関することを含むこと。
	障害者福祉論（講義）	30	
	リハビリテーション論（講義）	30	日常生活の自立支援および生活の能力の維持向上の支援を中心とすること。
	社会福祉援助技術（講義）	30	介護保険法（平成9年法律第123号）に規定する居宅介護支援および施設サービス計画に関することを含むこと。
	社会福祉援助技術（演習）	30	
	レクリエーション活動援助法（演習）	60	
	老人・障害者の心理（講義）	60	
	家政学概論（講義）	60	老人，障害者等の家庭生活の支援に必要な栄養，調理，被服および住居の基礎知識について教授すること。
	家政学実習（実習）	90	
	医学一般（講義）	90	介護を行うのに必要な人体の構造および機能ならびに公衆衛生の基礎知識ならびに医事法規について教授すること。
	精神保健（講義）	30	精神障害者の福祉に関することを含むこと。
	介護概論（講義）	60	保健医療他等分野との連携，職業倫理および人権尊重に基づく介護に関することを含むこと。
	介護技術（演習）	150	コミュニケーションの技法ならびに住宅設備機器および福祉用具の活用を含むこと。
	形態別介護技術（演習）	150	知的障害者および精神障害者の介護ならびに訪問介護に関することを含むこと。
	介護実習（実習）	450	入所施設における実習（1割程度は，厚生大臣が定める通所者を対象とする施設または事業における実習とすることができる。）および居宅介護事業等における実習を行うこと。
	実習指導（実習）	90	事例研究を含むこと。
合計		1650	

習に備えた設備や自立支援のための福祉機器等を新たに整備し，介護技術習得のための教育が実践できるように配慮しなければならない。

・介護実習

　訪問介護実習については，受け入れ体制の課題もあり，現行の老人・身体障害者・児童・知的障害者の居宅介護等事業に加え，訪問入浴サービスや在宅介護支援センター等の在宅サービス施設・事業等も対象としている。

　介護実習時間の増加についてはふれていないが，ここでは実習時間を延ばすことが方策なのではなく，事例研究や臨床講義，技術演習等を学内で強化し，介護実習で統合化すべきであるという見解がある。また寮母（介護職員）等が働きながら介護福祉士の養成校で学ぶことが可能となるように弾力的な実習方法を検討する必要があるとしている。

・資格取得後の継続研修

　介護福祉士が専門職として社会的評価を受け，生きがいと誇りをもって職務を継続させるためには，主体的に学び続ける必要がある。生涯学習者としての自分を育てるために，体系立った研修が不可欠であり，職能団体である日本介護福祉士会等には介護福祉士のニーズに配慮した研修を全国展開し，その質的向上を図る役割が期待されている。

　また養成校においても，卒業後継続的に学ぶことのできる環境を準備する必要がある。

・卒業時の共通試験

　養成校卒業生の質の格差が指摘されており，介護福祉士養成教育に対する社会的な評価には厳しい面がある。卒業生自身にも，修得すべき知識・技術の到達度に不安がある。国家試験を課すべきであるとの声も大きく，実施いかんは養成校の責任ある教育とその評価にかかっているといっても過言ではない。

　卒業試験等を学則に規定し，介護福祉士としての資質を総合的に判断するとともに，学校自らも教育評価を行い，信頼に足る介護福祉士としての資質・能力を担保しなければならない。現在，養成施

設が共同で実施している共通試験は，各科目の教育内容等を分析・改善するうえで有効に活用できるものである。

・訪問介護員等関連職種の養成制度との整合性

　介護福祉士教育課程の内容に訪問介護実習，ケアマネジメント等を追加し，ホームヘルパー研修1級を包含したものとすること，介護福祉士養成施設で履修した科目を他の資格取得に活用する方法や社会福祉士等との単位互換制も検討すること，社会福祉士との整合性を十分にふまえるとともに，保健・医療分野の資格の相互乗り入れの可能性も視野に入れなければならないとしている。

　介護福祉士の養成教育は2年間を前提とするが，ゆとりある教育を推進するために3年課程および4年課程の設置が進められることを期待する内容となっている。また，大学で教授できる介護福祉士が少ない現状もあり，大卒者を教員・管理者として育てていく必要性も指摘されている。将来の展望を4年制大学に置いたほうがよいという意見もある。

　介護福祉学の構築，介護福祉教育課程の見直し，教員・実習指導者の資質の向上，実習教育・実習環境の充実，介護福祉士養成施設の独自性のある教育，学生の教育・指導にかかわる介護福祉士の資質の向上等と課題は多いが，15年で築いた教育の質を評価し，教育の可能性を明確にするときが来たといえる。

3　介護教員の質の向上～介護教員養成講習～

　より質の高い介護福祉士を養成する観点から，さらなる介護教育の内容，介護技術の向上等を図るため，介護系専任教員においてはこれまで介護福祉士等資格取得後5年の実務経験でよしとされていたが，2003（平成15）年度より，介護概論など7科目の介護・社会福祉系の専門科目の専任教員について，一定の講習会を受講し，研修を受けることが必修となった。講習会においては，基礎分野，専門基礎分野，専門分野に分け，計300時間以上の研修が実施されることとなり，実質的に初めて教員の体系的な資質・教育能力の向上が図られた。

　人間理解を深めるための科目，教育理念に基づいた教育方法や教育

評価のあり方，学習者の理解等をたすける科目，介護福祉学に基づいた介護教育の方法や実習に焦点をあてた指導方法，効果的な学生指導の方法とカウンセリング技術の理解，研究方法の理解等にかかわる科目を設定している。

4　介護福祉士国家試験の改正

　介護福祉士が資格化されてから，すでに25万人を超える有資格者たちが現場で活躍している。これまで，さまざまな形で養成・確保された介護福祉士も量的に相当程度の充足がみられるようになり，現在強く要請されている福祉サービスの質の向上を図るためには，サービスの中核をなす介護福祉士の担うべき役割や専門性，期待も高まっている。このため，2000（平成12）年4月より養成施設の教育課程（カリキュラム）が改正・強化され，それにともない，その水準を見据えて国家試験に関しても改正が行われた。

　このなかで，筆記試験については，養成施設の教育課程の充実強化と整合性を確保するため，総出題数の増加（100問→120問）や内容の追加（保健医療分野の専門職との連携強化を図るために医学一般の出題数増，介護保険・ケアマネジメントに関する内容追加や人権尊重，自立支援等の社会福祉の理念，コミュニケーションに関する内容重視，介護技術等の出題数増等），介護過程の展開方法をみるための事例問題の導入などを図ることとし，2001（平成13）年度（2002（平成14）年1月実施）の第14回試験から実施されている。

【資料】 教員研修概要

【社会福祉士介護福祉士学校職業能力開発校等養成施設指定規則の一部を改正する省令（厚生労働省令第148号／平成13年7月13日）による改正後平成15年4月1日施行時】（抜粋）

第7条第1項第5号

　　前号の専任教員であって別表第4（略）に定める科目のうち社会福祉援助技術，社会福祉援助技術演習，介護概論，介護技術，形態別介護技術，介護実習又は介護実習指導を教授するものは，厚生労働大臣が別に定める基準を満たす講習会において，専任教員たるに必要な知識及び技能に関する課程を修了した者その他その者に準ずる者として厚生労働大臣が別に定める者（次項第5号及び第3項第5号において「専任教員課程修了者等」という。）であること。

【社会福祉士介護福祉士学校職業能力開発校等養成施設指定規則第7条第1項第5号に規定する厚生労働大臣が別に定める基準（厚生労働省告示第241号／平成13年7月13日）：平成15年4月1日より適用】（抜粋）

2　介護教員講習会の内容は，別表第1及び別表第2に定めるもの以上（介護教員講習会を行う者が，別表第2に定める科目について，当該介護教員講習会の受講者の申請により，当該受講者が学校教育法（昭和22年法律第26号）による大学，大学院若しくは短期大学その他これに準ずる学校等又は当該介護教員講習会以外の介護教員講習会において修めた科目その他の科目が別表第2に定める内容と同等以上の内容を有すると認定するための審査を行う場合にあっては，別表第1に定めるもの以上）であること。

【別表第1】

分　野	教育内容	科　目	時間数
専門分野	介護福祉学	介護福祉学	30
	介護教育方法	介護教育方法	30
	学生指導	学生指導・カウンセリング 実習指導方法	15 15
	介護教育演習	介護過程の展開方法 コミュニケーション技術	15 15
	研究	研究方法	30
合　計			150以上

【別表第2】

分　野	教育内容	科　目	時間数
基礎分野	介護福祉の基盤強化	社会福祉学，生活学，人間関係論，心理学，哲学，倫理学，法学のうちいずれか2科目以上	各30 計60以上
専門基礎分野	教育の基盤	教育学，教育方法，教育心理及び教育評価の4科目	計90以上
合　計			150以上

第2節 介護福祉の今後の課題

　これまで本書は，介護福祉の学問的体系・専門性・固有性等を明らかにすることをねらいとして論を重ねてきた。しかしながら，医療や看護あるいは保健といった隣接する分野と比べて科学・学問としての歴史も浅く，それだけに今後に託された課題も多い。各章においても介護福祉が取り組むべき課題を随所に取り上げてきたが，さらなる認識を深めるために視点を変えつつ今後の課題を取り上げて本書を閉じることとする。

1　要介護者の人権と尊厳を守るために

　介護福祉士の努力にかかわらず，介護の現場では介護を必要とする人々の人権を侵害し，生活主体者としての人間の尊厳を侵している事実がある。長い人生を幸せに送ってきた人が，介護が必要になった段階で，人間の尊厳を損ない人権を侵害するような介護しか受けられないとしたら，それまで営々として築き上げてきた人生の意義はもろくも崩れ去ってしまう。まさに介護というのは「人権保障の総仕上げの援助」[1]である。これまで介護を必要とする人々の多くは，主体的に介護サービスを利用することなく受動的な立場におかれて介護を受けていた。自己実現・自己決定を重視し利用者本意の介護サービスを提供しなければならないとあらゆる機会で主張されているが，介護の現場では必ずしもそれが実現されているとは言いがたい。要介護者のゆったりした生活リズムより，介護をする者の型にはまった仕事リズムというか業務リズムにあわせた介護サービスが日常のことになってはいないか。だからこそ介護福祉サービスに対する不断の自己評価，第三

▶1　一番ヶ瀬康子『介護福祉学とは何か』ミネルヴァ書房，5頁，1993年。

者評価は欠くことはできない。

　要介護者が人間らしく尊厳をもって介護福祉サービスが受けられるように，介護保険導入にあわせ厚生労働省は，『身体拘束ゼロへの手引き』[2]を公表した。しかしながら，全国社会福祉協議会が介護施設を対象に実施した身体拘束の実態調査では，身体拘束として挙げられた項目を拘束として認識していない施設が3割あり，「安全確保の上で必要」「スタッフが少ないので拘束が必要」等の理由で現に拘束を行っていると答えた施設が半数近くに及んでいると報告されている。安全確保の効果に対する十分な科学的論証もなく，むしろ拘束は身体を著しく傷つけ，ときに生命の危険を招くこともある。なによりも一人の人間としての尊厳ある生き方を，介護者側の都合で阻害することがあってはならない。質の高いサービスあるいは介護内容の工夫を通じて身体拘束ゼロに立ち向かう姿勢・努力が介護福祉の課題に大きな比重を占めている。

　また介護福祉サービスが，措置から選択・利用をもととする契約により提供されることにより，要介護者にも自己の意思と責任の重さが問われることになった。しかし制度や施策が整備・充実されるにつれ複雑になり利用者の理解を困難にしていることもあり，まして意思表示が十分できない知的障害者や痴呆性高齢者の権利擁護は今後いっそう必要性と重要性を増す。成年後見制度や地域福祉権利擁護事業については，弁護士，司法書士あるいは社会福祉協議会関係者のみならず，介護福祉にかかわりのある者にとっても積極的に取り組むべき大きな課題である。

2　介護福祉の新しい展開のために

（1）　コストマネジメント

　日本の社会福祉の向上は戦後の高度経済成長によって支えられてきた。しかし低成長期の経済，まして昨今の国の財政状況のもとでは社会保障のあり方，必要な税金や社会保険料に対する費用負担についての妥当性，公平性，均衡性などをふまえて総合的に検討されねばなら

▶2　『身体拘束ゼロへの手引き―高齢者ケアに関わるすべての人に―』厚生労働省「身体拘束ゼロ作戦推進会議」2000年3月。

ない。従来の国や自治体あるいは社会福祉法人が行っていた社会福祉サービスの領域ではコストマネージメントが機能しにくく，個々のサービスに関するコストに国民的な関心は薄かった。介護保険が導入され介護に要する費用のコストを社会が連帯して負担するようになり，社会福祉法人を含むさまざまな事業者が市場原理に基づき介護サービスを提供するようになり漸くにしてコストマネージメントの重要性に関心がもたれてきた。要介護者によってサービスが選ばれ，これに応える事業者は介護サービスに対する対価としてコストパフォーマンスを考える一方で，利用者本位のサービスを提供する意識が浸透し始めてきた。

　しかし利用者，事業者双方にとって現在の介護報酬価格が適正であるか，また，利用者本位のケアプランを作成する使命を担う介護支援専門員（ケアマネジャー）が，日々の業務の大半をコスト計算ばかりに追われているといった状況にどう取り組むか問題も多い。

（2）　リスクマネジメント

　高齢者や障害者の日常生活には，さまざまなリスク（危険）が随伴する。ときには坂道を駆け下りるように加速度的に容態が急変し，独居高齢者が人知れず孤独死する例もある。このようなリスクに対して迅速に適切な対応を行うのは，介護福祉サービスを展開するうえでの基本である。常に介護の目が行き届く施設や病院と異なり在宅の高齢者にとってはなお切実な問題である。

　先進諸外国に比べ日本は寝たきり高齢者が多く，「寝たきりや痴呆はつくられていく」とも指摘されることがある。ところで寝たきり高齢者に対する排泄や体位の変換といった介護サービスそのものにリスクがともなっている。介護従事者や家族がそのリスクを極端に回避し，ベッドから離床させず寝たままでの介護をし，高齢者に刺激も与えず無為な時間を送らせている結果，寝たきりや痴呆を招いていることもある。自立支援とリスクとの関係を岡本祐三は「人生のあらゆる局面において，人はなんらかのリスクなしに自由や自立を得ることはできない」と述べている。リスクをともなわない介護ができればそれに越したことはないが，そのリスクを最小限にとどめ，適度にコントロールする必要がある。それがリスクマネジメントといわれるものである。リスクを最小限度にとどめるためには適切なアセスメントと介護計画

に応じた実践の評価が重要となる。

（3） スーパービジョン

　介護者と要介護者だけの関係では介護サービスがうまく展開しないことがある。専門性の高い指導者から，これまで介護者が気づかない状況を指摘されたり，より専門的立場から指導を受けて，介護者がさらに質の高いサービスの提供に目覚めることがある。この関係をスーパービジョンという。社会福祉の分野では早くからスーパービジョンの必要性が問われていたが，現場では職制と重なり管理的な傾向が強く，本来のスーパービジョンが行われることは少ない。介護福祉に対するニーズが複雑・多様化し，いっそう専門性が高まるにつれ介護施設内でのグループ・スーパービジョンや同僚同士によるピア・スーパービジョンを含め，スーパービジョンの必要性と重要性が増してくる。

（4） アドミニストレーション

　経験を重ねた専門性の高い介護福祉士には，先に述べたように現場で直面する課題について的確な指導・助言ができるスーパーバイザーとしての役割とともに，やがては福祉に関する事業経営にかかわること，すなわちアドミニストレーション能力が期待される。人事管理や施設の物的管理のみならず介護サービスをいかに有効かつ適切に組織として運用するかの視点が問われる。コミュニティケアが重要視され，市民運動やボランティア，NPO団体などの地域福祉活動が活発になり，また介護保険の実施にともないチームケアの必要性が高まり，その活動の組織化や健全な発展をはかるためにもアドミニストレーションは必要である。医療や教育と比べても，福祉分野の運営管理はこれまで経験に頼り科学性に欠けることが多かったが，介護福祉が専門分野として確立するためにはアドミニストレーションの確立が欠かせない。

3　介護福祉学を確立するために

　本書は介護福祉を科学としての介護福祉学として体系化することを試みたものである。およそ学としての科学性が成立するには，まずその学が成立するに至った歴史が明らかにされ，その歴史的事実をもとにし，その学の原理的，理念的研究が深められ，原理，理念によって構築された理論を現実にどのように展開するか，いわば政策面への取り組みに研究が進展する。これまで10章にわたり，介護福祉に関する歴史，固有の原理，理念，専門性，介護福祉の技術・方法，諸外国の動向や隣接する諸科学との関連，さらにこれから取り組むべき課題について言及してきた。しかしながら物理学，化学，あるいは哲学，法律学といった先行科学と比べるまでもなく，ニューサイエンスとして近年になって問われてきた介護福祉は，今まさに研究の緒についたところである。

　介護の歴史といえば有史以来今日まで長きに及ぶが，介護福祉が本格的に研究対象として論じられるようになったのは，1987（昭和62）年の「社会福祉士及び介護福祉士法」制定以降であろう。そして科学として介護福祉学の研究を深める契機になったのは1992（平成4）年の日本介護福祉学会の設立である。

　ところで，介護福祉学は哲学や法学のように論理の一貫性，整合性を極める理論科学，純粋科学と異なり，実践科学あるいは応用科学と位置づけることができる。それゆえ介護福祉学は介護の現場で日々生起する課題を直視し，課題から与えられた問題認識を深め，実質的で具体的な問題解決をはかる，きわめて実践的な領域に専門性を求められる科学である。また実践科学，応用科学としての介護福祉学は，必然的に社会福祉学，医学，看護学，保健学，家政学，保育学等関連する諸科学との学際的研究が求められる。

　一般に科学の研究方法には二つの方途がある。普遍的法則または原理から特殊の事実を論証する方法である「演繹法（Deduction）」と，特殊の事実を根拠として普遍的法則または原理を導きだす「帰納法（Induction）」があるが，両者は互いに補ってこそ意義をもつのであり，いわば両者は表裏一体のものである。介護福祉にも普遍的原理があり，その原理に基づいて個々の介護のあり方を探り，また個々の介護実践から介護福祉学の普遍的原理が導きだされる。ニューサイエン

スである介護福祉学は，他分野の先行研究に学びつつ，介護福祉の立場から問題提起をし，問題認識を深め，さらに精緻な介護福祉学固有の理念・原理を明らかにしていかなければならない。やがてその理念・原理をもとに介護福祉学固有の技術・方法の研究が深まり，さらには次世代に向けての建設的な提言がなされることであろう。

参考文献

春日キスヨ「介護──愛の労働──」『岩波講座現代社会学 13 成熟と老いの社会学』岩波書店，1997年。

川本隆史「共生の事実と規範」『講座 差別の社会学 第4巻 共生の方(かた)へ』弘文堂，1997年。

京極高宣『高齢者ケアを拓く』中央法規出版，1993年。

小田兼三・古瀬徹編『明日の高齢者ケア⑧高齢者ケアの担い手』中央法規出版，1993年。

日野原重明編，遠藤千恵子・河野友信他『QUALITY of NURSING ④老人患者のクオリティ・オブ・ライフ』中央法規出版，1988年。

阿部志郎『福祉の哲学』誠信書房，1997年。

河合隼雄『対話する人間』潮出版，1992年。

澤田信子『今，あなたに求められる介護』中央法規出版，1998年。

福祉士養成講座編集委員会編『新版社会福祉士養成講座14 介護概論』中央法規出版，2001年。

メイヤロフ，M.，田村真他訳『ケアの本質──生きることの意味──』(第三版)ゆみる出版，1989年。

片岡徳雄『学習と指導──教室の社会学──』放送大学教育出版会，1987年。

金子郁容他『ボランタリー経済の誕生──自発する経済とコミュニティ──』実業之日本社，1998年。

作田啓一『個人主義の運命──近代小説と社会学──』岩波書店，1981年。

岡本千秋・小田兼三・大塚保信・西尾祐吾編著『介護福祉学入門』中央法規出版，2000年。

執筆者一覧 (執筆順)

西尾祐吾────九州保健福祉大学社会福祉学部教授 ……………第1章，第2章，第8章第3節1・2

岡本千秋────社会福祉法人キリスト教ミード社会舘舘長 ………………はじめに，第3章
　　　　　　関西福祉科学大学大学院教授

大塚保信────梅花女子大学文学部人間福祉学科教授……………第4章，第10章第2節

渡辺嘉久────関西福祉科学大学社会福祉学部助教授……………………第5章，第6章

古川隆司────キリスト教社会福祉専門学校専任教員，介護福祉士 ………………第7章

澤田信子────埼玉県立大学保健医療福祉学部助教授………第8章第1節・第2節・第3節
　　　　　　　　　　　　　　　　　　　　　　　　3・4・第4節，第10章第1節

中井久子────大阪薫英女子短期大学生活科学科生活福祉専攻助教授 ………………第9章

介護福祉学

2002年3月25日　発行

監　修	介護福祉学研究会
発行者	荘村多加志
発行所	中央法規出版株式会社

〒151-0053　東京都渋谷区代々木2-27-4
販　売　TEL03-3379-3861　FAX03-5358-3719
編　集　TEL03-3379-3865
http://www.chuohoki.co.jp/
営業所　札幌―仙台―東京―名古屋―大阪―広島―福岡

印刷・製本　株式会社太洋社
ISBN4-8058-4396-9

定価はカバーに表示してあります。
乱丁本・落丁本はお取り替えいたします。